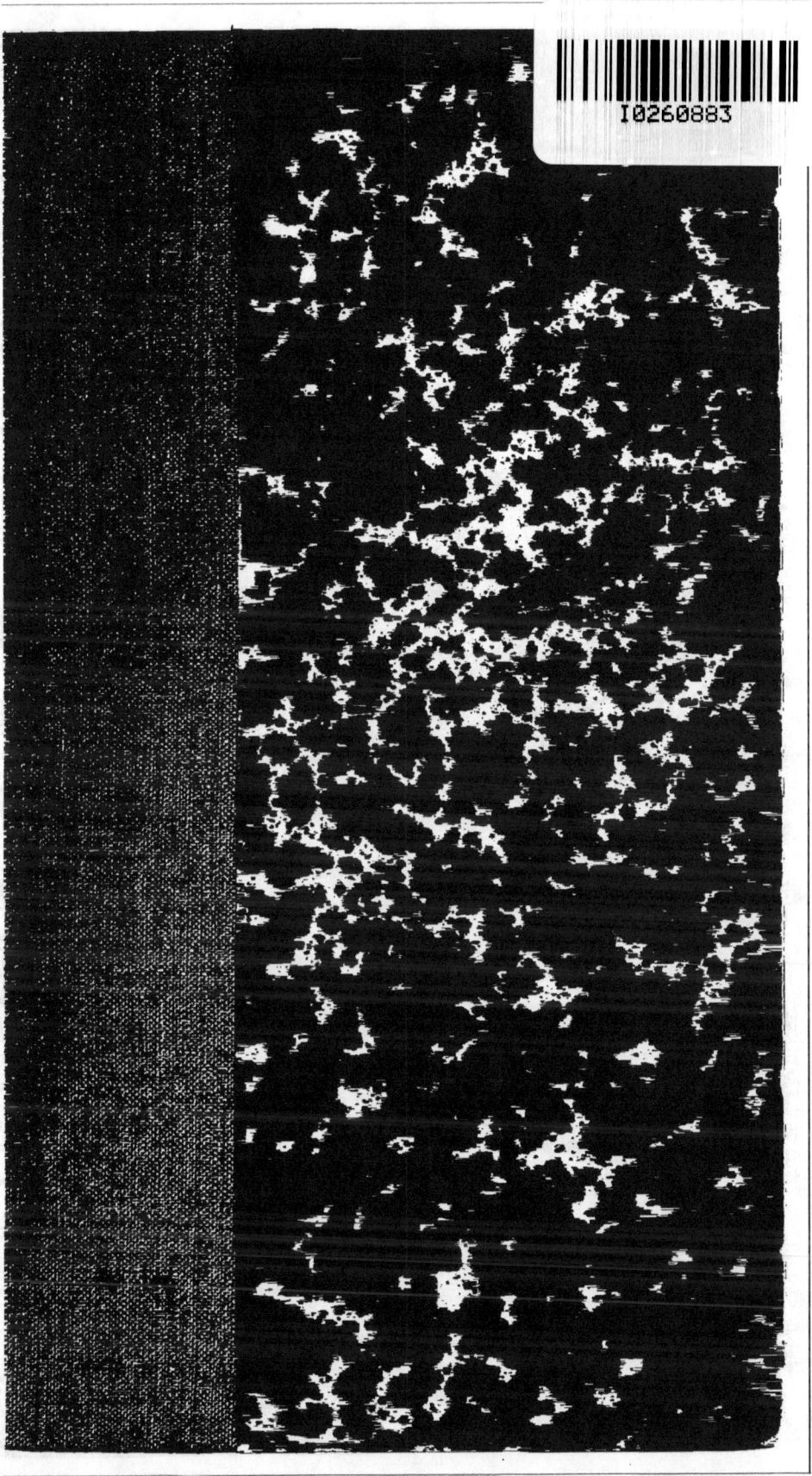

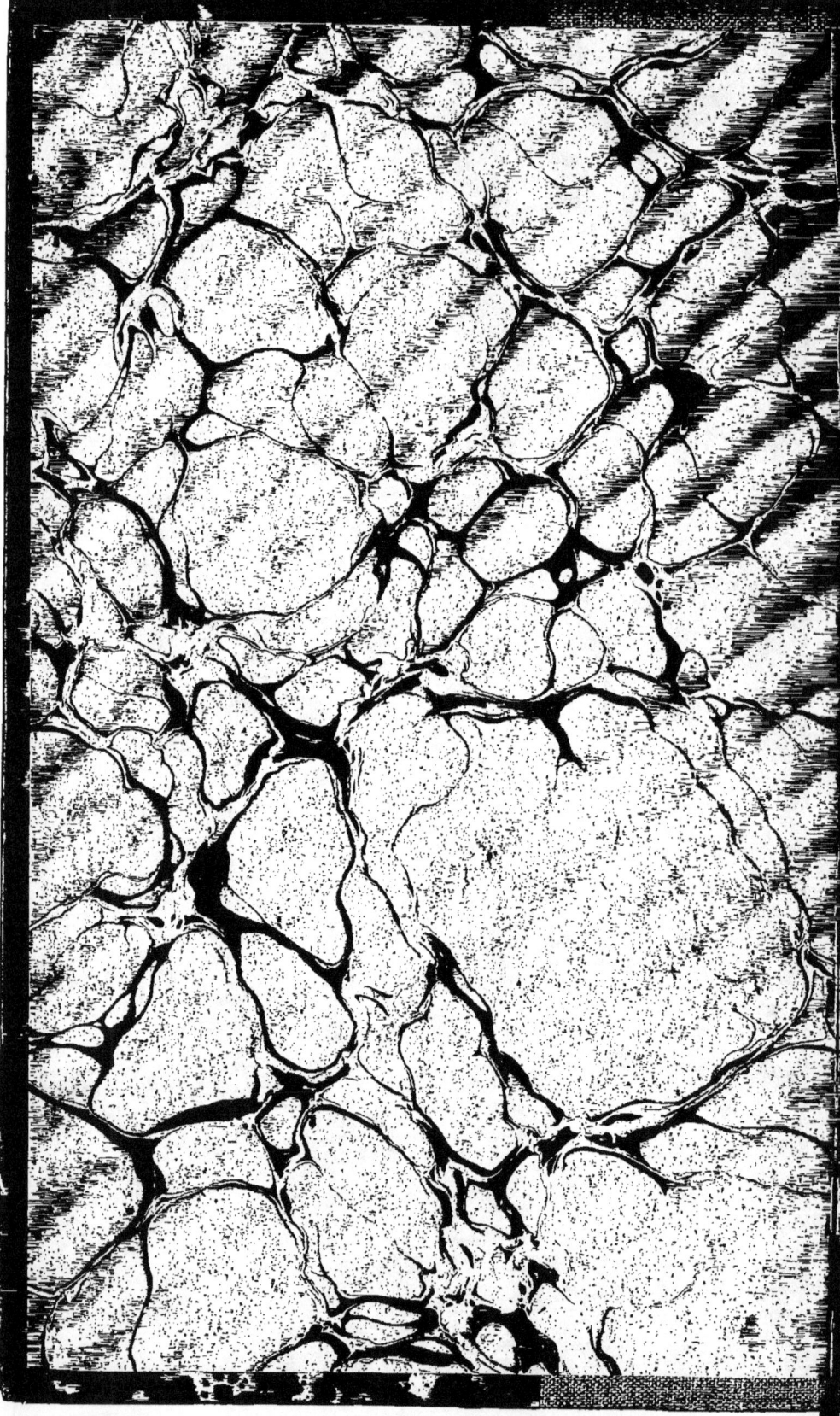

LES

CAUSES DE LA GUERRE

1870-1871

LE

Prisonnier de Wilhelmshöhe

Par Paul RODIER

Prix : 1 fr. 75

ÉPINAL
IMPRIMERIE HENRY FRICOTEL, 2, QUAI DE JUILLET

1911

Ouvrages du même Auteur

Charles IV, duc de Lorraine et de Bar, 1604-1675.
    (1 vol. in-8"). Epinal, imp. Fricotel 1904. Prix 1.25

Les trois derniers ducs de Lorraine, Charles V, Léopold Ier, François III, Annexion de la Lorraine à la France.
    (1 vol. in-8"), Epinal, imp. Fricotel 1907. Prix......... 1.75

Les Verreries des Hautes Forêts de Darney.
    (1 vol. in-8°), Epinal. imp. Fricotel 1909............. 1.00

LES

Causes de la Guerre

de 1870-1871

> « L'Empire révolutionnaire périra sur l'écueil italien ». (Prince de Metternich 1858).

A tous les Français, parvenus à l'âge viril en 1870, la guerre, qui vit sombrer la fortune de la France, a laissé des souvenirs ineffaçables. Les événements, qui ont amené ce déplorable conflit, commencent à être mieux connus et la distance, qui nous en sépare, permet de les apprécier avec moins de passion et plus d'impartialité. Les dépositions des principaux témoins, consultés avec prudence, aident à la manifestation de la vérité.

Entre les documents, qui abondent, deux œuvres sont tout à fait hors de pair : « L'histoire du second Empire », de M. Pierre de la Gorce, aussi remarquable par la belle ordonnance du récit que par la perfection de la forme, écrite avec calme et sérénité, et « l'Empire libéral », de M. Emile Ollivier, plaidoyer aussi éloquent que personnel et passionné.

Outre ces deux ouvrages, je dois citer, parmi les documents que j'ai consultés et auxquels j'ai fait de nombreux emprunts : « Ma mission en Prusse », du comte Benedetti ; « L'Histoire diplomatique de la Guerre Franco-Allemande », de M. Albert Sorel ; « Les Souvenirs diplomatiques », de M. G. Rothan ; « la Guerre de 1870 », de M. Henri Welschinger ; et, particulièrement, les critiques substantielles, publiées, il y a quelques années, par la Revue de l'Action française, sous la signature du regretté D. Richard Cosse.

Louis Napoléon Bonaparte

Louis Napoléon Bonaparte, troisième fils du troisième frère de Napoléon Ier, Louis, roi de Hollande, et de Hortense de Beauharnais, ne semblait pas destiné à la succession de son oncle. Une suite de circonstances imprévues en fit l'héritier de l'Empereur.

Il naquit le 20 avril 1808 à Paris, rue Cerutti, aujourd'hui rue Laffite. Ce petit-fils de l'Impératrice Joséphine fut baptisé à Fontainebleau en 1810 et eut pour parrain Napoléon Ier et pour marraine l'Impératrice Marie-Louise.

A peine Louis Napoléon était-il né que son père, le roi Louis, d'un caractère sombre et défiant, d'humeur inquiète et morose, marié, malgré lui, à la jeune et séduisante Hortense de Beauharnais, fille de l'Impératrice Joséphine, se séparait de sa femme, dont les mœurs légères et les infidélités lui fournissaient de justes sujets de plainte.

En 1810, il s'évadait de son royaume de Hollande, incapable de se plier au despotisme de son frère.

Leur fils aîné était mort, à l'âge de cinq ans, au mois de mai 1807.

Des deux enfants qui leur restaient, l'aîné, Charles Napoléon, fut confié à son père; le second, Louis Napoléon, fut élevé par sa mère, avec laquelle il avait de nombreux traits de ressemblance; même désir de plaire et de charmer, même générosité de cœur, même obstination sous des apparences de douceur, même esprit vague et chimérique, même tempérament voluptueux, même facilité de mœurs. La reine Hortense, qui aimait beaucoup son fils, mais était souvent distraite par ses plaisirs et ses amours, l'avait, après les premières leçons de l'abbé Bertrand, remis entre les mains de Philippe Lebas, fils du conventionnel régicide Lebas et de la citoyenne Duplay, blanchisseuse, sœur d'Eléonore Duplay, l'amie dévouée de Maximilien Robespierre. C'était un singulier choix. Philippe Lebas était un fervent disciple de Jean-Jacques Rousseau et initia son élève aux doctrines démocratiques et humanitaires du philosophe de Genève, à l'exclusion de toute idée religieuse. La reine Hortense s'était réfugiée en Bavière, où elle reçut un bienveillant accueil, grâce à l'influence de son frère, Eugène de Beauharnais. Son fils entra au gymnase d'Augsbourg et y prit une teinte de germanisme et de métaphysique sociale, qui complétèrent son éducation à la Jean-Jacques.

Plus tard, il vint résider avec sa mère au château d'Arenenberg, sur le lac de Constance, en Suisse, et acheva son instruction militaire dans les rangs de l'armée helvétique. Presque chaque année, il se rendait à Rome, auprès de Mme mère Lætitia. Le goût de Napoléon III pour l'archéologie et l'histoire romaine date de cette époque.

Rattachés à l'Italie par les origines de la famille Bonaparte, les princes Charles et Louis s'engagèrent dans le parti révolutionnaire Italien et les sociétés secrètes et conspirèrent contre le gouvernement pontifical, malgré la défense de leur père, retiré à Florence. Ils prirent part à la levée d'armes contre le pape Grégoire XVI. Au cours de cette campagne, tous deux tombèrent malades à Forli, d'un accès de rougeole épidémique. L'aîné mourut au mois de mars 1831. Il avait épousé sa cousine, la princesse Charlotte, fille de Joseph Bonaparte. Le peintre Léopold Robert avait conçu pour elle une passion, qui l'achemina vers la folie et le suicide.

Le prince Louis, atteint de la même maladie que son frère, fut sauvé par les soins de sa mère. Le prince Charles ne laissait pas d'enfant. L'aîné de la famille Bonaparte, Joseph, l'ancien roi d'Espagne, n'avait que des filles. Lucien avait été écarté du trône par les Constitutions impériales, en raison de l'indocilité de son humeur et de l'indépendance de son caractère. Il ne restait que le roi de Rome, devenu duc de Reichstadt. L'Aiglon expirait à Schœnbrunn le 22 juillet 1832, et le prince Louis recueillait sa succession politique et ses prétentions à l'héritage impérial.

Vers l'Empire, Napoléon III

Le prince Louis revendiqua bientôt ses droits, les armes à la main. Il organisa à Strasbourg, au mois d'octobre 1836, et à Boulogne, au mois d'août 1840, deux conspirations, qui ne furent que des échauffourées, mais contribuèrent à ne pas laisser son nom tomber dans l'oubli.

Grâcié une première fois par la clémence du roi Louis-Philippe, il fut traduit, après la tentative avortée de Boulogne, devant la Cour des Pairs et condamné à la détention perpétuelle dans la forteresse de Ham, d'où il s'évada le 27 mai 1846.

Après la Révolution de février 1848 et la proclamation de la République, il rentra en France. Elu député par plusieurs départements, grâce au nom magique qu'il portait, il fut poussé par le flot populaire à la Présidence de la République. Il n'avait plus qu'un pas à faire pour devenir Empereur. Ce pas était bientôt franchi, au moyen d'un coup d'Etat, qui eut la France pour complice (2 décembre 1851).

Cette succession merveilleuse d'évènements, impossibles à prévoir, avait frappé son esprit, empreint de mysticisme, et ce favori de la fortune crut désormais à son étoile.

Guerre de Crimée - Congrès de Paris

La fortune ne l'abandonna pas lorsqu'il devint Empereur, sous le nom de Napoléon III. Après avoir rassuré le pays dans son discours de Bordeaux par les paroles célèbres : « L'Empire c'est la paix », il ne tarda pas à rompre avec la Russie. La guerre de Crimée, dans laquelle il eut pour alliée l'Angleterre, procura au nouvel Empire le baptême de la victoire, due à la valeur de l'armée de Louis-Philippe et des généraux formés à l'école de Bugeaud: Saint-Arnaud, Bosquet, Pellissier.

Le Congrès de Paris marqua l'apogée de l'Empire. Napoléon III était devenu l'arbitre de l'Europe. Il étonna le monde par sa modération, s'opposa aux rigueurs de l'Angleterre, qui voulait abuser de nos succès, et gagna, par son attitude courtoise et bienveillante, la confiance de la Russie. Il sortit grandi de cette épreuve.

A partir de ce point culminant, commence l'ère des difficultés. Les fautes, peu apparentes dans les premières années, devaient porter, dans la suite, des fruits amers.

Guerre d'Italie

Deux partis se disputèrent l'influence à la Cour des Tuileries : l'un, conservateur et catholique, eut pour chef l'Impératrice Eugénie, Espagnole, qui exerçait, grâce à sa beauté et à la naissance d'un fils, un ascendant incontestable sur l'Empereur; l'autre, libéral et par certains côtés révolutionnaire, avait à sa tête le cousin germain de l'Empereur, le prince Napoléon, fils du roi Jérôme. Ancien député montagnard, César jacobin, cynique dans ses mœurs, il avait hérité à la fois du masque et d'une partie de la vaste intelligence de Napoléon Ier. Fils de la Révolution, autoritaire par tempérament et républicain par conviction, il dominait par sa brusquerie, parfois grossière, ses violences fougueuses, sa dureté hautaine et son esprit de décision et de hardiesse, la douceur, l'aménité, la faiblesse et l'irrésolution de l'Empereur, qui l'aimait, tout en le redoutant. Les brouilles furent fréquentes entre les deux cousins, mais se terminaient toujours par des réconciliations. La rivalité et les luttes des deux partis durèrent aussi longtemps que l'Empire et Napoléon III, ballotté entre les deux, penchant tantôt d'un côté, tantôt de l'autre, n'avait pas assez de fermeté pour leur imposer sa volonté chancelante.

Autour de l'Impératrice, se groupèrent l'honnête comte Waleski, fils de Napoléon Ier et de la comtesse polonaise Waleska, MM. Drouyn de Lhuys, Magne, le maréchal Randon, le duc de Gramont et, plus tard, le maréchal Niel et Rouher; autour du prince Napoléon, MM. Thouvenel, Emile Ollivier, Benedetti, Emile de Girardin, Guéroult et les amis italiens, Arese, Nigra, Vimercati, Pépoli.

Les affaires d'Italie imprimèrent une déviation profonde à la politique extérieure de l'Empire, si sage et si appréciée au Congrès de Paris. Les bombes d'Orsini furent, en 1858, un premier avertissement et un rappel aux engagements de la jeunesse révolutionnaire de l'Empereur. Cavour, qui, dès 1856, avait osé, avec la connivence de l'Empereur, traduire l'Autriche à la barre du Congrès et la dénoncer aux puissances, vint ensuite et, dans l'entrevue de Plombières, décida Napoléon III, élevé dans la haine de l'Autriche, à faire cause commune avec le Piémont. La princesse Clotilde, fille de Victor Emmanuel, épousa le prince Napoléon et devint le gage de l'alliance.

Dès le 1ᵉʳ janvier 1859, à la réception du Corps diplomatique aux Tuileries, l'Empereur qui, à l'imitation de Napoléon Iᵉʳ, avait le goût des coups de théâtre, annonça, en quelque sorte, la prochaine guerre par cette brusque apostrophe à l'ambassadeur autrichien, le baron de Hübner : « Je regrette que mes rapports avec votre gouvernement ne soient pas aussi bons que par le passé. Je vous prie cependant de dire à l'Empereur François-Joseph que mes sentiments personnels ne sont nullement changés à son égard. »

La guerre de 1859 fut la grande erreur de l'Empire, d'où découlèrent toutes les autres. L'Impératrice Eugénie, alarmée, dans sa foi, par les périls qui menaçaient la Papauté, y était opposée. Le prince Napoléon et le parti de la Révolution l'emportèrent. L'Empereur ne put accomplir son programme de l'affranchissement de l'Italie jusqu'à l'Adriatique ; arrêté devant le quadrilatère par les menaces de la Prusse, il laissa son œuvre inachevée et eut la sagesse de signer la paix de Villafranca, qui stipulait la cession de la Lombardie. Napoléon III voulait la délivrance de l'Italie et sa fédération, mais non son unité. Cavour en décida autrement.

La constitution et l'agrandissement du nouveau royaume d'Italie, au mépris du traité de Zurich, amenèrent l'annexion à la France de la Savoie et du comté de Nice, mais, dès ce moment, la France était, pour son malheur, rivée à l'Italie et l'orientation de la politique impériale était faussée désormais.

Expédition du Mexique

Napoléon III, pour échapper aux difficultés que lui créait l'Italie et relever son prestige, chercha une diversion. Ce fut l'aventure Mexicaine, qualifiée, par le complaisant ministre Rouher, la plus grande pensée du règne. Possédé de l'idée de frapper les imaginations par la mise en scène et de *faire grand*, en surprenant le monde par le mystère et la soudaineté de ses inspirations, l'Empereur conçut le dessein de fonder au Mexique un empire, au profit d'un prince autrichien, le noble archiduc Maximilien. Cette entreprise chimérique, qui devait aboutir à une retraite précipitée et peu honorable devant l'injonction des Etats-Unis, au cruel abandon du malheureux Maximilien et à la sanglante catastrophe de Querétaro, était un véritable défi au bon sens et à la raison. L'Empereur aurait dû être éclairé par la sagesse de l'Angleterre et de l'Espagne qui, engagées avec nous au début de la campagne, s'empressèrent de se retirer, lorsqu'elles connurent les téméraires et irréalisables projets de l'Empereur. Cette expédition lamentable et folle détournait et gaspillait, sans utilité pour la France, des ressources indispensables pour la sauvegarde de notre influence en Europe et même de notre existence.

M. Thiers, qui venait, malgré la pression officielle, de forcer les portes du Corps Législatif, stigmatisait cette aventure par son discours du 26 janvier 1864 dans les termes suivants : « En présence d'une semblable entreprise, ma raison demeure confondue. Il est possible que j'aie été élevé dans des idées trop étroites ; mais entreprendre, dans l'état de l'univers, à une telle distance, la fondation d'une grande Monarchie, sans un but déterminé, sans une utilité certaine, sans une nécessité évidente, je le répète, cela confond ma raison. »

La Prusse

Le vieux prince de Metternich avait été prophète en disant, en 1858, quelque temps avant sa mort : « l'Empire révolutionnaire périra sur l'écueil italien. »

Tant que Venise restait à François-Joseph, nous étions forcés, par nos liens avec l'Italie, de nous montrer les adversaires de l'Autriche. Tant que Rome restait au Saint-Siège, l'Italie manifestait son mécontentement, et si l'Empereur abandonnait complètement le Pape, c'était une rupture définitive avec les catholiques.

Venise et Rome, ces deux objets des convoitises italiennes, créaient à la France des difficultés inextricables, qui étaient la conséquence de la guerre impolitique de 1859 et qui furent résolues, plus tard, au profit de Victor-Emmanuel, par deux nouvelles guerres, désastreuses pour la France, celle de 1866 et celle de 1870.

L'ambition surexcitée de l'Italie n'avait pas, en effet, été satisfaite par les agrandissements qui furent la conséquence de la campagne de 1859 ; le jeune royaume avait la prétention de compléter son unité par l'annexion de Venise et de Rome. L'Empereur, dont les faiblesses envers l'Italie ne se comptaient plus, espérait encore pouvoir lui refuser Rome, s'il réussissait à lui procurer l'acquisition de Venise. L'une, dans sa pensée, devait être la rançon de l'autre.

Un nouveau règne avait été inauguré en Prusse par l'avènement de Guillaume Ier.

Né en 1797, fils de la populaire reine Louise, victime de Napoléon Ier, il avait été élevé par sa mère dans l'horreur du nom des Bonaparte. Il avait 9 ans, lorsque fut livrée la bataille d'Iéna, et 17 ans, à l'entrée des Alliés dans Paris. Il n'oubliait pas, d'un autre côté, l'humiliation d'Olmutz et en conservait une rancune tenace contre l'Autriche.

D'abord régent, pendant la maladie de son frère Frédéric Guillaume IV, puis, à sa mort, roi de Prusse, il imprima à sa politique une direction plus ferme et plus hardie. Ambitieux et prudent, il aspirait à continuer l'œuvre de ses prédécesseurs, qui consistait, suivant le mot de Frédéric II, à arrondir toujours leur royaume. Jamais, depuis Louis XIV, on ne vit souverain plus exact à remplir ponctuellement son métier de roi. Il avait choisi pour premier ministre un hobereau poméranien, le comte Otto de Bismarck, barbare de génie, plus prussien qu'allemand, d'un caractère résolu, peu scrupuleux sur les moyens, poursuivant son but avec opiniâtreté, sans s'en laisser écarter, même lorsqu'il se servait de chemins détournés pour y parvenir, capable de violenter la fortune, tantôt audacieux et dur jusqu'à la brutalité, tantôt souple et retors jusqu'à l'artifice et la ruse. Il s'était juré de fonder l'unité allemande, comme Cavour, son précurseur, avait fondé l'unité italienne. Inébranlable dans ses desseins, il était décidé à les réaliser, s'il le fallait, par le fer et par le feu, « ferro et igne ».

Pour la Prusse, comme pour l'Italie, l'obstacle était l'Autriche. Il fallait la combattre et la vaincre, afin de l'exclure à la fois de l'Allemagne et de l'Italie. L'alliance des deux peuples s'imposait, puisque leur but était commun.

Il n'était guère permis d'espérer la coopération de la France, mais peut-être réussirait-on, grâce aux sympathies italiennes de Napoléon III, à obtenir sa neutralité bienveillante. Il convient de s'arrêter sur les négociations qui ont précédé la campagne de Sadowa, car elles devaient avoir pour la France les plus graves conséquences.

L'entrevue de Biarritz

Par des voies tortueuses, Bismarck avait provoqué l'antagonisme de la Prusse et de l'Autriche. Les revendications de la Confédération germanique contre le Danemark, à qui elle réclamait le Holstein et le Sleswig, lui avaient servi de tremplin.

L'Angleterre s'était émue des entreprises de l'Allemagne contre le Danemark et avait proposé à Napoléon III d'intervenir. Mais l'Empereur, fidèle au funeste principe des nationalités, avait répondu que, malgré ses sympathies pour le Danemark, vieil allié de la France, il ne pouvait s'opposer aux revendications de l'Allemagne sur le Holstein, basées sur le système des nationalités, et que, sans se contredire, il ne saurait pratiquer sur l'Elbe une autre politique que sur l'Adige.

Les forces coalisées de la Prusse et de l'Autriche avaient écrasé la brave petite armée danoise, sans que les autres puissances européennes intervinssent. La guerre, engagée pour soutenir les droits du duc d'Augustenbourg, avait abouti à un partage des duchés de l'Elbe entre les vainqueurs. La convention de Gastein attribua provisoirement le Holstein à l'Autriche et le Sleswig à la Prusse. C'était vers ce but qu'avaient convergé tous les efforts de Bismarck. L'Autriche, entraînée à la remorque de la Prusse dans une guerre aussi inique qu'impolitique, était tombée dans le piège tendu par son astucieux adversaire.

La copropriété des duchés de l'Elbe entre la Prusse et l'Autriche, puis leur partage et le voisinage qui en résultait pour les deux puissances, ménageaient des occasions de querelles, dont le chef du cabinet prussien espérait bien faire surgir le conflit, qu'il souhaitait.

La guerre à l'Autriche était décidée dans la pensée de Bismarck, mais la première condition, avant de s'y engager, était de n'avoir rien à craindre du côté de la France. Si la France prenait parti pour l'Autriche, la Prusse risquait de courir à un désastre. Il n'est donc pas exagéré de prétendre que de Napoléon III dépendait la guerre ou la paix.

Ne se fiant à personne, Bismarck voulut se rendre compte, par lui-même, des dispositions de l'Empereur. Il vint le voir à Biarritz, dans les premiers jours d'octobre 1865 et, après une entrevue, restée mystérieuse, en revint entièrement rassuré.

Bismarck était prêt à consentir de larges sacrifices pour obtenir la neutralité de la France, qui lui était indispensable. Avant d'entreprendre son voyage à Biarritz, il avait même laissé entendre à notre chargé d'affaires à Berlin, M. Lefebvre de Béhaine, que la Prusse était disposée à reconnaître à la France le droit de s'étendre éventuellement « partout où on parle français dans le monde. »

Il fut même encore plus explicite, d'abord avec le

ministre italien, de Barral, puis, plus tard, avec le général Govone, à qui il avoua que, pour acquérir la neutralité de l'Empereur, il ne reculerait pas, s'il le fallait, devant la concession de territoires sur le Rhin.

On n'a pas révélé les détails de cette entrevue entre un souverain, rêveur obstiné et indécis, et un homme d'Etat, à la volonté de fer, positif et prompt aux réalisations. Napoléon III, nuageux et fataliste, évita de rien préciser et resta dans des termes généraux et vagues; aucun engagement formel ne fut stipulé. Le ministre prussien n'eut rien à promettre, puisqu'on ne lui demanda rien; mais, après avoir sondé le terrain, il repartit, convaincu que l'Empereur garderait une neutralité bienveillante, en raison de ses sympathies pour l'Italie et même pour la Prusse et de ses antipathies traditionnelles contre l'Autriche sans qu'il en coutât aucune parcelle, non seulement du sol allemand, mais même de la Belgique. L'habile diplomate avait observé qu'en faisant miroiter aux yeux de l'Empereur l'acquisition de la Vénétie par l'Italie, il serait facile de venir à bout de tous ses scrupules. C'est au retour de Biarritz qu'il dit: « Si l'Italie n'existait pas, il faudrait l'inventer. »

L'entrevue de Biarritz fut le pendant de l'entrevue de Plombières; l'une avait décidé l'unité de l'Italie, l'autre décida l'unité de l'Allemagne. Si Napoléon III, dans le cours de son règne, n'eut pas l'heureuse fortune de susciter autour de lui d'éminents hommes d'Etat, il aida aux succès de deux grands ministres, Cavour et Bismarck.

Projet d'alliance de la Prusse et de l'Italie

Même avec la neutralité de la France, le chef de l'état-major prussien, le général de Moltke, jugeait indispensable, au point de vue militaire, la coopération de l'Italie. Cette alliance devait également avoir pour effet d'entraîner le roi Guillaume, dont l'entourage, favorable à l'Autriche, désirait la paix. Par un étrange renversement des rôles, la Prusse qui, par ses menaces, avait, en 1859, arrêté l'armée française sur le Mincio et empêché la conquête de la Vénétie, promettait maintenant son concours efficace pour la cession de ce royaume à l'Italie.

En conséquence, Bismarck, persuadé, à son retour de Biarritz, que la seule idée nette de l'Empereur était de compléter l'unité de l'Italie par l'acquisition de Venise, fit des ouvertures au gouvernement de Victor Emmanuel. Le traité, qu'il proposa, était sans réciprocité. L'Italie s'obligeait à suivre l'initiative de la Prusse, mais la Prusse ne s'engageait pas à suivre l'initiative de l'Italie. Le Président du ministère italien, le général La Marmora, nature honnête et droite, se défiait de Bismarck et était froissé d'une non réciprocité, qui risquait de compromettre son pays. Il ne voulut pas prendre d'engagement sans consulter l'Empereur et envoya à Paris un des vieux amis de Napoléon III, le comte Arese, son compagnon dans l'insurrection des Romagnes en 1831.

« Epris pour Venise du même amour que le héros de Cervantes pour sa bien aimée, le César, qui rêvait aux Tuileries, avait plus que jamais à cœur la délivrance de la belle captive » (Paul Bourget). Il avait tenté en vain de convertir l'Empereur d'Autriche à son idée. La persuasion ayant échoué, il admettait le recours à la force, mais, si favorable qu'il fut à la guerre, il n'osait y pousser ouvertement, dans la crainte de heurter l'opinion qui demeurait hostile.

De là deux politiques, l'une publique et ministérielle, l'autre secrète et personnelle. L'Empereur avait conservé le goût des conspirations, contracté dès sa jeunesse; il aimait à s'entourer de mystère et à échapper au contrôle de ses ministres.

Cavour prétendait que Napoléon III était un merveilleux conspirateur, que c'était le métier qu'il préférait et qu'il l'exerçait en artiste. M. Henry d'Ideville rapporte, dans son « Journal d'un diplomate en Italie », qu'à la fin de 1859, lors des premières tentatives d'annexion des duchés du centre de l'Italie, l'honnête comte Waleski, ministre des affaires étrangères, ordonna à notre représentant près du Piémont, le prince de la Tour d'Auvergne, de signifier au cabinet de Turin que toute annexion serait considérée comme une atteinte aux traités. Le prince s'acquitta scrupuleusement de sa mission auprès du comte de Cavour et fut stupéfait lorsque le ministre italien lui répondit en lui communiquant, d'un air narquois, une lettre confidentielle de M. Mocquard, secrétaire particulier des Tuileries, qui l'assurait, au nom de l'Empereur, que les projets d'annexion étaient vus d'un œil favorable et qu'il n'eut pas à s'inquiéter des complications qui pourraient survenir. Sous Napoléon III, il y eut le secret de l'Empereur, comme, sous Louis XV, le secret du Roi.

Tandis que M. Drouyn de Lhuys, ministre des affaires étrangères, annonçait officiellement la neutralité de la France, en cas de conflit, et laissait l'Italie libre d'agir, à ses risques et périls, l'Empereur mettait fin aux hésitations de La Marmora, en l'invitant à accepter les conditions, même léonines, de Bismarck et, le 22 mars 1866, envoyait le prince Napoléon pour donner à son beau-père, Victor Emmanuel, le conseil de signer, sans tergiverser, le traité proposé par la Prusse. M. Malaret, notre ministre à Florence, était tenu entièrement en dehors de cette négociation louche.

Les conseils de l'Empereur furent considérés en Italie et en Prusse comme un engagement moral et Victor Emmanuel s'empressa d'accréditer à Berlin le général Govone avec pleins pouvoirs pour traiter.

L'intervention de Napoléon III avait levé les derniers obstacles et, dans cette occasion, il avait consulté les intérêts de l'Italie, de préférence à ceux de la France.

Le traité de Berlin du 8 avril 1866

Les négociations marchèrent rapidement. Le général Govone n'était pas arrêté par les scrupules du général La Marmora. Le 8 avril, le traité secret d'alliance entre l'Italie et la Prusse était signé à Berlin. Le comte Arese en fut immédiatement instruit et en informa l'Empereur qui, le soir même, l'annonçait à l'ambassadeur prussien, M. de Goltz.

Le traité obligeait Victor Emmanuel à déclarer la guerre à l'Autriche sur l'initiative de la Prusse. La paix ne devait pas être conclue sans le consentement mutuel des deux alliés. Toutefois, ce consentement ne pouvait être refusé, lorsque l'Autriche aurait cédé à l'Italie Venise et à la Prusse des territoires avoisinants, équivalents, en population, à la Vénétie. Le traité expirerait trois mois après la signature, c'est-à-dire le 8 juillet, si, dans ce laps de temps, la Prusse n'avait pas déclaré la guerre à l'Autriche. Aux termes de cette convention, l'Italie se résignait à marcher à la remorque de la Prusse.

Charles de Hohenzollern,
prince de Roumanie

Dans la période la plus aiguë du conflit entre la Prusse et l'Autriche, Napoléon III, qui avait obtenu l'admission de la Prusse au Congrès de Paris, malgré la résistance des autres puissances, disposées à l'exclure, donna une nouvelle preuve de sa bienveillance à l'occasion des affaires de la Roumanie. A la suite d'une conspiration, le prince de Roumanie, Couza, avait été forcé d'abdiquer, 24 février 1866. Le gouvernement provisoire, constitué dans l'ombre sous la présidence du prince de Samos, Jean Ghika, avait fait acclamer, à l'unanimité, par les Chambres, le comte de Flandre, frère du roi des Belges, sous le nom de Philippe Ier.

A la nouvelle du renversement du prince Couza, les puissances s'émurent et, sur la proposition de M. Drouyn de Lhuys, une conférence se réunit à Paris.

Sur le refus du comte de Flandre, le peuple roumain, sans attendre les résolutions de la conférence, élut, par un plébiscite, le prince Charles de Hohenzollern, officier dans l'armée prussienne et second fils du prince Antoine de Hohenzollern.

Le prince Antoine était le chef de la branche aînée des Hohenzollern, les Hohenzollern-Sigmaringen, tandis que la branche cadette, celle de Brandebourg, régnait sur la Prusse. Les Hohenzollern-Sigmaringen étaient restés catholiques, tandis que les Hohenzollern-Brandebourg étaient devenus protestants.

D'abord souverains de la principauté de Sigmaringen, ils avaient cédé leurs droits à la Prusse, moyennant une pension, et repris leur place à la cour de Berlin, avec le titre d'Altesse royale, et reconnaissaient le roi de Prusse comme le chef de leur famille. Le prince Antoine était dans les meilleurs termes avec le roi Guillaume, qui l'avait choisi pour présider le premier ministère, qu'il avait formé au début de sa régence. La famille Hohenzollern était alliée à la fois aux Bonaparte par les Pepoli et les Murat et aux Beauharnais par la femme du prince Antoine, princesse de Bade et fille de Stéphanie de Beauharnais, que Napoléon Ier avait adoptée.

La candidature du prince Charles avait été préparée par les intrigues d'un ministre Roumain, M. Bratiano, à l'aide de négociations avec le prince Antoine et Napoléon III. Mais le choix du peuple Roumain fut mal accueilli par la conférence et, en particulier, par la Turquie et par la Russie.

Après le plébiscite, une assemblée constituante, réunie à Bucarest par les soins du gouvernement provisoire, avait signifié la volonté immuable du peuple Roumain de rester une principauté une et indépendante sous la souveraineté héréditaire d'un prince étranger et avait proclamé, à son tour, le prince Hohenzollern sous le nom de Charles Ier, 13 mai 1866.

On pouvait compter sur les bonnes dispositions de Napoléon III, très favorable, en raison de son alliance, à la famille de Hohenzollern et très respectueux du principe des nationalités et du libre suffrage des peuples par voie de plébiscite. Restait la décision du roi Guillaume, chef de la famille des Hohenzollern, qui hésitait à se prononcer.

D'une part, en effet, la Russie craignait que la création d'un état indépendant, englobant la Valachie et la Moldavie, ne diminuât son influence dans les Balkans et, d'autre part, la Turquie, qui n'avait consenti qu'une réunion temporaire des principautés, limitée à la personne de Couza, n'accepterait pas volontiers cette brèche aux traités garants de son intégrité. Enfin l'Autriche ne pouvait voir que d'un mauvais œil ce nouveau voisin.

Le roi de Prusse, flatté dans son amour-propre familial, n'était pas fâché d'introniser sur le Danube un prince prussien, opposé à l'extension autrichienne, mais il redoutait de mécontenter la Russie. Il n'approuva pas l'acceptation, mais il se garda de l'interdire. En somme, il laissa son cousin libre d'agir à ses risques et périls.

Bismarck alla plus loin. Consulté par le prince Charles, il lui donna confidentiellement le hardi conseil de partir directement pour la Roumanie et de placer la conférence et l'Europe en face du fait accompli. Il n'y mit qu'une condition, ce fut de se concilier l'appui secret de Napoléon III.

Le jeune prince, poussé par son ambition, suivit l'avis de Bismarck. Sûr du consentement tacite du roi de Prusse et de la complicité bienveillante de l'Empereur, il traversa sans encombre l'Autriche en armes et entra triomphalement le 22 mai 1866 à Bucarest.

Bismarck feignit d'être étonné de l'équipée, qu'il avait suggérée, et déclara que c'était sans l'assentiment du roi et à son insu que le prince Charles s'était rendu en Roumanie. La Russie et la Turquie protestèrent, se plaignant de la duplicité de la Prusse. Drouyn de Lhuys fit des réserves, tandis que Napoléon se félicitait, en tapinois, du succès de son protégé. L'Autriche et l'Angleterre, blessées du procédé, étaient convaincues que le prince de Hohenzollern avait été encouragé par l'Empereur.

L'opinion universelle fut que le prince Charles était parti pour Bucarest avec la double autorisation du roi Guillaume et de l'Empereur Napoléon.

Comme l'avait prédit Bismarck, mises en présence

du fait accompli, les puissances, après un accès de mauvaise humeur, se calmèrent. Seule la Turquie éleva la voix à la conférence, mais non seulement on ne tint pas compte de son énergique protestation, mais on lui signifia l'interdiction d'intervenir par les armes en Roumanie.

La conférence traînait en longueur; elle s'épuisait en discussions stériles et n'aboutissait à aucune conclusion. Gortschakoff, las d'être berné, se retira le premier, 12 juin 1866. Il notifia sa retraite en termes amers; il prit acte de la brèche pratiquée dans le traité de Paris, qui cessait d'être intangible, et insinua que sa révision pourrait s'étendre à d'autres articles. La conférence fut dissoute et la querelle assoupie. Le prince Charles installa en paix son gouvernement. La guerre éclatait entre la Prusse et l'Autriche et constituait une puissante diversion, qui détourna l'attention publique des Balkans et dont profita l'heureux Hohenzollern, désormais prince de Roumanie, avant d'en devenir le roi.

Proposition de l'Autriche

Le traité prusso-italien du 8 avril était à peine signé que l'Empereur François-Joseph soupçonna le complot ourdi contre l'Autriche. Il chargea son ambassadeur, le prince Richard de Metternich, de déclarer à Napoléon III qu'il ne pouvait faire l'abandon de la Vénétie qu'après une victoire, mais que, si l'Italie gardait la neutralité et si l'Autriche sortait victorieuse de sa lutte avec la Prusse, la Silésie, dont la restitution était, depuis Marie-Thérèse, le but traditionnel de la politique autrichienne, deviendrait le gage de la rétrocession de la Vénétie à l'Italie.

Metternich communiqua la proposition au duc de Persigny, qui se montra enchanté et insista pour que la France s'unît franchement à l'Autriche, dans l'espoir que cette alliance favoriserait ultérieurement notre extension jusqu'au Rhin.

Le prince Napoléon lui-même eut un éclair de bon sens et parut incliner du côté de l'Autriche, mais il était lié par le fatal traité italo-prussien, auquel il avait collaboré. Il imagina de demander à l'Autriche la cession immédiate de la Vénétie, qui serait remise à la France et occupée par elle, jusqu'à ce que l'Autriche ait reconquis la Silésie. Grâce à cette ingénieuse combinaison, les Italiens, se heurtant en Vénétie aux troupes françaises, seraient forcés de s'arrêter, sans manquer de parole à la Prusse.

Fould et Rouher conseillaient de refuser l'offre de l'Autriche, de garder la neutralité et d'imposer la paix, en menaçant de se déclarer contre l'agresseur, quel qu'il fût. Ils n'avaient aucun souci de la Vénétie, qui pouvait attendre sa délivrance, et estimaient que la France s'était assez sacrifiée pour l'Italie.

Drouyn de Lhuys fit écarter tous ces avis et proposa d'accepter les ouvertures de l'Autriche, sauf à en discuter les détails, d'observer la neutralité et d'y contraindre, au besoin, l'Italie. L'Impératrice et le comte Waleski, opposés depuis 1859 à la politique italienne, se rangèrent à l'opinion du ministre des affaires étrangères. Tous ignoraient le traité italo-prussien du 8 avril.

Napoléon III, fort embarrassé, communiqua au gouvernement italien l'offre de l'Autriche et lui demanda s'il se croyait irrévocablement lié vis-à-vis de la Prusse. L'honnête et loyal La Marmora répondit que l'honneur l'empêchait d'abandonner la Prusse et que l'Italie ne recouvrerait sa liberté qu'à l'expiration du délai fixé par le traité, *conclu sur le conseil de l'Empereur.*

L'Italie découvrait d'ailleurs dans son alliance avec la Prusse une occasion de se dégager des liens qui l'enchaînaient à l'Empereur. Elle était lasse des bienfaits de la France, envers laquelle elle avait contracté une dette de reconnaissance, qui commençait à lui peser et dont elle avait hâte de s'affranchir. Mieux valait conquérir la Vénétie les armes à la main que de la recevoir des mains de Napoléon III.

L'Italie empêcha l'Empereur de répondre aux propositions du prince de Metternich. Si Napoléon III, tout en laissant l'Italie agir à ses risques et périls, avait, au prix de la Vénétie, soutenu l'Autriche en Allemagne, Bismarck aurait reculé et la guerre aurait été évitée. Persigny rugit de colère lorsqu'il vit le souverain encourager les ambitions de l'Italie et de la Prusse et ne manifester aucun mécontentement, ni même aucun froissement de la résistance de Victor Emmanuel.

Proposition d'un Congrès

Tout en écartant la combinaison suggérée par l'Autriche, Napoléon III se montra touché du noble procédé de François-Joseph. Il protesta du désintéressement de la France et essaya de proposer, pour sortir d'embarras, son remède favori, sa panacée universelle, la réunion d'un Congrès, dont le programme se réduirait aux trois questions suivantes : Vénétie, duchés de l'Elbe, réforme fédérale. La Russie et l'Angleterre acceptèrent en principe, le Congrès. Drouyn de Lhuys lança le 24 mai, les lettres d'invitation.

Bismarck était très agité et très perplexe ; peu satisfait de la tournure que prenaient les évènements, il songeait, tantôt à se résigner à de larges concessions à la France, pour qu'elle lui permit d'accabler l'Autriche avec le concours de l'Italie, tantôt à entraîner l'Autriche dans une guerre nationale contre la France. Il n'osait décliner l'invitation au Congrès, mais il annonçait qu'il s'y rendrait en furieux et qu'il mettrait le feu aux poudres.

Napoléon III, flegmatique et taciturne, accusé par lord Lyndhurst « de ne parler jamais et de mentir toujours », n'inspirait confiance à personne. La « sage » Autriche se défiait ; François-Joseph, blessé par l'échec de sa proposition de cession de la Vénétie, ignorant le traité italo-prussien, conclu sous les auspices de l'Empereur, ne soupçonnait pas que le Congrès pouvait être un expédient pour gagner du temps et atteindre le 8 juillet, date de l'expiration de la convention. Au contraire, il flairait un piège et mit fin au projet de Congrès en déclarant, d'une part, qu'il excluait toute combinaison tendant à donner aux états participants un accroissement en territoire et en population et, d'autre part, que le règlement des affaires d'Italie devrait s'étendre à la question romaine et réserver les intérêts de la Papauté. Dans ces conditions, le Congrès n'avait plus de raison d'être. Drouyn de Lhuys, Clarendon et Gortschakoff y renoncèrent. « Vive le Roi ! » s'écria Bismarck en apprenant l'abandon du projet.

Déclaration de guerre

Heureux d'avoir échappé à ce danger, le premier ministre prussien se hâte de lancer une circulaire fulgurante contre l'Autriche, qu'il ose accuser de provocation, et dénonce le traité de Gastein, 4 juin 1866. Il espérait engager le conflit dans les duchés de l'Elbe, mais les Autrichiens trompèrent ses prévisions en évacuant Altona et le Holstein et en se retirant devant le général Manteuffel, gouverneur de Sleswig.

Le roi Guillaume hésitait encore. Il avait besoin d'être entraîné. « Vous nous rendriez un fameux service, disait Bismarck aux généraux italiens Govone et Barral, si vous attaquiez les premiers ». « Nous ne pouvons pas, répondaient les Italiens, nous devons ménager l'Empereur Napoléon ». — Ne pourriez-vous acheter un régiment croate et vous faire attaquer ? Le lendemain, vous franchiriez la frontière ». Cavour aurait peut-être accepté ; La Marmora était trop loyal.

Il fallait encore attendre. Le roi répugnait de plus en plus à la guerre, qui lui apparaissait comme une guerre civile et une guerre de famille. La mère de l'Empereur d'Autriche, l'archiduchesse Sophie de Bavière et la veuve du roi de Prusse Frédéric-Guillaume IV étaient sœurs ; par extension, Guillaume appelait François-Joseph son neveu. Bismarck devenait pressant. Le roi, montrant de la fenêtre de son palais la statue du grand Frédéric, alla jusqu'à dire à son ministre : « Si nous faisons la guerre et qu'elle tourne mal, on élèvera un gibet au pied de cette statue et on vous y attachera le premier, afin que je voie votre supplice, et moi après vous. » — « Puisqu'il faudra toujours mourir, repartit le hobereau prussien, mieux vaut mourir en chevaliers allemands, moi pour mon roi, vous en défendant vos droits octroyés par la grâce de Dieu, que d'être chassés par une émeute de la populace ».

Le 10 juin arrivait de Florence à Berlin, le général Türr, réfugié hongrois, marié à une Bonaparte, ami de Garibaldi et de Napoléon III. Govone avait offert à Bismarck de provoquer un soulèvement en Hongrie et demandait cinq millions. Bismarck répondit qu'il ne les avait pas et qu'il ne connaissait pas les Hongrois. Il manifesta pourtant le désir de voir le général Türr. La Marmora le lui envoya avec mission de déclarer que le ministre italien était opposé à tout projet d'insurrection.

Après sa conversation avec Govone, Bismarck s'était montré favorable aux demandes des émigrés Hongrois, anciens insurgés de 1849, et son ministre à Florence, le comte d'Usedom, proposa au gouvernement italien une diversion afin de préparer des troubles en Hongrie, excellent moyen d'augmenter les embarras de l'Autriche. Mais La Marmora persista à repousser, comme l'avait fait Napoléon III en 1859, ces moyens illicites de faire la guerre. Néanmoins Bismarck ne renonça pas entièrement à ce projet et chargea le général Türr de s'entendre à Paris avec le réfugié Klapka pour organiser une légion hongroise.

Dans son entrevue avec le général Türr, Bismarck lui dit : « Le roi n'est pas encore où je le voudrais — mais je pousse mon cheval rétif au bout du fossé, il faudra bien qu'il saute ». Le ministre prussien se servit de l'expression « Ross », qui a été traduite en français, avec une approximation inexacte, par le mot « rosse ». C'est une erreur, l'expression allemande n'a pas cette signification désobligeante. Bismarck lui-même n'aurait jamais employé, à l'égard du roi, une aussi grossière appellation.

Le 10 juin, Bismarck reçut du roi la nouvelle que François-Joseph était parti pour rejoindre son armée à Olmutz. Le lendemain, il était à Potsdam avec les généraux Moltke, Roon et Treskow. Le roi était enfin décidé et la guerre résolue.

Bismarck, qui n'avait pas renoncé complètement au concours de la France, envoya le général Türr à

Paris, pour s'entendre avec le prince Napoléon, qui combina ses démarches avec le chevalier Nigra, ministre d'Italie. Le prince Napoléon proposa une alliance offensive et défensive de la Prusse et de la France.

La France mettrait sur pied 300,000 hommes. La Prusse acquerrait 7 à 8 millions d'habitants et procéderait à la réforme fédérale à sa convenance. L'Italie obtiendrait la Vénétie et la France 500,000 habitants entre Rhin et Moselle et 213,000 sur la rive gauche bavaroise du Rhin, ensemble 713,000 habitants. Bismarck se réservait la part du lion.

Le prince Napoléon, un des funestes artisans du traité du 8 avril, appuyait cette combinaison ; l'Empereur eut le bon sens d'écarter de ses lèvres ce calice d'amertume. On s'en tint à la neutralité et on se contenta de demander à Bismarck la promesse de ne conclure, après la guerre, aucun arrangement, sans s'entendre avec l'Empereur. Cet engagement vague ne coûtait guère; la Prusse n'y fit pas d'objection.

En même temps, le duc de Gramont signait à Vienne un traité, aux termes duquel l'Autriche obtenait la neutralité de la France, moyennant la cession de la Vénétie, même si l'Italie persistait à lui déclarer la guerre.

Les conditions stipulées pour l'octroi de la neutralité étaient bien différentes et révélaient les sympathies secrètes de l'Empereur. Vis-à-vis de la Prusse, on se contentait d'une promesse incertaine, indéterminée, dépourvue de sanction, tandis que l'Autriche se résignait au sacrifice d'une riche province, sans assurance de compensation.

Décidément le jeune royaume d'Italie était né sous une heureuse étoile. Victor-Emmanuel entrait dans la lutte avec la certitude d'acquérir la Vénétie, vainqueur ou vaincu. Les défaites de l'Italie lui profitaient à l'égal des victoires. On a pu dire que, si elle avait perdu la bataille de Sedan, elle y aurait gagné la frontière du Rhin.

François-Joseph signa, l'âme désolée, le traité de Vienne; il exigea seulement le plus inviolable secret. Son armée d'Italie allait verser son sang pour la Vénétie, dont l'abandon était déjà consenti.

Dès le mois de mai, l'Empereur, à Auxerre, dans un de ces discours imprévus et retentissants, dont il était coutumier, était sorti de son mutisme pour se réjouir de la guerre qui se préparait et annoncer qu'elle aurait pour résultat la destruction des odieux traités de 1815.

Le 11 juin 1866, Napoléon III adressa à M. Drouyn de Lhuys, son ministre des affaires étrangères, une lettre publique, dans laquelle il déplorait l'échec du Congrès et proclamait la neutralité et le désintéressement de la France. Il attribuait au conflit trois causes: 1° la situation géographique de la Prusse, mal délimitée; 2° les vœux de l'Allemagne réclamant une constitution plus conforme à ses besoins généraux; 3° la nécessité pour l'Italie d'assurer son indépendance nationale.

Si le Congrès s'était réuni, il aurait réclamé une union plus intime des Etats secondaires de l'Allemagne, plus d'homogénéité et de force pour la Prusse, la cession de la Vénétie à l'Italie et le maintien de la grande situation de l'Autriche. Il continuait à se féliciter, comme il l'avait fait dans le discours d'Auxerre, des atteintes répétées, portées aux traités de 1815. Il ajoutait pourtant, malgré ses protestations de désintéressement, que l'avènement éventuel d'une grande puissance nouvelle autoriserait la France à prétendre à une extension de ses frontières, à la condition que l'annexion serait réclamée par le vœu des populations limitrophes.

Quel était, au fond, le dessein de Napoléon III ? Il est permis de supposer qu'il n'en avait pas d'arrêté ; ses projets étaient vagues, il se laissait guider par les événements, confiant dans son étoile.

Nourri des idées de Jean-Jacques Rousseau, il avait rêvé de substituer à la politique de l'ancien régime et de l'équilibre européen, une politique démocratique, issue de la Révolution et basée sur les principes nouveaux : le suffrage universel, les nationalités, le vœu des populations, la liberté des échanges et, comme couronnement, entrevu dans les nuages de sa pensée, l'union pacifique des peuples, maintenue par des Congrès, où la France dominerait de tout le prestige de sa vieille gloire.

Par une contradiction singulière, Napoléon reconnaissait, en même temps, la nécessité de reculer les frontières de la France pour qu'elle ne parût pas trop diminuée en face de l'Italie et de la Prusse agrandies et il ne se rendait pas compte que ce but ne pouvait être atteint qu'aux dépens des provinces du Rhin, en dépit du droit des nationalités, ou aux dépens de la Belgique et de la Suisse française, au mépris du vœu des populations.

Et cette œuvre, qu'il croyait sincèrement une œuvre de paix, n'était réalisable qu'au prix des guerres les plus sanglantes.

Ces rêves, dans lesquels se complaisait son esprit chimérique, devaient aboutir à un triste réveil.

Peut-être l'Empereur espérait-il que la guerre épuiserait les forces des deux belligérants et qu'il imposerait ensuite sa médiation, renouvelant les triomphes du Congrès de Paris et remaniant à son gré la carte de l'Europe.

Campagne de Sadowa

Cependant, les évènements se précipitaient en Allemagne. L'Autriche envoyait ses passeports à l'ambassadeur prussien Werther et rappelait le sien de Berlin, 12 juin. Elle sollicitait en même temps l'action de la Confédération germanique. Le vote eut lieu à la Diète de Francfort le 14 juin. Neuf voix contre trois appuyèrent la motion de l'Autriche. La Bavière, le Hanovre, la Saxe et le Wurtemberg votèrent la mobilisation de quatre corps d'armée. L'envoyé prussien Savigny déclara que c'était la rupture du pacte fédéral et quitta Francfort. La Diète décréta l'exécution fédérale de la Prusse et en chargea l'Autriche et la Bavière. Le Président de la Diète, le Bavarois Pfordten, sur lequel avait compté Bismarck, fut chargé de veiller à l'accomplissement des résolutions de l'Assemblée, 17 juin.

La Prusse somma, en vain, la Saxe, le Hanovre et la Hesse électorale d'accepter son alliance ; sur leur refus, elle leur déclara la guerre, 15 juin. La guerre ne fut pas déclarée à l'Autriche, le vote de la Confédération étant considéré comme une rupture suffisante.

Le 17 juin, Bismarck informe l'Italie des évènements. Immédiatement, La Marmora part pour l'armée. Victor-Emmanuel annonce à Napoléon III qu'il entre en campagne avec une armée de 250,000 hommes et une réserve de 50,000. Il a le cœur gai et pleine confiance dans l'avenir. L'Empereur répond par des souhaits pour l'indépendance de l'Italie.

Le veto de l'Empereur aurait encore pu, à ce moment, tout arrêter et briser Bismarck. Il ne le prononça pas. Il était dans sa destinée d'aider à l'agrandissement de la Prusse, comme à celui de l'Italie, et de contribuer à la fortune de Bismarck, comme à celle de Cavour.

Toutes les concessions avaient été faites à la Prusse : guerre avec le Danemark et conquête des duchés de l'Elbe, complicité avec l'Italie pour la signature du traité d'alliance du 8 avril, maintien sur le pied de paix des garnisons sur la frontière du Rhin. En échange de tous ces avantages, Bismarck n'avait rien promis, puisqu'on ne lui avait rien demandé.

L'amour passionné pour l'Italie, qui faisait dire au général Cialdini qu' « il était plus italien que français », avait entraîné Napoléon III à travailler à la grandeur de Cavour et de Bismarck. Le second était le continuateur du premier et devait compléter l'affranchissement de l'Italie, que l'intervention de Guillaume n'avait pas permis de réaliser en 1859. Mais Napoléon n'aimait pas seulement l'Italie, il aimait aussi la Prusse et désirait son agrandissement par la suppression des petits états qui gênaient et paralysaient son développement. L'histoire ne cite pas beaucoup de pareils exemples d'aberration.

Déjà malade et affaibli, indécis et incertain, sans énergie et sans volonté, roseau agité par tous les vents, se fiant encore à son étoile, bien qu'elle eût singulièrement pâli, l'Empereur se nourrissait de chimères et avait perdu avec Morny l'homme d'Etat qui aurait su le diriger. Au lieu de se tenir prêt à toute éventualité, il attendit flegmatiquement les évènements, qui viendraient sans doute à son aide, et se remit à l'histoire de la vie de César, délaissant la gloire politique et militaire pour poursuivre une gloire littéraire, qui devait lui échapper comme les autres.

Le roi Guillaume, partant pour l'armée, dit à notre

ambassadeur Benedetti : « Nous sommes entre les mains de l'Empereur, nous comptons sur sa loyauté ». — « Notre confiance en lui est si grande, ajoutait Bismarck, que nous ne laissons pas un soldat sur la rive gauche du Rhin ». La bataille de Sadowa éclata comme un coup de foudre. Bismarck avait gagné l'aventureuse partie, qu'il avait engagée, non sans quelque témérité. S'il l'avait perdue, il n'aurait pas survécu à sa défaite. « Excellence, lui dit le baron de Steincker, après la victoire, vous voilà passé grand homme ! Si le prince royal fût arrivé trop tard, vous étiez le plus grand des coquins ».

La joie de Bismarck débordait. Dans son ivresse, il éperonna son cheval épuisé et le lança à la poursuite des fuyards. « Si j'avais été, dit-il, à la tête d'une division, la poursuite eût donné davantage ». Cet homme au cœur dur eut pourtant un moment d'attendrissement, en voyant tomber sanglant un jeune officier autrichien : « Ah! si c'eût été mon Herbert ! »

Napoléon méditait, en ce moment, dans le parc de Saint-Cloud, sur les droits des peuples et le principe des nationalités et se réjouissait de la délivrance de Venise. La bataille de Sadowa avait été livrée le 3 juillet, cinq jours avant l'expiration du traité avec l'Italie.

Conséquences de la bataille de Sadowa

La bataille de Sadowa provoqua en France la plus vive et la plus profonde émotion et fit entrevoir l'abîme. M. Thiers dénonça cet événement comme le plus grand péril que le pays ait couru. Les amis de l'Empire étaient eux-mêmes atterrés. « C'est la France qui a été battue à Sadowa », s'écriait le maréchal

Randon. Napoléon III, par le plus étrange aveuglement, avait créé, de ses propres mains, à nos portes, une puissance militaire de premier ordre, aujourd'hui notre rivale et demain peut-être notre ennemie acharnée. On se prenait à regretter les traités de 1815, attaqués par l'Empereur avec autant d'acharnement que d'inconséquence. Ils avaient, du moins, l'avantage de constituer sur nos frontières une mosaïque de petits Etats qui, non seulement ne pouvaient nous porter ombrage, mais nous servaient de ceinture de protection et sauvegardaient nos intérêts.

Dans un discours, qui remontait au 15 avril 1865, M. Thiers appréciait les services rendus par les petits Etats. « Les petits Etats, disait-il, sont d'une nécessité indispensable. Quand ils auront disparu, il n'y aura plus que de grands Etats, lesquels se heurteront à chaque instant. Vous aurez des guerres continuelles ; les grands Etats subsisteront seuls ; l'un d'eux finira par dévorer les autres et vous en arriverez à la monarchie universelle, ce qui est tout simplement l'asservissement des nations. Les petits Etats sont donc indispensables et la politique de tous les gouvernements a été de les maintenir, non pas par une étroite jalousie, mais par une sage prévoyance. Ce sont les petits Etats, placés entre les grands, qui empêchent les chocs et qui, en outre, introduisent dans le conseil des nations des voix, toujours acquises au droit, parce qu'elles sont acquises à la faiblesse. Ce ne sont pas les forts, ce sont les faibles qui, en se réunissant, sont devenus les fondateurs du droit ».

Une politique énergique et habile pouvait encore, sinon réparer, au moins limiter le mal. Les Etats du Sud de l'Allemagne étaient frémissants de leur défaite ; l'Autriche restait debout ; la Russie, malgré son antipathie pour l'Autriche, ne voyait pas sans déplaisir l'agrandissement de la Prusse, qui se passerait bientôt de sa protection. Bismarck n'était pas rassuré. Les yeux fixés sur la France, il attendait.

L'opinion publique était surexcitée et mécontente. Le gouvernement s'en prit à la presse et supprima, par un décret du 3 août, « Le Courrier du Dimanche », à la suite d'un article de Prévost Paradol. Afin de relever le prestige croulant de l'Empire, afin de rétablir l'équilibre rompu des forces, on revint à la thèse des compensations.

Les compensations semblaient tellement indiquées que l'opinion publique ne doutait pas qu'elles n'eussent été stipulées à l'avance, et c'était l'explication de l'inaction de la France.

On supposait que si, à Plombières, Napoléon avait obtenu de Cavour la cession de la Savoie et du comté de Nice, il avait exigé de Bismarck, à Biarritz, l'annexion des provinces rhénanes.

Prévost Paradol écrivait à ce propos, le 24 juin 1866: « Qu'a dit l'Empereur dans la lettre à M. Drouyn de Lhuys du 11 juin ? Que la Prusse est mal délimitée et que, si la guerre aboutit à troubler l'équilibre européen au détriment de la France, une compensation nous est nécessaire. Quoi de plus simple ! N'est-il pas évident, sans même que l'Empereur ait besoin de le dire, que tout agrandissement de la Prusse trouble l'équilibre européen au détriment de la France, contre qui la Prusse a déjà été fortifiée et agrandie en 1815, que le Hanovre, par exemple, encore moins la Saxe, ne peuvent être ajoutés à la Prusse sans compensation pour la France. Or, cette délimitation défectueuse de la Prusse ne peut être corrigée autrement que par l'annexion du Hanovre et de la Saxe, sans parler du reste ». — Le même écrivain ajoutait le 15 juillet 1866 : « Si la cession et la transmission de la Vénétie ont déjà un certain air de grandeur et de pleine puissance, quel effet ne produira pas la rectification de notre frontière sur cette ligne du Rhin, qui est toujours bien plus présente que la ligne des Alpes à la mémoire et aux regrets du peuple français ! »

Prévost Paradol était l'interprète des amis comme des adversaires de l'Empire ; personne ne pouvait supposer que l'unité allemande serait fondée sans compensation pour la France. L'Italie nous avait abandonné la Savoie et Nice ; la Prusse ne devait pas nous céder le moindre lambeau de terrain. Le désenchantement fut d'autant plus vif que la nation s'était bercée de trompeuses espérances.

Les compensations

Tout l'entourage de l'Empereur était d'accord. Rouher, La Valette, le prince Napoléon lui-même, quoiqu'à un moindre degré, pensaient comme l'Impératrice, Drouyn de Lhuys, le maréchal Randon et Magne. Tous étaient d'avis que des compensations étaient nécessaires pour conjurer l'humiliation de l'Empire.

Magne n'avait pas hésité à écrire à l'Empereur le 25 juillet : « Le sentiment national serait profondément froissé si, en fin de compte, la France n'avait retiré de son intervention d'autre résultat que de s'être attaché aux flancs deux voisins dangereux par leur puissance démesurément agrandie... La grandeur est une chose relative ; un pays peut être diminué, tout en restant le même, lorsque de nouvelles forces s'accumulent contre lui ».

C'était la vieille maxime de Machiavel : « Se prêter

à l'agrandissement de ses voisins, c'est préparer sa propre ruine ». « Chi a cagione che uno diventi potente rovina ».

Déjà le 2 mars 1866, M. Jules Favre s'exprimait, dans un discours au Corps législatif, dans les termes suivants : « Souffrir, sans s'y opposer, le téméraire agrandissement de la Prusse, ce serait une faute énorme, que la France ne doit pas commettre. Je disais que telle est la tendance de la Prusse et qu'il pouvait arriver qu'un jour elle eût sous la main 80 millions d'hommes à nous opposer ».

Ici l'orateur de l'opposition fut interrompu par un mameluck de l'Empire, le baron Geiger, qui s'écria : « Ce ne sera pas de sitôt ! »

Cinq ans plus tard, le département que représentait ce député, la Moselle, était annexé à l'Allemagne.

M. Jules Favre poursuivait : « Les temps ont marché ; tout a changé autour de nous ; ce qui inquiétait Richelieu n'existe plus ; ce colosse, qui portait la double couronne de l'Empire d'Allemagne, de l'Espagne et des Alpes a été brisé ; mais la France ne doit pas permettre que, sur ces assises, un autre géant vienne appeler l'Allemagne à une sorte de guerre sainte contre elle et elle doit pour cela veiller sans cesse ».

M. Thiers, depuis son entrée au Corps législatif en 1863, n'avait cessé de dénoncer le danger de l'unité italienne, qui devait enfanter l'unité allemande, et, dans son éloquent discours du 13 avril 1865, il s'écriait :

« La vérité avant tout ! Mais, je vous l'affirme, j'y ai bien pensé avant de prendre la parole aujourd'hui et, plus j'y ai pensé, plus je suis resté convaincu que nous ne faisons pas une chose bonne pour la France en élevant d'un côté une nation de 26 millions d'hommes, qui probablement un jour donnera la main à une autre nation de 40 millions d'hommes d'un autre côté, par delà les bords du Rhin, pour laquelle elle aura été un exemple, un argument, peut-être un secours ».

Prévost Paradol était du même avis : « Tout Français, disait-il, qui n'ignore pas absolument la géographie de l'Europe et l'histoire de France, voit avec inquiétude ces deux nouveaux venus à nos côtés sur la scène du monde : la Prusse, maîtresse de l'Allemagne, et l'Italie, alliée de la Prusse. Jeunes, enflées de leurs forces nouvelles, arrogantes par tempérament, elles regardent déjà avec un certain dédain cette vieille France, bientôt assez mûre, à leurs yeux, sans doute, pour aller rejoindre la vieille Autriche et feu l'Espagne dans les souvenirs de l'histoire ».

Les compensations étaient réclamées par l'opinion publique. Seul, ou à peu près seul, M. Emile Ollivier s'éleva avec vigueur contre cette politique qu'il appelle dédaigneusement, en se servant d'une expression de Frédéric II, reprise par Bismarck, une politique de pourboires, ou encore une politique de grignotement. Toutes les puissances n'en ont pourtant guère pratiqué d'autre et s'en sont mieux trouvées, au demeurant, que de la politique décevante des nationalités. Mais, féru de ce faux principe, partisan de l'unité de l'Italie, dévoué à l'unité de l'Allemagne, M. Emile Ollivier, plus logique que l'Empereur, était opposé à toute réclamation et disposé à accepter les événements d'Allemagne, non seulement sans récriminations, mais avec sérénité et bonne humeur.

Pour obtenir les compensations, objet du vœu presque universel, irait-on jusqu'à la guerre ?

Drouyn de Lhuys et le maréchal Randon envisageaient avec sang-froid cette éventualité et estimaient que la demande, formulée par la France, devait être appuyée par une démonstration militaire, si nous étions résolus à la rendre efficace.

L'armée avait été affaiblie, il est vrai, par différentes causes, les faveurs, les congés et surtout la funeste expédition du Mexique. Néanmoins, le maréchal Randon se faisait fort d'acheminer immédiatement 80,000 hommes sur la frontière et de réunir, sous 20 jours, 140,000 hommes sur le Rhin et 100,000 hommes à Lyon. Avec les réserves, on pouvait compter sur 450,000 hommes. Ces forces étaient plus que suffisantes, si nous étions soutenus par l'Autriche en Bohême et par les Etats du Sud en Allemagne.

Placé entre une catastrophe et des concessions, le roi Guillaume aurait accordé les compensations réclamées. La démonstration militaire n'aurait vraisemblablement pas abouti à la guerre. Bismarck a avoué plus tard, au baron de Courcel, que 15,000 hommes auraient suffi à l'arrêter.

L'Empereur songea un instant à suivre les virils conseils de Drouyn de Lhuys et du maréchal Randon, puis il recula. Craignant qu'une démonstration militaire ne dégénérât en une guerre, dont il ne voulait à aucun prix, il préféra, suivant l'expression de M. Emile Ollivier, *se fier à la gratitude de la Prusse*.

Napoléon III était déjà malade ; ses souffrances physiques abattaient son énergie. Sa volonté était chancelante ; il redoutait d'indisposer le pays, qu'on lui représentait comme affamé de paix, et il s'enfonçait plus que jamais dans le faux et désastreux principe des nationalités et des grandes agglomérations.

Forcé d'opter entre l'Autriche et la Prusse, il penchait toujours en faveur de la Prusse, oublieux des paroles adressées par le maréchal de Noailles à Louis XV : « Méfiez-vous de la Prusse, sa fortune n'est pas faite ».

Fils de la reine Hortense, petit-fils de l'impératrice Joséphine, Beauharnais autant que Bonaparte, Napoléon III avait hérité les ressentiments et les rancunes de sa mère et de son aïeule et n'avait pas pardonné plus qu'elles la répudiation de Joséphine, remplacée par l'archiduchesse Marie-Louise. Il avait également gardé le souvenir des paroles prononcées par Napoléon Ier sur le rocher de Sainte-Hélène : « Mon assassinat à Schönbrunn eût été moins funeste pour la France que ne l'a été mon union avec l'Autriche ». Ses complicités avec les révolutionnaires italiens et la mort prématurée de l'Aiglon avaient achevé la légende et inculqué dans le cœur de Napoléon III une haine instinctive et invétérée contre l'Autriche.

Ces erreurs de son enfance et de sa jeunesse, entretenues par une mère, dont les passions étaient aussi vives que le jugement irréfléchi, avaient égaré l'Empereur et l'avaient déterminé à poursuivre l'abaissement de l'Autriche, prélude de l'abaissement de la France.

L'Impératrice Eugénie était animée de sentiments très différents. Elle professait un véritable culte pour Marie-Antoinette. Sympathique à l'Impératrice Elisabeth, elle vivait dans l'intimité du prince et de la princesse de Metternich. Catholique convaincue, Espagnole exaltée dans sa foi, elle était dévouée au Pape et opposée à la politique italienne du prince Napoléon, qu'elle détestait.

Demande des provinces rhénanes

Il était nécessaire d'empêcher la marche de l'armée prussienne sur Vienne. On reconnaissait, un peu tard, que, suivant le mot de Rouher : « On avait trop saigné l'Autriche ». Napoléon se porta médiateur entre les belligérants et intervint, autant par politique que par générosité envers François-Joseph, pour faciliter la paix entre la Prusse et l'Autriche.

C'est à cette œuvre de réconciliation que se borna son rôle à Nikolsbourg, 26 juillet 1866. L'effusion du sang fut arrêtée et les préliminaires de paix signés, sans qu'aucun dédommagement fût stipulé pour la France.

Il était maintenant aussi difficile de décider le roi Guillaume à la paix que quelques semaines auparavant à la guerre. Encouragé par la victoire, il entendait marcher sur Vienne et faire dans la capitale de l'Autriche une entrée triomphale, réparation éclatante de l'humiliation d'Olmutz.

Bismarck, plus politique, sentait la nécessité de ménager l'Autriche et de ne pas élever entre les deux nations une barrière infranchissable.

Le prince royal, réconcilié avec Bismarck depuis Sadowa, eut beaucoup de peine à convaincre son père, qui garda rancune à Napoléon III de l'avoir arrêté sur la route de Vienne.

Les discussions, relatives aux compensations à demander à la Prusse, se continuaient à Paris. Il avait d'abord été question de se borner au grand duché de Luxembourg et à la rétrocession des territoires, appartenant à la Prusse, à la Bavière et à la Hesse, compris dans la délimitation de 1814. Sur ces entrefaites, l'Empereur, sérieusement malade, part pour les eaux de Vichy. Drouyn de Lhuys s'enhardit et, appuyé cette fois par Rouher, propose de réclamer à la Prusse Mayence et la rive gauche du Rhin.

La France était représentée à Berlin, depuis 1864, par le comte Vincent Benedetti, d'origine corse et ami du prince Napoléon.

Directeur au ministère des affaires étrangères, il avait été délégué à Turin par M. Thouvenel pour signer, conjointement avec le ministre résident, M. le baron de Talleyrand, le traité de cession de la Savoie et du comté de Nice. Nommé plus tard ministre à Turin, il était entièrement acquis à la cause de l'indépendance et de l'unité de l'Italie. Sérieux, appliqué, tout à son devoir, il était intelligent et d'un esprit délié, mais vaniteux et suffisant. Pressenti par le gouvernement impérial, Benedetti, sans dissimuler les difficultés de la négociation, avait répondu qu'il croyait au succès, à la condition que notre « langage serait ferme et notre attitude résolue ».

Il reçut l'ordre de présenter à Bismarck un projet de traité, restituant à la France la rive gauche du Rhin, jusque et y compris la forteresse de Mayence. L'ambassadeur, qui s'était transporté au quartier général à Brünn, remit au ministre prussien la minute du projet de traité, écrite de sa main, 6 août 1866.

Bismarck ne lui laissa aucune illusion et lui insinua qu'il serait préférable de considérer cette note *comme non avenue*. Benedetti n'y ayant pas consenti, la note fut communiquée au roi et, le lendemain, Bismarck signifiait avec hauteur à l'ambassadeur le refus de Guillaume. Il le menaça même de se réconcilier avec l'Autriche et de diriger contre la France les forces réunies des deux ennemis de la veille. La Prusse n'entendait pas céder un pouce du territoire germanique. Plutôt la guerre immédiate qu'une telle humiliation, au lendemain d'une victoire !

Benedetti partit en hâte pour Paris afin de communiquer cette désespérante réponse. Déjà la demande de la France et le refus de la Prusse commençaient à s'ébruiter. Napoléon III, effrayé de cette divulgation et influencé par le prince Napoléon, écrit le 12 août au ministre de l'Intérieur, M. de la Valette, pour désavouer l'initiative prise par M. Drouyn de Lhuys et abandonner la demande de compensations, qui devait désormais être regardée comme n'ayant pas été présentée. Benedetti fut renvoyé à son poste et subit l'humiliation d'informer Bismarck que, conformément à son conseil, la note remise devait être considérée *comme non avenue*.

Nous nous étions abaissés devant la Prusse. Notre réclamation avait éveillé chez les Allemands des soupçons, qui persistèrent, et l'abandon de nos prétentions fut uniquement attribué à notre faiblesse. L'Allemagne resta convaincue que la France conservait des arrière-pensées d'annexion auxquelles elle ne renonçait pas, mais qu'elle était forcée d'ajourner, parce que son armée n'était pas prête.

Cet assaut, suivi d'un si prompt recul, fut une insigne maladresse, qui révéla à la fois l'ambition et l'impuissance de la France. A partir de ce jour, Bismarck fut irrévocablement décidé à préparer, par des alliances et des conventions militaires, la guerre contre l'Empereur.

Napoléon III devait se contenter de l'achèvement de son grand dessein, la création de l'Italie une et libre. M. Drouyn de Lhuys, désavoué, bien qu'il n'eût rien fait sans le consentement de l'Empereur, donna sa démission. Dans les affaires de Prusse, comme dans les affaires d'Italie, maintenant intimement liées, l'influence du prince Napoléon et de son parti avait été prédominante; Cavour et Bismarck l'avaient emporté sur Waleski et Drouyn de Lhuys.

Demande de la Belgique

Le marquis de la Valette, ministre de l'Intérieur, dont le fils adoptif, le comte Welles de la Valette, était le gendre de Rouher, succéda, à titre intérimaire, à M. Drouyn de Lhuys et dirigea, avec le concours du ministre d'Etat, notre diplomatie. Leur opinion ne différait guère, au fond, de celle du ministre démissionnaire.

Convaincus qu'ils parviendraient difficilement à arracher la moindre parcelle du territoire allemand, ils se rabattirent sur la Belgique. Ils étaient encouragés par l'ambassadeur prussien, Goltz, qui reconnaissait qu'un dédommagement nous était dû, et par Bismarck lui-même, qui cherchait à endormir notre vigilance et à détourner notre attention de l'Allemagne.

Le 16 août, Rouher et La Valette ordonnèrent à Benedetti de négocier, avec Bismarck deux traités: l'un, ostensible, qui nous attribuerait Landau, Saarbruck et Sarrelouis ou, à défaut de ces places, le grand duché de Luxembourg, l'autre, secret, stipulant la faculté pour la France de s'emparer de la Belgique, avec le concours armé éventuel de la Prusse, en cas de résistance de la part de l'Angleterre. Au prix de la Belgique, nous étions prêts à donner notre assentiment à l'extension de la suprématie de la Prusse au-delà du Mein.

Dès qu'il fut en possession de ce nouveau projet, Benedetti effaça de lui-même Landau, Saarbruck et Sarrelouis, prévoyant à quelles difficultés insurmontables il se heurterait, s'il parlait de la cession d'un territoire allemand. Puis il transcrivit, de sa propre main, sur le papier de l'ambassade, la minute du traité proposé par Rouher et sollicita une entrevue de Bismarck.

Le ministre prussien, le sourire aux lèvres, fit à notre ambassadeur l'accueil le plus encourageant et suggéra même quelques modifications, que Benedetti ajouta docilement sous sa dictée. Le projet, légèrement remanié, comportait une alliance offensive et défensive des deux Etats et, d'une part, la reconnaissance des acquisitions de la Prusse pendant la dernière guerre et l'engagement par la France de ne pas s'opposer à une union fédérale de l'Allemagne, à l'exception de l'Autriche, et, d'autre part, l'engagement par la Prusse de faciliter à la France l'annexion immédiate du Luxembourg et celle éventuelle de la Belgique. La Belgique devenait la rançon des Etats du Sud. La minute du projet, écrite de la main de Benedetti, fut remise à Bismarck, qui la conserva précieusement.

Notre ambassadeur avait commis la double imprudence de laisser en la possession de Bismarck deux projets, l'un relatif à l'annexion des provinces rhénanes, l'autre à celle de la Belgique. L'astucieux homme d'Etat comprit le parti qu'il saurait tirer de ces deux documents manuscrits. Par le premier, il était assuré de nous aliéner les Etats du Sud de l'Allemagne, dont nous abandonnions si prestement les intérêts; par le second, il pouvait, à son gré, éloigner de nous les sympathies de l'Angleterre, atteinte en plein cœur par nos ambitions sur la Belgique. Il était aisé de prévoir qu'il était homme à se servir sans scrupules des armes laissées si naïvement à sa disposition par l'ambassadeur français.

On ne peut contester que Benedetti s'était montré, en cette occasion, un pitoyable négociateur. Toutefois, il est juste de reconnaître que, malgré ses défaillances diplomatiques, il avait été un informateur exact et vigilant, en recommandant à son gouvernement *un langage ferme et une attitude résolue*. Nous retrouverons chez lui les mêmes qualités et les mêmes défauts en 1870.

Bismarck répondit qu'il en référerait au roi et laissa traîner les négociations, en employant, suivant son expression, « des moyens dilatoires ».

Traités secrets avec les Etats du Sud

Bismarck était entré en pourparlers avec les Etats du Sud pour fixer leur rançon. Il exigea d'abord des cessions territoriales. Voulant se venger de Pfordten, qu'il accusait de l'avoir trahi, il réclamait à la Bavière 75 millions et le cinquième de son territoire. Pfordten, désespéré, se recommandait à Napoléon III, quand l'aide lui vint d'un autre côté, bien inattendu.

La révélation des demandes formulées par Benedetti produisit un vrai coup de théâtre. Bismarck s'empressa de les communiquer à Pfordten, afin de le convaincre que la Bavière et les autres Etats du Sud n'avaient rien à attendre de la France, qui ne cherchait qu'à s'annexer des provinces allemandes et ne travaillait que pour son compte, sans se soucier de leurs intérêts.

Bismarck se montra disposé à abandonner toute revendication de territoire, à la condition de signer avec la Bavière, le Wurtemberg, la Hesse et le grand duché de Bade des traités secrets d'alliance offensive et défensive, complétées par des conventions miliaires ayant pour effet de mettre les armées des

Etats du Sud à la disposition du roi de Prusse, qui en prendrait, en cas de guerre, le commandement supérieur.

Grâce à l'imprudence de Benedetti, Bismarck transformait en alliés ses ennemis de la veille. Le Wurtemberg, protégé par le tsar en raison de ses alliances de famille (la reine Olga était la sœur d'Alexandre II), en fut quitte pour 17 millions. Le grand duc de Bade, gendre du roi Guillaume, fut encore plus ménagé et ne paya que 14 millions. La Hesse fut divisée en deux parties : celle au Nord du Mein entra dans la Confédération du Nord ; celle au Sud du Mein resta indépendante. Enfin la Bavière donna une indemnité de 64 millions et consentit à une rectification de frontières, comprenant l'abandon des districts de Gersfeld et d'Orb et de l'enclave de Caulsdorf, 22 août 1866. La Prusse s'acheminait vers l'unité de l'Allemagne. L'œuvre ébauchée devait être achevée, en 1870, par les fautes de Napoléon III. Mais, dès 1866, en vertu des conventions secrètes conclues par Bismarck avec les Etats du Sud, il n'y avait plus de Mein ; les trois tronçons, célébrés par Rouher, étaient en train de se rejoindre.

Le traité de Prague

La conclusion du traité de Prague fut facile, 25 août 1866. Napoléon III n'y était point partie ; comme médiateur, il obtint toutefois de légères modifications aux préliminaires de Nikolsbourg. L'Autriche acceptait son exclusion de l'Allemagne et acquiesçait à la dissolution de la confédération germanique; elle cédait à la Prusse ses droits sur les duchés de l'Elbe : le Sleswig, le Holstein et le Lauenbourg. Le royaume de Hanovre, le duché de Nassau, la Hesse électorale, la ville libre de Francfort étaient purement et simplement annexés à la Prusse. Les autres Etats au Nord du Mein formeraient la Confédération de l'Allemagne du Nord sous l'hégémonie de la Prusse. Le royaume de Saxe, que les efforts réunis de la France et de l'Autriche avaient réussi à sauver de l'annexion, entrait dans la nouvelle confédération. L'indemnité de guerre était fixée à 150 millions. Napoléon III obtint deux concessions, plus apparentes que réelles : la faculté pour les Etats du Sud, Bavière, Wurtemberg, Bade et Hesse Darmstadt de se constituer en une confédération indépendante et la promesse que les populations du Nord de Sleswig seraient consultées pour décider, par leurs libres suffrages, si elles voulaient appartenir au Danemark ou à la Prusse. La première clause était chimérique, puisque Bismarck savait que les Etats du Sud, liés par leurs pactes, ne s'entendraient jamais pour user de la faculté, qui leur était réservée ; quant à l'engament relatif au Sleswig, il se promettait de ne le tenir jamais et le Danemark l'attend encore après 45 ans.

La Vénétie était cédée par François-Joseph à Napoléon III. L'Italie réclamait l'annexion, qui aurait été prononcée à la suite du vœu exprimé par les Vénitiens, et menaçait de prendre Vérone d'assaut. Ses plaintes ne furent pas écoutées. François Joseph, dont les armes avaient été victorieuses sur terre et sur mer, à Custozza et à Lissa, fut inflexible et l'Italie dut se résigner à l'humiliation de recevoir Venise des mains de Napoléon III.

L'intervention de l'Empereur avait sauvé l'intégrité du territoire allemand de l'Autriche ; ce fut un acte de sage politique autant que de probité et de justice.

La circulaire La Valette

L'Empereur était personnellement satisfait de son rôle de médiateur, bien qu'il eût été un peu effacé ; mais l'opinion publique restait inquiète. Magne ne dissimulait pas sa déception. La reine Sophie de Hollande, de la famille royale de Wurtemberg, amie dévouée de Napoléon, lui écrivait le 18 juillet, douze jours après Sadowa, que son prestige subissait une éclipse, qu'il ne se préoccupait pas assez du danger d'une puissante Allemagne et d'une puissante Italie et qu'à la suite des erreurs commises, c'était sa dynastie, qui était menacée. « Laisser égorger l'Autriche, c'était plus qu'un crime, c'était une faute ».

La Prusse, démesurément agrandie et maîtresse de l'Allemagne, n'avait rien cédé à la France, « pas même un champ de trèfle ».

M. Drouyn de Lhuys avait quitté le ministère au mois d'août. L'intérim avait été confié à M. de la Valette. Benedetti, à qui on avait d'abord songé pour la succession de M. Drouyn de Lhuys, avait décliné l'offre et M. le marquis de Moustier, ambassadeur à Constantinople, avait été choisi. Avant qu'il eût pris possession du ministère des affaires étrangères, M. de la Valette lançait le 16 septembre une circulaire, devenue fameuse et inspirée directement par l'Empereur, sur les derniers événements.

L'auteur de la circulaire s'applaudissait de la disparition des funestes traités de 1815, calomniait les régimes précédents, qu'il accusait faussement de s'être résignés à l'effacement de la France, justifiait les annexions prussiennes, commandées par une nécessité absolue, et reconnaissait pourtant, malgré son contentement apparent, que le perfectionnement de notre organisation militaire était devenu indispensable pour la défense de notre territoire. Les récents événements n'avaient rien d'alarmant pour la France, qui ne devait pas en prendre ombrage, la grandeur d'un peuple ne dépendant pas de l'affaiblissement de ses voisins. La coalition des trois cours du Nord, la Sainte Alliance, était abolie. La Prusse, satisfaite, dominerait sur la rive droite du Mein et assurerait l'indépendance de l'Allemagne ; l'Italie, maîtresse de Venise, resterait reconnaissante à la nation qui avait versé son sang pour sa délivrance ; l'Autriche se consolerait d'être exclue de l'Italie et de l'Allemagne et, dégagée de soucis de ces deux côtés, resterait une puissance de premier ordre. Les grandes agglomérations remplaceraient désormais les nations secondaires ; dans cette évolution, on apercevait le doigt de Dieu.

Le comte de Falloux a caractérisé la circulaire La Valette d'un mot spirituel et piquant : « C'est le Gascon qui, jeté par la fenêtre, répond avec aplomb aux passants, apitoyés sur son sort : Aussi bien, je voulais descendre. »

Le roi de Prusse se montra satisfait de la circulaire. Il fut à peu près seul de cet avis.

Affaire de Luxembourg

En 1815, nos frontières du Nord avaient été garnies de forteresses, placées sous la souveraineté des Pays-Bas. Plusieurs, comme Luxembourg, étaient l'œuvre de Vauban. Les traités de Vienne attribuèrent au roi des Pays-Bas le grand duché de Luxembourg et partie du Limbourg, en les rattachant toutefois à la Confédération germanique. Le Limbourg, par sa situation géographique, était une province néerlandaise, mais la place de Luxembourg était une forteresse fédérale, dont la garnison se composait pour un quart de soldats hollandais et pour trois quarts de soldats prussiens. Après 1830, la France aurait désiré recevoir le Luxembourg, comme prix de son intervention et de la renonciation du duc de Nemours au trône de Belgique, ou, à défaut de cette annexion, le rattacher au nouveau royaume. Mises en défiance par l'Angleterre, les puissances s'y opposèrent ; le vieux Talleyrand échoua dans cette négociation et le roi des Pays-Bas resta grand duc de Luxembourg.

Après la bataille de Sadowa et la dissolution de la Confédération germanique, le roi de Hollande Guillaume III réclama la rupture des liens du Limbourg et du Luxembourg avec l'Allemagne et le retrait de la garnison prussienne de la place de Luxembourg. La Prusse admettait que le Limbourg fût restitué à la Hollande et que le grand duché de Luxembourg n'entrât pas dans la Confédération du Nord, mais elle entendait conserver sa garnison dans la forteresse.

Bismarck, par sa diplomatie dilatoire, avait, sous divers prétextes, ajourné toute réponse aux propositions de Benedetti, concernant l'alliance offensive et défensive et l'annexion du Luxembourg et de la Belgique. Fatigué et malade, il s'était retiré dans son château de Varzin, en Poméranie, et y avait prolongé son séjour pendant deux mois, sans donner signe de vie. Il ne rentra à Berlin que le 1er décembre 1866 et ne parut pas pressé de reprendre les négociations, malgré l'impatience de l'ambassadeur français. Néanmoins, ne voulant pas pousser la France à des résolutions extrêmes, il se souvint de Benedetti, qu'il paraissait avoir oublié, et lui insinua qu'il n'avait pas abandonné toute idée d'entente sur les bases proposées, qui semblaient écartées, au moins par *prétérition*. Il ne pouvait être actuellement question de la Belgique. La Prusse avait pris soin de nous enlever toute illusion à ce sujet en préparant une alliance entre les familles de Prusse et de Belgique par le mariage, qui fut célébré à Berlin le 26 avril 1867, du comte de Flandre, frère du roi Léopold II, avec la princesse Marie de Hohenzollern, fille du prince Antoine et sœur des princes Léopold et Charles de Hohenzollern.

Mais si, à défaut de la Belgique, la France se mettait d'accord avec le roi des Pays-Bas pour la cession du grand duché de Luxembourg, la Prusse serait sans doute forcée de protester, mais elle n'engagerait pas une guerre à cette occasion et s'inclinerait devant le fait accompli. La condition du succès de la négociation était d'agir vite et d'agir en dehors de la Prusse, qui ne donnerait jamais officiellement son adhésion à cette extension de territoire, bien qu'elle la trouvât légitime et justifiée. Il fallait surtout conclure avant la réunion du Reichstag, qui gâterait tout.

Le roi de Hollande, Guillaume III, qui prévoyait que, faute d'héritiers mâles, le grand duché de Luxembourg échapperait un jour ou l'autre à sa dynastie, accueillit favorablement les ouvertures de notre envoyé, Baudin, et se montra disposé à céder le Luxembourg, moyennant finances. Le marché était avantageux pour la France, mais la cession n'était possible qu'à la condition que la Prusse retirerait ses troupes de Luxembourg, car la forteresse ne pouvait être occupée conjointement par la France et par la Prusse. Le roi de Hollande était ballotté entre sa femme, la reine Sophie, et son fils, le prince d'Orange, favorables à la France, et son frère, le prince Henri, très opposé au traité. Effrayé des conséquences, il ne se laissa pas rassurer par notre ministre et voulut être certain du consentement officiel de la Prusse. Il confia à l'ambassadeur prussien le secret de la négociation, qui fut bientôt ébruité et souleva les clameurs de la presse allemande. Le gouvernement impérial se décida, mais trop tard, à brusquer la conclusion de l'arrangement. Guillaume III, intimidé et incertain des dispositions de la Prusse, hésita, puis au dernier moment, refusa, le 1er avril 1867, de signer le traité. L'affaire était manquée.

Ces retards avaient dégagé Bismarck de sa promesse. Au jour fixé pour la signature du traité à La Haye, le Reichstag de la Confédération du Nord se réunissait à Berlin. A la suite d'une interpellation violente du député Benningsen, le chancelier, qui n'était plus en face d'un fait accompli, se ressaisit et déclara qu'il ne céderait pas un pouce de terrain, 1er avril. Le roi de Hollande s'empressa de rompre brusquement les négociations.

C'était une nouvelle défaite, une nouvelle humiliation pour la France. Elle avait en vain revendiqué les provinces du Rhin, puis la Belgique et enfin, en désespoir de cause, le grand duché de Luxembourg ; elle n'avait essuyé que des refus hautains. Aucune satisfaction, quelque légère, quelque insignifiante qu'elle fût, n'avait été obtenue. Elle ne pouvait, sans honte, rester sur cet échec ; on se crut à la veille de la guerre.

Conférence de Londres

Pour sauver l'honneur et le prestige de la France, le marquis de Moustier, avec beaucoup d'habileté et de souplesse, prit le parti de cesser de poursuivre avec la Prusse des pourparlers, voués à un échec certain, et de s'abstenir de récriminations, aussi inutiles que dénuées de dignité. Notre ambassadeur était berné par Bismarck, comme au siècle précédent, son prédécesseur, Valori, par Frédéric II.

M. de Moustier abandonne ses prétentions d'extension de territoire, se tourne vers les puissances et leur demande de déclarer la neutralité du Luxembourg et l'évacuation de la forteresse par la garnison prussienne. Bismarck consent à la rétrocession du Limbourg à la Hollande, mais proteste contre le retrait de la garnison. Il accepte toutefois la conférence, qui se réunit presque immédiatement à Londres.

Au fond, aucun des adversaires ne désirait la guerre. La France estimait que l'objet du litige ne justifiait pas un grave conflit, qu'elle redoutait ; elle était, à ce moment, principalement préoccupée de l'Exposition de Paris, qui était à la veille de s'ouvrir et devait, par son lustre, rendre au pays et à la dynastie un reste de splendeur. Le maréchal Niel, ministre de la guerre, qui ne se faisait pas d'illusions sur la faiblesse de l'armée, était partisan d'un arrangement. D'un autre côté, la Prusse, au lendemain d'une campagne, sentait la nécessité de combler les lacunes de son organisation militaire et de l'étendre aux autres états de la Confédération du Nord, encore mal assimilés, et d'apaiser les ressentiments, toujours cuisants, de l'Autriche.

Lord Stanley, chef du Foreign office, dirigea avec autorité les débats de la Conférence de Londres. Ils mirent fin à la contestation et aboutirent le 11 mai 1867, à un traité, qui attribuait exclusivement au roi de Hollande personnellement le grand duché de Luxembourg, déclaré territoire neutre, et obligeait la Prusse à retirer ses troupes de la place de Luxembourg, qui cessait d'être forteresse fédérale et dont les fortifications devaient être démantelées.

Les avantages étaient compensés ; le résultat n'était glorieux pour personne. La Prusse retirait sa garnison de Luxembourg, mais la France renonçait définitivement à l'acquisition du grand duché, protégé désormais par sa neutralité. Seul, lord Stanley sortait grandi de la Conférence, car il avait contribué à conjurer le péril de la guerre. Si la Prusse éprouvait un léger échec, la France ne remportait qu'un faible succès, dont elle eut la sagesse de se contenter et qu'elle devait à l'habileté et au sang-froid de son ministre des affaires étrangères, M. de Moustier, qui avait su se retourner en plein conflit et le terminer sans dommage pour son pays. Il sauva, en cette mémorable occasion, la paix de l'Europe et l'honneur de la France.

Exposition de Paris

Au moment de la signature du traité de Londres, s'ouvrait l'Exposition de Paris, qui fut très brillante et attira la plupart des souverains de l'Europe, même le sultan. C'était le dernier éclat de feux prêts à s'éteindre. Sous ces apparences pompeuses, l'inquiétude subsistait et de graves symptômes, avant-coureurs de décadence, se manifestaient. Le jour même de la distribution des récompenses, 1er juillet 1867, Napoléon III reçut la nouvelle de la mort de l'Empereur Maximilien, fusillé le 17 juin à Queretaro, lamentable épilogue de l'aventure mexicaine, célébrée par Rouher comme la plus grande pensée du règne.

Les souverains de Prusse et de Russie, l'oncle et le neveu, s'étaient concertés pour venir ensemble à Paris. Le roi Guillaume était accompagné de Bismarck et de Moltke et le tsar du chancelier prince Gortschakoff.

Alexandre II se montra sombre et peu communicatif ; il ne sortit de sa mélancolie que pour se livrer, sous le voile de l'incognito, à des distractions, peu dignes de son rang. Le roi de Prusse, dédaigneux des plaisirs de la vie parisienne, charma les Tuileries par sa grâce et son amabilité, tandis que Moltke inspectait les forts et les travaux de défense de Paris.

Le tsar, qu'il eut été si politique de s'attacher, partit mécontent, après avoir essuyé la grossière apostrophe de l'avocat Floquet et le coup de pistolet de Beresowski. Ces deux pénibles incidents lui rappelèrent l'intervention maladroite de la France dans les affaires polonaises.

Gortschakoff, qui était animé de meilleures dispositions, avait cherché en vain à nouer avec nous des rapports amicaux. L'Empereur et Rouher, ne voulant pas comprendre ses avances, s'étaient dérobés. Le chancelier russe s'en retourna, froissé de cet accueil. On avait réussi à aigrir le tsar et son ministre.

Les fêtes de l'Exposition battaient encore leur plein que les appréhensions, un moment oubliées, renaissaient et que l'Empereur, à la fin du mois d'août, avouait lui-même, à Lille que « des points noirs étaient venus assombrir l'horizon ». Ces points noirs, au lieu de se dissiper, allaient devenir d'épais nuages, pour se résoudre plus tard en tempête.

Bataille de Mentana

A la fin de 1867, l'Italie profitait des embarras de la France pour violer la convention du 15 septembre 1864, comme elle avait violé autrefois le traité de Zurich.

Comptant sur les complaisances inlassables de

Napoléon III, le cabinet de Florence, présidé par M. Ratazzi, lançait les bandes garibaldiennes à la conquête de Rome.

M. de Moustier et le maréchal Niel, soutenus par l'Impératrice, eurent raison des indécisions de l'Empereur. Après avoir offert leur démission, qui fut refusée, ils agirent avec une vigueur, qui n'était plus habituelle. Un corps d'armée était immédiatement organisé et embarqué à Toulon. Il arrivait assez tôt pour achever la déroute de Garibaldi à Mentana, 3 novembre 1867. Cet acte d'énergie rehaussa immédiatement le renom de la France. L'Italie, qui ne s'y attendait pas, fut déconcertée. Ratazzi, complice de l'invasion du territoire pontifical, était renversé. Victor Emmanuel appela au ministère le général savoisien Menabrea, qui n'hésita pas à ordonner l'arrestation du « héros des deux mondes », fort déconfit de cette peu glorieuse campagne, fit évacuer les Etats du Pape, calma l'agitation et s'efforça de rétablir les relations amicales avec la France.

Civita-Vecchia était occupée par une brigade française, et, quelque temps après, Rouher, du haut de la tribune du Corps législatif, signifiait à l'Italie, aux applaudissements de la majorité, que *jamais* la France ne lui livrerait Rome et le Pape.

C'était le triomphe tardif de la politique de l'Impératrice.

Tension des Rapports de la France et de la Prusse

L'année 1868 commençait sous de tristes auspices, « fautes dans le passé, fragilité dans le présent, périls dans l'avenir » (P. de la Gorce).

La paix était précaire, les alertes avec l'Allemagne

continuelles. La nécessité s'imposait de réorganiser notre armée, affaiblie par l'expédition du Mexique. Le maréchal Niel avait eu la sagesse de ne pas mesurer nos forces contre l'armée allemande dans une lutte, qu'il jugeait inégale.

La Prusse continuait, sans désemparer, l'œuvre d'unification de l'Allemagne. Après le Nord, le Sud. Les Etats du Sud étaient déjà unis militairement à la Prusse par les traités conclus après la bataille de Sadowa. Ces traités avaient cessé d'être secrets. Bismarck avait levé le masque et les faisait publier le 19 mars 1867.

Pour rattacher davantage les Etats du Sud, un Parlement douanier était créé, où les députés des quatre états du Sud étaient appelés à délibérer sur les affaires commerciales du Zollverein avec les membres du Reichstag. Benedetti, aussi exact informateur que médiocre diplomate, annonçait la subordination des Etats du Sud à la Prusse et écrivait le 5 janvier 1868 : « L'indépendance du Midi peut devenir une fiction le jour où tel sera le bon vouloir de la Prusse ».

Le roi Georges de Hanovre ne s'était pas résigné à la perte de sa couronne. Il avait conservé un corps de troupes, resté fidèle, qui avait campé d'abord en Hollande, puis en Suisse et enfin en Alsace. Sur une sommation de la Prusse, le corps fut licencié, les officiers internés à Bourges et les soldats dispersés en Champagne.

La Prusse n'exécutait pas l'article V du traité de Prague, qui stipulait la consultation par voie de plébiscite des habitants du Nord du Sleswig. Sur une réclamation du cabinet des Tuileries, Bismarck répondit sèchement que le traité de Prague ne concernait que les deux puissances qui l'avaient signé, l'Autriche et la Prusse. Au mois d'avril 1868, un ministre du roi de Danemark, Christian IX, vint à Paris et sollicita une nouvelle intervention, que l'Empereur n'osa risquer.

La Compagnie de l'Est avait acquis l'exploitation de divers chemins de fer belges, le Luxembourgeois et le Liégeois-Limbourgeois. A l'instigation de Bismarck, qui révéla probablement au roi Léopold II le projet d'annexion de la Belgique, laissé si imprudemment entre ses mains par Benedetti, le gouvernement belge s'émut, refusa d'approuver la convention et fit même voter par les Chambres une loi interdisant toute cession ou aliénation des lignes concédées.

Projet de Réorganisation militaire
Le Maréchal Niel

La France impuissante dévorait en silence ces affronts répétés. En présence des dangers extérieurs qui la menaçaient, il était urgent, d'une part, d'accroître les ressources de la défense nationale et, d'autre part, de se créer des alliances. Les deux questions étaient, en réalité, connexes, car, comme nous devions en faire la triste expérience, on ne s'allie qu'avec les forts.

Le 19 janvier 1867, le maréchal Niel avait été nommé ministre de la guerre, en remplacement du maréchal Randon. Désigné un moment par l'Empereur comme commandant en chef de l'armée de Crimée, il avait contribué puissamment à la victoire de Solférino. Il inspirait la confiance et tous les regards étaient tournés vers lui. Il avait préparé en hâte les armements lors de l'affaire du Luxembourg, mais, se défiant de la force de notre armée, il avait déconseillé la guerre. Il présenta et défendit devant le Corps législatif une nouvelle loi militaire. Convaincu que la guerre avec la Prusse était inévitable, il réclamait une armée plus nombreuse et un armement perfectionné. Il ne tarda pas à se heurter à l'hostilité du Corps législatif et fut peu soutenu par un souverain indécis, dont la politique flottante était faite de vagues aspirations et de rêves chimériques. Le projet de Niel devint vite impopulaire.

Napoléon III était pourtant parfaitement renseigné sur la politique et les préparatifs de la Prusse par les sûres informations de Benedetti et les lumineux rapports de notre attaché militaire, le colonel Stoffel.

Au mois de février 1868, le roi Guillaume, à l'ouverture du Reichstag, s'était félicité de ses excellents rapports avec les gouvernements européens; en 1869, il renouvela les mêmes assurances. Entre temps, le prince Napoléon était allé à Berlin, où il avait été très cordialement accueilli. Bismark sentait en lui un allié.

Pourtant l'inquiétude persistait. Le maréchal Niel s'efforçait de triompher de la résistance du Corps législatif et s'occupait d'organiser, sous le nom de garde mobile, une sorte de landwehr. Le fusil Chassepot était adopté pour l'armement. Le maréchal Bazaine, les généraux Bourbaki, Lebrun et Frossard furent envoyés en Alsace pour étudier les positions stratégiques et se rendre compte des ressources militaires de la Prusse. Le général Ducrot, vêtu en bourgeois, pénétrait secrètement en Allemagne et revenait de ce voyage d'exploration très pessimiste. Les précieux avis, qu'il rapportait, furent trouvés empreints d'exagération; il fut laissé à l'écart et traité en ennemi du régime.

Le maréchal Niel excitait les officiers au travail. Il

aurait voulu le renouvellement de l'artillerie et encourageait l'étude d'un nouvel engin de guerre, la mitrailleuse. Mais, malgré son ardeur et son zèle, il trouvait peu d'écho dans l'armée, qui, confiante dans ses gloires d'autrefois, se croyait invincible.

Le Corps législatif, aussi muet que soumis au début du règne, fit acte d'indépendance et se convertit au système des économies, qui devait profiter à sa popularité compromise. Il n'accorda que cinq millions au lieu de quatorze, pour l'organisation de la garde mobile, qui n'exista que sur le papier. Les crédits pour l'armement et l'artillerie subirent des réductions correspondantes.

Le maréchal Niel, abandonné par l'Empereur, dût se résigner, la mort dans l'âme. La loi militaire, sortie des mains des députés, était méconnaissable. Harcelé à la fois par la majorité et par l'opposition, l'infortuné maréchal eut des accents vraiment prophétiques. « Vous voulez faire de la France une caserne », lui criait Jules Favre. « Préférez-vous en faire un cimetière », répondit mélancoliquement le ministre de la guerre.

Il faut reconnaître que les répugnances du Corps législatif étaient la fidèle expression des sentiments du pays qui, surtout après l'échec de l'expédition du Mexique, était las des guerres et se rendait compte qu'il n'y avait rien gagné.

Le chauvinisme s'accommodait avec l'humanitarisme. Nous bravions l'ennemi qui oserait nous attaquer, tout en ayant soif de paix. En 1868 et en 1869, les Congrès de la Ligue internationale de la paix avaient un éclat inaccoutumé, grâce au talent des orateurs, Jean Dollfus, Michel Chevalier, Frédéric Passy et le Père Hyacinthe.

Au milieu de ce relâchement pacifique, sonnait

parfois une fanfare belliqueuse. Emile de Girardin revendiquait avec véhémence les provinces rhénanes et la Belgique, mais, en même temps, il souhaitait le désarmement et applaudissait à l'affaiblissement de l'armée. C'était le comble de l'incohérence.

L'esprit militaire baissait. En 1869, le centenaire de la naissance de Napoléon Ier avait été célébré sans élan, par des fêtes officielles, qui manquaient d'enthousiasme et de spontanéité. On n'avait remarqué, à cette occasion, que le discours du prince Napoléon à Ajaccio, franchement révolutionnaire et anti-religieux, où la Papauté avait été insultée. Ce scandale avait provoqué une lettre sévère de l'Empereur à son cousin. Le prince Napoléon donna avec éclat sa démission de vice-Président du conseil privé et se retira sous sa tente, dans son château de Prangins, sur les bords du Léman, en Suisse. Le parti de l'Impératrice devenait prépondérant. Son autorité grandissait avec un Empereur malade et vieilli, qui avait à se faire pardonner ses nombreuses infidélités.

Les luttes soutenues par le maréchal Niel l'avaient abattu et écœuré. « Ils ne voient pas, disait-il à ses aides de camp, que la Prusse, accroupie comme une panthère, guette le moment de s'élancer sur nous ». Il travaillait au souffle d'un vent de folie. Moins calme que les réorganisateurs de l'armée prussienne, Roon et Moltke, peu appuyé par un souverain indécis et flottant, il tomba malade, subit l'opération de la pierre et mourut brusquement au mois d'août 1869.

La perte était d'autant plus regrettable qu'il fut remplacé par un brillant officier, parfait honnête homme, qui n'avait ni sa volonté, ni son énergie, ni sa force de résistance, le maréchal Le Bœuf. Niel, malgré son découragement, avait combattu jusqu'au bout; Le Bœuf se laissa aller à la dérive et consentit à toutes les concessions pour complaire à des députés, obsédés du souci de conserver ou de renforcer leur popularité par la réduction des charges militaires.

Recherche d'alliances

L'Empire avait besoin, non seulement d'accroître ses forces militaires, mais encore de se créer des alliances. Niel mourant avait dit : « N'exposez jamais la France à un conflit avec la Prusse, sous aucun prétexte, sans de solides alliances ».

L'Angleterre, tantôt hantée, avec les tories, du rêve d'impérialisme de Disraeli, tantôt fidèle, avec les whigs, aux doctrines égoïstes de l'école de Manchester, se désintéressait de plus en plus du continent. Les sympathies de la reine Victoria, dont la fille aînée avait épousé le prince royal Frédéric, étaient acquises à la Prusse. Bismarck s'efforçait de prouver à l'Angleterre qu'elle était l'alliée naturelle de la Prusse et invoquait les similitudes d'origine et de religion, l'étroite alliance de famille et les souvenirs de Waterloo. Il excitait les défiances de l'Angleterre en lui dénonçant nos prétentions sur la Belgique. C'était un moyen sûr de nous aliéner une puissance, qui regardait comme un dogme politique le maintien de l'indépendance belge. Lord Derby avait résumé le sentiment de la Grande Bretagne en ces termes : « Surtout ne touchez pas à la Belgique ! »

Pourtant un nuage s'était élevé dans les cordiales relations de Victoria et de Guillaume. La reine n'avait pas vu sans froissement et sans regrets la dépossession du trône et la spoliation des biens de son parent, le roi Georges de Hanovre, mais le roi de Prusse s'était excusé avec embarras d'une annexion, à laquelle il prétendait avoir été forcé.

Les whigs étaient revenus au pouvoir. Le chef du Foreign Office, lord Clarendon, demeurait aussi pacifique et aussi bienveillant pour la France que son prédécesseur tory, lord Stanley, et cherchait sincèrement à écarter les causes de conflit.

La Russie était indisposée contre Napoléon III, non seulement par le souvenir de la guerre de Crimée, mais aussi par les velléités d'intervention au moment de l'insurrection de la Pologne en 1863. La diplomatie impériale, après avoir menacé, avait dû reculer devant l'attitude résolue du prince Gortschakoff, tandis que Bismarck, par une politique plus habile, s'était ménagé l'alliance russe. La visite du tsar Alexandre II à l'Exposition n'avait pas effacé ces fâcheuses impressions, aggravées, au contraire, par les incidents de Floquet et de Berezowski.

L'Autriche avait encore été plus maltraitée que la Russie par Napoléon III. François-Joseph n'avait oublié ni la campagne de 1859, ni le concours efficace prêté à l'Italie à cette époque et continué en 1866, ni la neutralité gardée au profit de la Prusse, ni le rejet de l'offre de la Vénétie. A tous ces griefs s'ajoutait la mort tragique de l'archiduc Maximilien, compromis et abandonné par la France.

Pourtant l'Empereur d'Autriche savait gré à Napoléon III d'avoir contribué à adoucir les conditions du vainqueur à Nikolsbourg et à Prague et d'avoir arrêté ses armées sur la route de Vienne. La mort de Maximilien, contre toute attente, rapprocha les deux cours. Dans un mouvement de généreuse pitié, Napoléon et l'Impératrice Eugénie firent une visite de condoléance à Salzbourg à François-Joseph et à l'Impératrice Elisabeth et mêlèrent leurs larmes et leurs regrets. Deux mois après, l'Empereur d'Autriche consentait à visiter l'Exposition. Il fut reçu avec de sincères acclamations à Paris et surtout à Nancy, berceau de ses ancêtres, où la famille d'Habsbourg-Lorraine a toujours joui d'une constante popularité.

Le chancelier, qui l'accompagnait dans son voyage, était le comte de Beust, ancien ministre du roi de Saxe, ennemi déclaré de la Prusse, d'un tempérament imaginatif et remuant, d'un caractère inquiet et mobile et d'une activité un peu brouillonne. Plein d'ambition et de fatuité, pétillant d'esprit et de malice, se posant en émule de Bismarck, il se considérait à Dresde « comme un géant dans un entresol ». Toujours en mouvement, il était l'inventeur de la « triade » et avait cherché à constituer en Allemagne un groupe de petits Etats louvoyant entre l'Autriche et la Prusse et se servant des rivalités de ces deux grandes puissances pour les dominer.

Devenu chancelier de l'Empire d'Autriche, il pouvait, sur un théâtre agrandi, donner carrière à ses vastes desseins et se souvenir qu'il s'était autrefois flatté, avec plus de morgue que de prudence, « d'effacer de l'histoire d'Allemagne l'épisode de Frédéric II ».

Mais le comte de Beust avait à compter avec Andrassy, chef du ministère hongrois et plus tard son successeur, partisan dévoué de l'entente avec la Prusse.

La France et l'Autriche éprouvaient contre la Prusse un commun désir de revanche. L'Autriche n'avait pas oublié ses blessures encore saignantes. La Prusse ne fit rien d'abord pour les cicatriser et ne laissa même échapper aucune occasion de manifester sa mauvaise humeur. La Cour de Vienne ayant offert une noble hospitalité au roi détrôné de Hanovre, Bismarck s'en offusqua.

Notre ambassadeur à Vienne était le duc de Gramont. Comme le comte de Beust, il détestait Bismarck. Allié à la famille de Choiseul, il avait hérité ses traditions d'amitié et d'alliance avec la maison d'Autriche. L'ambassadeur autrichien à Paris était le prince Richard de Metternich, fils du grand chancelier, très lié, ainsi que sa femme, la « jolie laide », fille de l'excentrique comte hongrois de Chandor, avec l'Impératrice Eugénie. Les deux ambassadeurs travaillaient avec zèle à l'union des deux cours. Chacun des deux états promettait de se fortifier pour affronter ensemble une lutte, qui apparaissait inévitable, contre la Prusse.

François-Joseph ne se consolait pas de sa défaite ; mais, après deux guerres malheureuses, il hésitait à en risquer une troisième, qui pouvait aboutir au démembrement de l'Autriche. Son empire, mosaïque d'Etats, comprenait des nationalités diverses et rivales. La Hongrie, toujours agitée et mécontente, avait besoin d'être ménagée. Le comte de Beust, pour la retenir sous le sceptre de François-Joseph, avait été forcé de lui concéder une autonomie presque complète et de se soumettre au dualisme, en vertu du compromis de 1867. L'Autriche avait étonné le monde en 1854 par son ingratitude envers la Russie, qui l'avait sauvée en 1849. Elle expiait cette faute et redoutait une alliance entre la Prusse et la Russie. Le chancelier, prince Gortschakoff, dont le caractère était rancunier, exerçait ses sarcasmes aux dépens du comte de Beust et réservait son entière liberté d'action.

Le comte de Beust, saxon et protestant, n'avait ni les ressentiments de l'Autriche contre l'Italie, ni ses sympathies pour la Papauté. Sous son influence, François-Joseph se désintéressait des affaires de la Péninsule. De son côté, l'Italie avait été blessée par les hauteurs de la Prusse, dont elle avait paru, dans la dernière guerre, plutôt la vassale que l'alliée.

Un rapprochement devenait possible entre l'Autriche, l'Italie et la France. Il est vrai que l'Italie, oublieuse de nos bienfaits, anciens et récents, nous gardait rancune de l'expédition de Mentana et des déclarations catégoriques de Rouher affirmant devant le Corps législatif que la France ne lui permettrait *jamais* d'aller à Rome.

Des négociations, en vue d'une triple alliance, étaient entamées entre le comte de Beust, le prince de Metternich et Witzthum pour l'Autriche, Nigra et Vimercati, attaché militaire, pour l'Italie, et Rouher pour la France. Fidèle à ses habitudes diplomatiques, Napoléon III tint à l'écart notre ambassadeur de Vienne, le duc de Gramont, qui n'apprit le secret que lorsqu'il succéda au comte Daru au ministère des affaires étrangères.

L'Autriche, instruite par une dure expérience, était indécise. La mort de Niel, précédée de l'échec de son projet de réorganisation militaire, avait refroidi le zèle de François-Joseph.

L'Italie voulait Rome ou du moins le retrait immédiat de la garnison française, qui lui assurerait dans un avenir prochain la possession de Rome. Le protestant comte de Beust soutenait les revendications italiennes, mais Napoléon III refusa noblement d'abandonner le Pape.

Dans ces conditions, les pourparlers ne pouvaient aboutir. Toutefois ils ne furent pas définitivement rompus, mais simplement ajournés, d'une part, entre Paris et Vienne, et, d'autre part, entre Paris et Florence. Après un échange de lettres secrètes entre les trois souverains, on se sépara en se promettant de se revoir. L'Empereur, toujours confiant dans son étoile, n'était pas pressé de préciser ni de conclure. Il s'exagéra la portée des lettres de l'Empereur d'Autriche et du roi d'Italie et supposa gratuitement qu'elles serviraient, à un moment donné, de base à la rédaction d'un traité, qu'il n'y aurait plus qu'à signer. C'était un rêve. Napoléon III, taciturne et fataliste, affaibli prématurément par l'âge et par la maladie, en était arrivé à prendre ses désirs pour des réalités. Une forte armée aurait été une meilleure garantie que cette diplomatie mystérieuse et intermittente.

Préparatifs de la Prusse

Bismarck savait, lui, ce qu'il voulait et ce qu'il voulait, c'était la guerre. Le colonel Stoffel signalait l'apparition dans les écoles de cartes, où l'Alsace était annexée à l'Allemagne. M. de Schleinitz, ministre de la maison du roi, disait à la comtesse de Pourtalès : « Avant dix-huit mois, votre Alsace fera retour à la patrie allemande et, quand nous vous présenterons nos hommages à la Robertsau, nous aurons la satisfaction d'être chez nous ».

Pourtant le Reichstag de la Confédération du Nord et le Landtag prussien désiraient éviter les conflits. Le roi Guillaume se montrait dans ses manifestations publiques tantôt belliqueux, tantôt pacifique. Dans son entourage intime, le prince Frédéric Charles incarnait le militarisme violent, âpre, agressif et poussait à la guerre, tandis que le prince royal, plus doux, plus humain, plus libéral, penchait pour la paix, secondé par sa femme, la princesse Victoria, fille de la reine d'Angleterre, et surtout par sa mère, la reine Augusta, princesse de Saxe-Weimar, qui avait connu Gœthe à la cour de son père, toutes deux d'une haute valeur intellectuelle et morale, adversaires non déguisées de Bismarck, mais jouissant d'une influence restreinte.

L'alliance russe était le point de mire de Bismarck. Il rappelait au tsar les souvenirs de la guerre de Crimée et la neutralité bienveillante de la Prusse, l'identité des intérêts des deux puissances en Pologne et les liens étroits de famille, le tsar Nicolas ayant épousé la sœur du roi Guillaume. En même temps, il laissait entrevoir la perspective de l'annulation de la clause du traité de Paris, relative à l'ouverture de la mer Noire, annulation à laquelle la France ne pouvait consentir sans renier ses gloires de Crimée et sans provoquer l'opposition irréductible de l'Angleterre.

Après Sadowa, il y eut pourtant quelques symptômes de refroidissement entre la Prusse et la Russie. « Gortschakoff trouvait Bismarck trop grand et le tsar Alexandre II jugeait la Prusse trop avide » (P. de la Gorce). L'Empereur essaya de profiter de ces nouvelles dispositions et accrédita à Saint-Pétersbourg son ami intime, le général Fleury, homme du monde accompli. Berlin s'en alarma. Le général Fleury n'obtint qu'un succès personnel, qui ne rejaillit pas sur sa mission. Il n'avait de chances de réussir qu'en offrant la révision du traité de Paris de 1856, que Gortschakoff appelait « sa robe de Nessus », mais Napoléon III, soucieux de ne pas s'aliéner l'Angleterre, lui avait recommandé un mutisme complet sur la question d'Orient.

Le tsar était pourtant intervenu confidentiellement auprès de son oncle, le roi de Prusse, en faveur du Danemark pour réclamer l'exécution de l'article V du traité de Prague et la consultation des habitants du Nord du Sleswig, mais son intervention, très mollement appuyée par la France, n'avait eu aucun effet. En 1870, le comte Daru enjoignit au général Fleury de ne plus s'occuper du Sleswig.

Bismarck tenta même des démarches auprès du comte de Beust, dans le but de se ménager la neutralité de l'Autriche. Il aurait été disposé à une alliance, mais il se souvenait de la réponse caustique du comte de Beust à ses premières avances. « En cas de succès, qu'auriez-vous à m'offrir ? Sans doute, un exemplaire richement relié du traité de Prague ».

Le prince royal, se rendant à l'inauguration du canal de Suez en 1869, s'était arrêté deux jours à Vienne. L'archiduc Charles-Louis, frère de François-Joseph, avait rendu la visite à Berlin.

La Prusse entretenait les défiances de l'Italie contre la France et y réussissait aisément, grâce à la complicité de Garibaldi, qui, après l'échauffourée de Mentana, exploitait contre nous l'exaspération du sentiment national. Au cabinet Menabrea avait succédé le cabinet Lanza-Sella, moins favorable à la France, malgré les protestations d'amitié de son très habile ministre des affaires étrangères, le marquis de Visconti-Venosta.

L'Empereur, de plus en plus embarrassé par les complications italiennes suscitées par la malencontreuse campagne de 1859, proposa une conférence pour le règlement de la question romaine. La Prusse s'y refusa, bien résolue à en laisser toute la charge à la France. « Il faut à la Prusse, disait Bismarck, une Italie troublée, en désaccord permanent avec la France ».

Au commencement de 1870, le chancelier avait essayé de transformer, au profit du roi, le titre de Président de la Confédération du Nord en celui d'Empereur ; mais la tentative était prématurée ; il s'était heurté à l'hostilité de l'Angleterre et de la

France et aux protestations des Etats du Sud. Il n'avait pas insisté, mais n'avait pas renoncé à son projet, ajourné après l'achèvement de l'unité allemande.

Si Bismarck désirait la guerre avec passion, le roi Guillaume semblait moins ardent ; il convenait que l'unité de l'Allemagne était fatale ; mais il affectait de dire que ce serait l'œuvre de son fils ou de son petit-fils. Il avait refusé l'offre de son gendre, le grand duc de Bade, d'adhérer à la Confédération du Nord et Bismarck s'en était expliqué au Reichstag avec une brutale franchise. Il avait annoncé que l'unité de l'Allemagne se ferait d'un seul coup et non par morceaux, mais que l'heure de la réaliser n'avait pas encore sonné.

Les autres Etats du Sud manifestaient moins d'empressement que le grand duché de Bade à aller au-devant de la servitude.

La Hesse-Darmstadt n'avait subi qu'à son corps défendant le système militaire prussien et le ministre Dalwigk, très excité contre Bismarck, appelait la France à son secours.

La Bavière et le Wurtemberg résistaient : la première, soutenue par ses sentiments catholiques et ses sympathies pour l'Autriche, le second, appuyé sur la protection de la Russie et dominé par le parti démocratique. Mais Bismarck gagnait du terrain. En Bavière, il s'assurait le concours de la bourgeoisie et des chefs de l'armée, des fonctionnaires et des pasteurs protestants et flétrissait l'ultramontanisme. A Stuttgard, il effrayait le roi Charles de Wurtemberg des progrès des démocrates. Malgré l'opposition d'une forte minorité, les traités de 1866 avec la Prusse avaient été ratifiés, grâce aux manœuvres habiles des ministres Hohenlohe et Varnbühler.

Les élections avaient été une protestation contre la politique d'absorption et avaient donné la victoire aux particularistes. La Bavière rêvait toujours une Confédération des Etats du Sud sous sa présidence. En mars 1870, le prince Clovis de Hohenlohe, le futur chancelier du futur empire allemand, chef du cabinet bavarois et favorable à la Prusse, avait été forcé de donner sa démission. Son successeur était un particulariste, le comte de Bray, ministre de Bavière à Vienne. « Nous voulons, disait-il, être allemands, mais aussi Bavarois. Il n'existe point de traité secret. Les conventions militaires de 1866 n'ont qu'un but purement défensif ». Mais le comte de Bray était peu encouragé par le roi Louis, d'un tempérament artistique et capricieux, sans suite dans ses idées, guidé uniquement par ses fantaisies et guetté par la folie.

En Wurtemberg, le Parlement réclamait la diminution des effectifs. Varnbühler, qui ménageait Bismarck, avait réussi, par son adresse, à se maintenir à la Présidence du Conseil, mais deux de ses collègues, les ministres de l'Intérieur et de la Guerre, complètement inféodés à la Prusse, avaient été obligés de se retirer.

L'hostilité grandissante des Etats du Sud rendait la guerre à la France plus urgente ; tout retard devenait préjudiciable ; il fallait brusquer le dénouement.

La Prusse préparait son armée et comblait les lacunes, révélées par les guerres de Danemark et d'Autriche. L'armée avait sa plus haute représentation dans le roi, soldat dès l'âge de 10 ans, vétéran des guerres de 1813 et 1814, et souverain le plus soucieux de son devoir, qui fut jamais. A 70 ans, il avait consommé avec l'armée ses noces de diamant et s'identifiait avec elle. Son âme mystique lui donnait la tranquillité calme du piétiste.

A la tête de l'état-major était le comte de Moltke, soldat de fortune, d'origine danoise, qui ne s'était pas endormi sur ses trophées de 1866. Laborieux et taciturne, il préparait, en silence, à 70 ans, le plan de campagne contre la France. Il appliquait à l'outillage militaire toutes les ressources de la science moderne, avait tout prévu et joignait l'extrême prudence à l'extrême audace.

A côté de lui, Roon, prussien de vieille roche, ministre de la guerre depuis l'avènement de Guillaume, perfectionnait l'armement et se dévouait de toute son âme à l'organisation de l'armée, que devait conduire à la victoire le comte de Moltke.

Révolution d'Espagne

La reine d'Espagne, Isabelle II, avait été renversée du trône en 1868 par une insurrection, qui avait commencé à Cadix par la révolte de la flotte au signal de l'amiral Topete. La victoire du pont d'Alcolea, sur la route de Cordoue, remportée par le maréchal Serrano, ancien favori d'Isabelle, sur l'armée royale, commandée par le marquis de Novaliches, 29 septembre 1868, avait assuré le triomphe des insurgés. La reine, alors à Saint-Sébastien, n'osa rentrer à Madrid et franchit la frontière. Napoléon III lui offrit un asile au château de Pau.

La révolution espagnole s'incarnait dans trois personnages : le maréchal Serrano, le maréchal Prim et l'amiral Topete. Serrano et Topete appartenaient au parti unioniste ou libéral et Prim au parti progressiste ou radical. Ils formèrent un gouvernement provisoire, à la tête duquel fut placé Serrano, avec Prim pour ministre de la guerre et Topete pour ministre de la marine et convoquèrent les électeurs pour nommer une Assemblée constituante.

Les républicains n'eurent pas de succès ; les élections donnèrent la majorité aux monarchistes. Les Cortès adoptèrent, en principe, la royauté par 214 voix contre 71, les 20 et 21 mai 1869, et votèrent la Constitution le 1er juin. Sur un discours éloquent d'Olozaga, elles proclamèrent Serrano Régent par 193 voix contre 45, en attendant un roi.

Prim devint Président du Conseil et ministre de la guerre. Il avait la réalité du pouvoir, dont Serrano n'avait que l'apparence, et reçut des Cortès la mission de trouver un roi.

Le candidat des unionistes était le duc de Montpensier, dernier fils de Louis-Philippe, époux de l'Infante Luisa, beau-frère de la reine Isabelle ; les progressistes préféraient le roi Ferdinand de Cobourg, veuf de dona Maria de Portugal et père du roi dom Luiz, retiré au château de Cintra, vivant dans la société d'une charmante actrice, Elise Heusler, créée comtesse d'Edla, qu'il devait bientôt épouser morganatiquement, à l'instigation du nonce, Mgr Oreglia. D'autres noms furent mis en avant, Thomas, duc de Gênes ; Amédée, duc d'Aoste ; l'archiduc Charles-Louis d'Autriche ; le prince Philippe de Saxe-Cobourg, même le prince Alfred, fils de la reine Victoria, bien que protestant. La meilleure solution semblait être le choix du prince des Asturies, don Alphonse, fils d'Isabelle, avec la régence de son oncle, le duc de Montpensier. Mais on savait que la candidature d'un prince d'Orléans déplairait à Napoléon III.

Un député aux Cortès, Eusebio Salazar-y-Mazareddo, ancien secrétaire de légation à Berlin, lança une brochure, d'abord inaperçue, mais qui fit plus tard sensation. Il se ralliait au roi Ferdinand de Portugal, mais, en prévision de son refus, qui paraissait certain, il se rabattait sur la candidature de Léopold de Hohenzollern, fils aîné du prince Antoine et frère de Charles de Roumanie. Officier dans l'armée prussienne, catholique, époux de la princesse Antonia de Bragance, fille du roi Ferdinand et de dona Maria de Portugal, descendant à la fois de Murat et de Stéphanie de Beauharnais, il se recommandait par ses qualités de père de famille, son esprit religieux, sans être ultramontain, son sens droit, son caractère ferme et sa grande fortune.

Les élections de 1869

Les élections de 1869, dirigées par le ministre de l'Intérieur, M. Forcade de la Roquette, frère utérin du maréchal de Saint-Arnaud, démontrèrent d'une manière générale, le progrès, dans le pays, des idées libérales et dans les grandes villes le progrès du parti révolutionnaire. Paris n'élut que des députés de l'opposition et parmi eux, M. Henri de Rochefort, pamphlétaire signalé par ses invectives violentes contre la personne de l'Empereur. M. Emile Ollivier avait échoué à Paris contre Bancel, ancien proscrit de 1852, mais avait été élu dans le Var, grâce à la neutralité bienveillante du gouvernement.

Au mois de novembre avait lieu l'inauguration du canal de Suez, grande œuvre française, qui devait profiter surtout à l'Angleterre, malgré qu'elle l'ait entravée et combattue. L'Impératrice Eugénie remplaça en Egypte l'Empereur, trop souffrant pour affronter les fatigues de ce voyage.

Le Corps législatif ne tarda pas à témoigner ses sentiments libéraux par l'interpellation des 116 et les ministres, malgré leurs concessions, comprirent qu'ils devaient faire place à des personnages moins compromis. Les principaux ministres étaient M. Forcade de la Roquette, dont les victoires électorales étaient contestées, M. Magne et M. Chasseloup-Laubat, dont la modération était connue, et le prince de La Tour d'Auvergne, ministre des affaires étrangères, ami de Waleski, qui avait succédé au marquis de Moustier et pratiquait avec prudence, comme son prédécesseur, la politique de l'équilibre européen, opposée à celle des nationalités.

M. Emile Ollivier, en relations intermittentes avec l'Empereur depuis 1866, était désigné pour la transformation de l'Empire autoritaire en Empire libéral. Après les essais de réforme de 1860 et de 1867, il restait à faire un dernier effort pour aboutir au « couronnement de l'édifice ».

Diverses combinaisons furent ébauchées pour former un cabinet composé des débris de l'ancien ministère, Magne, Chasseloup et même Forcade de la Roquette, auxquels seraient adjoints des noms nouveaux, mais elles échouèrent et l'Empereur se résigna à suivre complètement l'impulsion de M. Emile Ollivier. Ils se mirent promptement d'accord sur leur programme ; ils avaient de nombreux points de contact et leurs mentalités ne différaient guère. Au fond, tous deux étaient républicains et fils de la Révolution. Imbus des principes démocratiques et des doctrines de Jean-Jacques Rousseau, soumis docilement au suffrage universel, qu'ils vénéraient comme un dogme, plutôt plébiscitaires que parlementaires, l'ancien Cinq, le fils du proscrit Démosthènes Ollivier, aussi bien que le neveu de Napoléon Ier, rêvaient d'entourer l'Empire d'institutions républicaines. Ils projetaient, en toute sincérité, de recommencer l'acte additionnel de 1815 et se flattaient de concilier deux principes, jusqu'alors inconciliables : l'Empire et la liberté; « res olim dissociabiles miscuerit, principatum et libertatem ». (Tacite, Agricola).

A l'extérieur, leurs tendances étaient les mêmes, tous deux épris du système des nationalités et contempteurs de l'équilibre européen, tous deux partisans de la souveraineté populaire, des grandes agglomérations, de l'unité de l'Italie et de l'Allemagne et du droit des peuples de disposer, à leur guise, de leurs destinées, suivant leurs aspirations nationales et sans souci des intérêts de leurs voisins. En se ralliant à l'Empire, M. Emile Ollivier avait conservé ses idées d'autrefois. Disciple de Lamartine, à qui il allait succéder à l'Académie française, il rappelait son éloquence et partageait ses théories humanitaires. « Elie avait laissé tomber sur Elisée un pan de son manteau ».

Ministère du 2 janvier 1870

Après de longs pourparlers, M. Emile Ollivier parvint à constituer le ministère libéral du 2 janvier ainsi composé: Sceaux, justice et cultes: M. Emile Ollivier — Affaires étrangères: comte Napoléon Daru — Intérieur: M. Chevandier de Valdrome, énergique et résolu — Finances: M. Louis Buffet, ancien ministre en 1849 et en 1851, peu goûté de l'Empereur, ayant le culte du régime parlementaire, ferme jusqu'à la ténacité, d'une probité et d'un désintéressement à toute épreuve, « une grande conscience », a dit M. Emile Ollivier, excellent debater, atteignant parfois par sa parole méthodique, ordonnée, nette et précise à une véritable éloquence — Guerre: le maréchal Le Bœuf — Marine: l'amiral Rigault de Genouilly — Instruction publique: M. Segris, avocat célèbre d'Angers, connaissant à fond les affaires et les exposant avec un art lucide et pénétrant — Agriculture et Commerce : M. Louvet, rompu aux finances et fin lettré, très influent sur la majorité par son expérience, son bon sens et sa modération — Travaux publics : le marquis de Talhouet, héritier de l'immense fortune du baron Roy, grand seigneur aimable et distingué, un peu timide, mais prudent et réfléchi — Beaux-Arts : M. Maurice Richard, le plus jeune membre du cabinet, ami intime de M. Emile Ollivier, qui venait de créer pour lui le département des Beaux-Arts, fils d'un riche bourgeois de Paris, sympathique et dévoué à son chef — Présidence du Conseil d'Etat : M. de Parieu, auvergnat, avocat à Riom, comme Rouher, qu'il n'aimait pas, successeur de Falloux à l'Instruction publique, lorsque fut votée la loi sur la liberté d'enseignement, homme de mérite, d'une haute culture intellectuelle, ami du comte Daru.

Le maréchal Vaillant restait ministre de la maison de l'Empereur, mais n'avait pas accès au Conseil. On a pu dire avec vérité que le cabinet du 2 janvier était un ministère d'honnêtes gens. Napoléon III s'était seulement réservé les deux départements de la Guerre et de la Marine ; les autres postes avaient été abandonnés au choix de M. Emile Ollivier. L'Empereur n'avait exclu que le prince Napoléon et M. Emile de Girardin. Tous deux, surtout le premier, désigné pour la marine, étaient les candidats de M. Emile Ollivier. Mais le souverain ne pouvait pardonner les manifestations blessantes et impertinentes de son cousin, telles que ses discours au Sénat et à Ajaccio, et appréhendait son esprit remuant, critique et brouillon, tandis qu'il se défiait de l'ambition, des variations et du dogmatisme d'Emile de Girardin, qui lui déplaisait, en outre, en raison de sa réputation d'homme de Bourse.

M. Emile Ollivier aurait voulu introduire dans le cabinet M. Victor Duruy, pour atténuer la tendance cléricale de la plupart de ses collègues, mais il céda devant leur opposition. Il avait accepté plutôt que recherché le comte Daru, M. Buffet, M. de Talhouet et M. de Parieu, dont les idées étaient souvent en contradiction avec les siennes et, dès les premiers jours, on put prévoir qu'une scission se produirait.

Bien qu'en apparence chef du cabinet, M. Emile Ollivier n'en avait ni le titre, ni les attributions. L'Empereur avait gardé la présidence du Conseil et il est probable qu'en abandonnant à M. Emile Ollivier une prépondérance, dûe à son éloquence et à la confiance du souverain, plusieurs de ses collègues n'auraient pas consenti à lui être complètement subordonnés.

Filleul de l'Empereur Napoléon Ier et de l'Impératrice Joséphine, officier d'artillerie démissionnaire, pair héréditaire sous Louis-Philippe, député influent à l'Assemblée Constituante, vice-président de l'Assemblée Législative, le nouveau ministre des affaires étrangères, le comte Napoléon Daru, avait été l'ami du prince Louis Bonaparte, puis avait rompu toutes relations avec lui depuis le coup d'Etat. Combattu avec acharnement par le gouvernement, il avait triomphé aux élections en 1869 dans le Calvados. Il voulait sincèrement la paix, mais, initié aux affaires sous la monarchie de Juillet, il partageait les opinions de M. Thiers et restait fidèle au système de l'équilibre européen, comme ses prédécesseurs le prince de la Tour d'Auvergne, le marquis de Moustier et M. Drouyn de Lhuys, résolu à préférer la politique française à la politique italienne, la politique nationale à la politique des nationalités.

Son programme pouvait se résumer dans les termes

suivants — maintien du statu quo — continuation de la bonne entente avec l'Angleterre, avec ce correctif que, si l'Angleterre devient prussienne, nous deviendrons russes — ménager l'Autriche, notre plus sûre alliée — veiller à l'assoupissement de la question d'Orient — rassurer l'Italie — laisser faire l'Espagne où, seule, la candidature du prince des Asturies a des chances de succès et de durée — abandonner définitivement nos réclamations au sujet du Sleswig — éviter d'éveiller les susceptibilités de la Prusse, mais ne lui permettre, à aucun prix, de franchir le Mein.

M. Emile Ollivier, plus orateur qu'homme d'Etat, n'était pas de la même école que le comte Daru et poussait beaucoup plus loin la conciliation. Il était décidé à ne pas contrarier l'unification complète de l'Allemagne et déclarait avec sérénité qu'il n'y avait pas de question allemande.

Afin de donner une preuve incontestable de ses intentions pacifiques, le comte Daru proposa le désarmement. Son projet fut approuvé par lord Clarendon, qui avait déjà fait à Berlin des démarches dans ce sens. Le chef du Foreign office, sans dissimuler que ses premières ouvertures avaient rencontré un accueil peu encourageant, consentit à les renouveler et à transmettre la proposition au roi de Prusse par l'intermédiaire de son ambassadeur, lord Augustus Loftus. Comme gage de sa sincérité, le cabinet du 2 janvier annonça que le contingent de 1870 serait diminué de 10.000 hommes et réduit à 90.000.

Bismarck rejeta l'offre de désarmement. Son refus était prévu. Le colonel Stoffel, attaché militaire, informait son gouvernement que l'insistance sur ce sujet deviendrait une sorte de casus belli. « La

Prusse, ajoutait-il, loin d'affaiblir ses forces, arme jusqu'aux dents ». Le ministère n'en maintint pas moins la réduction du contingent et, en outre, le maréchal Le Bœuf restreignit le nombre des chevaux d'artillerie et ajourna toute organisation de la garde mobile.

A peine installé, le cabinet du 2 janvier avait failli se trouver en présence d'une émeute. Le 11 janvier, un jeune rédacteur du journal révolutionnaire « la Marseillaise », Paschal Grousset, envoyait ses témoins, Victor Noir et Ulric de Fonvielle, au prince Pierre Bonaparte, fils de Lucien, à l'occasion d'un article d'une feuille corse. Une dispute s'éleva dans le salon du prince. Victor Noir était atteint mortellement d'une balle de pistolet en pleine poitrine et l'autre témoin prenait la fuite.

La cérémonie des obsèques à Neuilly donna lieu à une manifestation. Henri Rochefort conduisait le deuil, suivi par une foule évaluée à cent mille personnes. Il avait publié, dans « la Marseillaise », un véritable appel à l'insurrection. Le Corps législatif autorisa les poursuites et Rochefort fut condamné à six mois de prison. En même temps, le prince Pierre Bonaparte était arrêté et traduit devant la Haute-Cour, réunie à Tours. Il fut acquitté, mais un ordre de l'Empereur l'exila.

Le comte Daru avait cessé toutes réclamations au sujet du Sleswig et enjoint au général Fleury l'abstention pure et simple sur cette question. En même temps, il prescrivait à notre ambassadeur à Saint-Pétersbourg la plus grande circonspection vis-à-vis du tsar et de Gortschakoff en ce qui concernait l'Orient, afin de ne pas compromettre notre amitié avec l'Angleterre. Le général Fleury avait les mains liées ; ses instructions se résumaient à ne rien faire.

Il se borna à maintenir des relations personnelles amicales entre les deux souverains.

Le discours du roi de Prusse à l'ouverture du Reichstag laissait entrevoir qu'il ne renonçait pas à l'unité de l'Allemagne et, dans les débats soulevés par la demande du grand duché de Bade d'être incorporé dans la Confédération du Nord, Bismarck, en repoussant l'annexion, avait hautement revendiqué le droit de la réaliser à son heure.

En réponse à ces menaces, le comte Daru, soit dans ses instructions à ses agents diplomatiques, soit dans une conversation confidentielle avec le baron de Werther, successeur de M. de Goltz à l'ambassade de Paris, affirme sa résolution « de veiller à ce que l'état actuel des choses ne s'aggrave pas au préjudice de l'ordre européen et à notre détriment ». C'était un rappel au respect des traités, un avertissement à la Prusse de ne pas franchir la limite du Mein. Le comte Daru était dans la tradition française en voulant empêcher l'unité germanique, créatrice de l'Empire d'Allemagne, contre lequel avaient lutté Richelieu, Mazarin et Louis XIV.

M. Emile Ollivier, effrayé de la fermeté du ton de son collègue, fait insérer dans « la Gazette de Cologne » un interview, dans lequel il proteste de l'esprit pacifique du ministère, dont l'abandon du Sleswig est la preuve manifeste, et annonce que, respectueux du principe des nationalités et du vœu des populations, il s'inclinera devant une union résultant de la volonté des habitants, n'ayant aucun désir de s'immiscer dans les affaires intérieures de l'Allemagne, 24 mars 1870.

Le dissentiment entre les deux ministres était profond et public. Le cabinet n'ayant pas de chef, c'était à l'Empereur, véritable Président du Conseil, de prendre parti pour l'un ou pour l'autre. Il n'en fit rien ; l'autorité échappait de plus en plus à ses mains défaillantes et, malgré leur désaccord éclatant, les deux ministres continuèrent leurs fonctions, suivant chacun une politique opposée. C'était l'anarchie gouvernementale.

En présence des dispositions non équivoques de la Prusse, Napoléon III songea de nouveau à l'alliance autrichienne. Le plus illustre homme de guerre de l'Autriche, le vainqueur de Custozza, l'archiduc Albert, fils du grand archiduc Charles, voyageant incognito, vint à Paris au mois de mars 1870. Reçu très cordialement, il eut avec l'Empereur plusieurs entretiens secrets, au cours desquels ils élaborèrent un plan de campagne éventuel.

En même temps, le maréchal Le Bœuf, après le rejet hautain par la Prusse du projet de désarmement, sollicitait M. Thiers d'apporter le secours de son patriotisme et de son éloquence afin de maintenir, malgré les réclamations de l'opposition, le contingent au chiffre déjà réduit de 90.000 hommes fixé par le gouvernement.

Le Plébiscite

Les réformes libérales de 1860 et de 1867 et plus encore celles de 1870 avaient apporté des modifications profondes au régime institué en 1852. Le Sénat, gardien de la Constitution, les avait enregistrées, mais l'Empereur et M. Emile Ollivier estimèrent qu'un senatus-consulte était insuffisant pour étayer sur une base solide le « couronnement de l'édifice » et avait besoin d'être ratifié par la volonté populaire. Le plébiscite de 1852 devait être effacé et remplacé par un nouveau plébiscite. Le premier avait fondé l'Empire autoritaire, le second fonderait l'Empire libéral.

Cette proposition était, sans contredit, la conséquence logique du dogme de la souveraineté du peuple. Mais le plébiscite est la négation du régime parlementaire et plusieurs membres du cabinet, attachés, dès leur enfance, à cette forme de gouvernement, ne pouvaient, sans donner un démenti à leurs principes, se rallier à l'idée d'une consultation populaire. Ils le comprirent et préférèrent se retirer. M. Buffet offrit sa démission le 9 avril et le comte Daru le 12. Le marquis de Talhouet consentit à rester sur la brèche jusqu'au plébiscite, mais annonça qu'il se retirerait après le vote, ce qu'il fit le 10 mai.

La question posée au peuple fut celle-ci : « Le peuple approuve les réformes opérées dans la Constitution depuis 1860 par l'Empereur avec le concours des grands corps de l'Etat et ratifie le sénatus consulte du 20 avril. »

Il ne s'agissait que de l'extension des libertés intérieures, mais l'agitation, soulevée par le plébiscite, dénatura complètement le sens attaché au vote et la bataille s'engagea pour ou contre l'Empire.

Cette fois encore, l'Empire triompha et le plébiscite fut acclamé le 8 mai par plus de 7 millions de suffrages.

Il y avait lieu de remplacer les trois ministres démissionnaires. Après le départ du comte Daru, M. Emile Ollivier, qui avait été en désaccord avec lui et n'admettait pas que la France pût invoquer la violation du traité de Prague comme un casus belli, avait pris l'intérim des affaires étrangères et accentua le langage pacifique de son prédécesseur en répétant qu'il ne fallait fournir à Bismarck aucune occasion, même aucun prétexte, pour raviver les haines germaniques.

Le nouveau ministre des affaires étrangères fut le duc Agénor de Gramont, ambassadeur à Vienne. Descendant d'une vieille famille béarnaise, né en 1819 d'un père émigré, compagnon d'enfance du duc de Bordeaux, élève de l'école Polytechnique, officier d'artillerie démissionnaire, comme son prédécesseur, il était entré dans la diplomatie en 1851 et avait parcouru une brillante carrière en Hesse, en Wurtemberg, à Turin, à Rome et enfin à Vienne. Il avait assisté à la conquête de l'Italie par le Piémont et à celle de l'Allemagne par la Prusse et ne s'était pas rallié aux vainqueurs. Noble, distingué, d'allure hautaine, il justifiait la fière devise de sa maison : « Gratia Dei sum id quid sum », « Par la grâce de Dieu je suis ce que je suis. »

Le marquis de Talhouet avait eu pour successeur M. Plichon, député du Nord, protectionniste et catholique, capable, laborieux, et vaillant, à qui un bras, fracassé à la chasse, donnait un air martial.

M. Segris avait remplacé M. Buffet aux finances et fut remplacé lui-même à l'instruction publique par M. Mège, député d'Auvergne, appartenant au centre droit, vice-président du Corps Législatif, robuste dans sa parole comme dans sa personne.

Mission du Général Lebrun à Vienne

L'Empereur n'avait pas oublié ses entretiens secrets avec l'archiduc Albert. Le 19 mai, il réunit aux Tuileries un conseil de guerre, auquel il convoqua le maréchal Le Bœuf et les généraux Lebrun, Frossard et Jarras. Il leur exposa le plan de campagne de l'archiduc. Une armée française retiendrait les Prussiens sur la Sarre et une autre entrerait en Bavière où elle ferait sa jonction avec les Autrichiens et une armée italienne, débouchant du Tyrol. En même temps, une flotte française opérerait dans la mer du Nord. Dès le début des hostilités, les Etats du Sud, le Hanovre et le Danemark se soulèveraient.

Les généraux formulèrent deux objections. Pour réussir, deux conditions étaient nécessaires : une extrême lenteur de la part de la Prusse ; une extrême célérité de la part de l'Autriche et de l'Italie.

Napoléon III dut avouer que l'Autriche demandait un délai de six semaines, à partir du commencement des hostilités, pour entrer en campagne. Il était évident que l'Autriche, si éprouvée, ne se déciderait à s'engager que si les premières opérations militaires nous étaient favorables. Elle se réservait. Le conseil de guerre conclut que l'armée française était incapable de soutenir seule, pendant six semaines, le choc des forces de l'Allemagne du Nord. Il fut décidé que le général Lebrun serait envoyé à Vienne auprès de l'archiduc Albert afin d'obtenir que l'Autriche déclarât la guerre, en même temps que nous.

Parti de Paris le 28 mai dans le plus grand secret, le général Lebrun traversa l'Allemagne, recueillant partout des renseignements, et se rencontra, le 6 juin, au château de Baden, près Vienne, avec l'archiduc. Les premiers mots du prince autrichien ne laissèrent à l'envoyé français aucune espérance, aucune illusion. Il ne consentit à traiter la question qu'à un point de vue académique, l'Autriche ne voulant pas promettre ce qu'elle ne pouvait pas tenir. Il est permis de croire que l'archiduc avait été défavorablement impressionné par ce qu'il avait vu et appris en France sur la désorganisation de notre armée. Il n'osait pas entraîner sa patrie dans une aventure, qui risquait de consommer sa ruine. Il persista, en conséquence, à exiger le délai de six semaines pour entrer en campagne et ajouta qu'à son avis, le moment le mieux choisi pour commencer les hostilités serait le mois d'avril 1871.

Après trois entrevues infructueuses au château de Baden, le général Lebrun fut reçu, avec le plus grand mystère, par François-Joseph dans une allée du parc de Laxenburg. L'Empereur se borna à confirmer les considérations développées par l'archiduc Albert et termina l'entretien en disant qu'un seul cas pourrait l'obliger à une action simultanée avec la France : une invasion des troupes françaises dans les Etats du Sud le forcerait à prendre immédiatement parti pour nous.

Soldat appelé à discuter uniquement la question militaire, le général Lebrun n'était pas autorisé à aborder le terrain politique. Sa mission, dans ces conditions, devait fatalement échouer.

Il rentra à Paris le 22 juin et, le 30, il présentait son rapport à l'Empereur. Deux jours après, surgissait l'incident, qui détermina la déclaration de guerre. Notre armée n'était pas prête et nous n'avions pas une seule alliance assurée.

La candidature Hohenzollern

En Espagne, Napoléon III aurait dû, en raison de ses relations cordiales avec la reine Isabelle, soutenir la candidature de son fils, don Alphonse, prince des Asturies, mais Prim et Olozaga n'en voulaient pas, et l'Empereur ne se souciait pas, de son côté, de la régence du duc de Montpensier.

La candidature du prince Léopold de Hohenzollern, posée à l'improviste par Salazar, était vraisemblablement concertée avec Bismarck. S'il n'en fut pas l'inspirateur, il en fut le tout-puissant collaborateur. Le chancelier était poursuivi par l'idée fixe d'un conflit avec la France, nécessaire à l'unification de l'Allemagne, et il espérait faire naître ce conflit d'une candidature prussienne au trône d'Espagne.

Après le vote de la Constitution, Prim s'était occupé de chercher un roi. Son candidat favori était toujours dom Ferdinand de Portugal. Mais ce prince, artiste et philosophe, préférait à la couronne épineuse d'Espagne ses magnifiques jardins de Cintra et télégraphia à Madrid qu'il était inutile de se déranger pour lui offrir le trône. Prim s'adressa alors au prince Amédée, duc d'Aoste ; son père, Victor-Emmanuel refusa.

Il ne restait plus que le duc de Montpensier. Il ne demandait qu'à accepter la candidature, mais Prim, qui préférait un roi soliveau, laissa entendre que l'élection du fils de Louis-Philippe constituerait une injure envers l'Empereur des Français.

Dans son embarras, il se souvint de la brochure de Salazar et se tourna vers l'Allemagne. Le député espagnol fut envoyé secrètement à la Weinburg, château du prince de Hohenzollern. Le prince Antoine ne consentit à prendre aucun engagement. Son fils, le prince Léopold, formula des conditions qui équivalaient à un refus et, le 27 avril 1869, partit pour Bucarest rendre visite à son frère Charles de Roumanie.

Salazar rentra en Espagne et, sans se décourager, continua avec Bernhardi, conseiller de légation de Prusse, à intriguer auprès de Prim en faveur de son candidat.

Le bruit de la candidature Hohenzollern commençait à transpirer. Dès le 27 mars 1869, Benedetti, maintenu ambassadeur à Berlin malgré ses nombreux insuccès, en avertissait le ministre des affaires étrangères et lui apprenait que M. Rancès y Villanueva, ancien ambassadeur d'Espagne en Prusse, depuis quelque temps ambassadeur à Vienne, était venu à Berlin dans le cours du mois de mars et avait eu deux entretiens mystérieux avec le comte de Bismarck et peut-être avec le prince Léopold de Hohenzollern.

Sur l'ordre de son gouvernement, Benedetti s'était rendu, en l'absence de Bismarck, chez le sous-secrétaire d'Etat, M. de Thile, et lui demanda des explications sur cet incident, dont il ne lui dissimulait pas la gravité. M. de Thile répondit nettement, *en engageant sa parole d'honneur*, que « ce projet n'avait jamais été agité » et qu'il ne fallait attacher aucune importance à la visite de M. Rancès y Villanueva. Il ajouta que toutes les chances étaient en faveur du roi Ferdinand et, à son défaut, du duc de Montpensier. « Jamais, dit-il, il ne saurait être question d'un Hohenzollern pour le trône d'Espagne ».

Benedetti transmit à Paris ces déclarations, tout en observant que M. de Thile n'était pas toujours initié aux vues personnelles de Bismarck et qu'il serait prudent de ne pas se fier à la Prusse et de veiller du côté de l'Espagne. M. de Thile était probablement sincère. Bismarck ne le tenait pas au courant de ses desseins, afin que, les niant de bonne foi, il pût imprimer à ses dénégations un accent plus convaincu.

L'ambassadeur fut mandé à Paris au mois d'avril 1869. L'Empereur, réveillé de son apathie, avait compris la gravité de l'intrigue hispano-prussienne et tint à Benedetti ce sage discours : « La candidature du duc de Montpensier est purement anti-dynastique, elle n'atteint que moi et je puis l'accepter ; mais la candidature du prince de Hohenzollern est essentiellement anti-nationale ; le pays ne la supportera pas ; il faut la prévenir ».

En conséquence, Benedetti fut renvoyé à Berlin avec le mandat de s'expliquer, non plus avec M. de Thile, qui ne savait rien, mais avec Bismarck lui-même, qui serait sans doute mieux instruit.

Si, à ce moment, le gouvernement français avait eu l'inspiration d'intervenir à Madrid, soit en faveur du prince des Asturies, avec la régence du duc de Montpensier, soit en faveur du duc de Montpensier lui-même, tout danger d'une candidature allemande aurait été sûrement écarté.

Le 11 mai 1869, Benedetti, obéissant à ses instructions, était reçu par Bismarck. Le chancelier, formé à l'école de Frédéric II, se montra très verbeux et fit mine de s'épancher. Il n'attribuait aucune importance à la candidature du prince Léopold. Il reconnaissait néanmoins qu'il en avait été vaguement question et que le prince Frédéric-Charles, s'il n'avait été arrêté par la différence de religion, aurait volontiers tenté l'aventure. Mais le roi de Prusse s'abstiendrait de conseiller l'acceptation et les princes de Hohenzollern étaient très éloignés de ces décevantes grandeurs. Pressé par Benedetti, le rusé diplomate évita de prendre aucun engagement formel et, à travers les fluctuations de ses propos à bâtons rompus, réserva sa liberté d'action.

L'ambassadeur, rendant compte de son entrevue, informa son gouvernement qu'il n'était pas rassuré et n'avait pu obtenir la promesse qu'en aucun cas le roi Guillaume ne permettrait au prince Léopold d'accepter la couronne d'Espagne.

Interrogé par M. Silvela, ministre des affaires étrangères du Régent Serrano, Napoléon III, fidèle au principe de la souveraineté des peuples, au lieu de chercher à guider le choix des Espagnols, avait répondu, avec autant de désintéressement que d'imprudence, que « l'Espagne était seule arbitre de ses destinées ». C'était donner à Prim carte blanche. Et pourtant, autant les négociations étaient difficiles à Berlin, autant elles auraient été aisées à Madrid, où l'Empereur entretenait des relations personnelles amicales, non seulement avec Prim, mais encore avec le Régent.

L'Espagne était abandonnée à elle-même. Napoléon, par une faute inconcevable, se refusait, de parti pris, à toute ingérence dans ses affaires. Il en résulta qu'aucune communication ne fut échangée entre les Tuileries et Madrid au sujet de la candidature Hohenzollern. Du reste, cette candidature, après le voyage infructueux de Salazar à la Weinburg, sembla abandonnée et le gouvernement français, sans nouvelles communications de Benedetti, ne s'en préoccupa plus.

Repoussé de ce côté, Prim, en présence du refus systématique de Ferdinand de Portugal, crut avoir trouvé le roi, qu'il cherchait, en Italie, dans la personne du jeune prince Thomas, duc de Gênes, neveu de Victor-Emmanuel, qui terminait ses études en Angleterre. Le roi d'Italie n'y faisait pas obstacle, mais la mère du jeune prince et son grand-père, le roi de Saxe, déclinèrent énergiquement la proposition.

Toutes les tentatives de Prim échouaient et ces échecs prêtaient à la raillerie. Agacé et découragé, il résolut d'aboutir, coûte que coûte. Il songea de nouveau au prince Léopold et se flatta que, grâce à son influence personnelle, il parviendrait à faire agréer à Napoléon III, qui ne voulait ni de la République, ni du duc de Montpensier, un prince, allié à la fois à la famille Bonaparte et à la famille Beauharnais. On vit reparaître Salazar qui, muni cette fois des instructions de Prim, prit le chemin, non de la Weinburg, mais de Berlin, porteur de lettres pour Bismarck et pour le roi. Son voyage s'effectua, dans le plus grand secret, en février 1870.

Bismarck, l'instigateur occulte de la candidature, encouragea Salazar et réussit à intéresser à sa cause la princesse Antonia de Bragance, femme du prince Léopold, belle et ambitieuse, comme la princesse Charlotte de Belgique, et qui devait finir, comme elle, dans la folie.

Dans ce même mois de février 1870, Bismarck adressait un rapport au roi sur la candidature du prince Léopold.

Il énumérait avec complaisance les avantages politiques et économiques, qui dériveraient pour la Prusse et pour l'Allemagne de l'installation d'un prince de Hohenzollern en Espagne et faisait ressortir le prestige, qui en rejaillirait sur la maison royale.

Un refus, basé sur des raisons personnelles, serait offensant pour l'Espagne et l'acculerait peut-être à la proclamation de la République.

Il concluait en déclarant « qu'il considérait l'acceptation comme utile, dans l'intérêt de la paix et de la satisfaction en Allemagne, et comme la solution la moins dangereuse de la question espagnole ». Mais le roi ne se laissa vaincre, ni par les raisonnements de Bismarck, ni par les prières de la princesse Antonia et refusa de recevoir l'envoyé de Prim.

Les princes de Hohenzollern, le père et le fils, vinrent à Berlin et furent, comme d'habitude, les hôtes du Palais royal. La question de la candidature fut agitée. Le roi se montrait perplexe, le prince royal redoutait l'état anarchique de l'Espagne et n'encourageait pas le prince Léopold, Bismarck conseillait hautement l'acceptation. Le 15 mars 1870, un grand conseil, qui était à la fois un conseil de famille et un conseil de guerre, fut convoqué au Palais royal. Y assistaient le roi et le prince royal, les princes Antoine et Léopold, Bismarck, de Roon, de Moltke, Schleinitz, Thile et Delbrück, sous-secrétaires de la chancellerie, le premier pour l'extérieur, le second pour l'intérieur. L'acceptation de la candidature fut décidée, à la sollicitation du prince Antoine et sur les instances de Bismarck, qui invoqua à la fois « la nécessité politique » et le « devoir patriotique ». Le roi semblait résolu à ne dire ni oui, ni non, à ne rien conseiller, comme à ne rien interdire, et à laisser à Léopold sa liberté, comme en 1866 à son frère Charles. Le prince Léopold, après avoir hésité, refusa. Le prince Antoine, dont l'ambition avait été éveillée, proposa alors son plus jeune fils, Frédéric, catholique et officier prussien comme ses frères. Le prince Frédéric voyageait en Italie, où il reçut la nouvelle ; il ne se pressa pas de revenir en Prusse et, rentré à Berlin, déclina toute candidature, à moins d'en recevoir du roi l'ordre formel. C'était trop demander au prudent Guillaume ; ni lui, ni le prince royal ne consentirent à influencer la résolution définitive du prince Frédéric. Salazar reprit mélancoliquement le chemin de Madrid, sans apporter à Prim une réponse définitive.

Bismarck ne se résignait pas à abandonner la partie.

Désireux de se renseigner sur les chances de son candidat, il envoya en Espagne un officier prussien, le major Versen, qui avait suivi les opérations de la guerre entre le Brésil et le Paraguay et était familier avec la langue espagnole. L'impression de Versen fut favorable, malgré les défiances du comte de Kranitz, ambassadeur de Prusse à Madrid, et il fit un rapport, dont la conclusion était que la candidadature Hohenzollern recevrait un bon accueil en Espagne. Le conseiller Lothar Bücher, délégué en Espagne par Bismarck, après Versen, confirma les renseignements du major.

Versen et Lothar Bücher rentrèrent à Berlin le 6 mai 1870. Depuis le 21 avril, Bismarck était à Varzin. Guillaume attacha peu d'importance au rapport de Versen, il répugnait toujours à l'acceptation et le prince Frédéric persistait à refuser la candidature sans un ordre formel du roi.

Versen reçut le 14 mai l'ordre de rejoindre son régiment à Posen et il ne fut plus question de son mémoire. Après les refus successifs des princes Léopold et Frédéric, tout espoir semblait perdu et une dépêche annonçait à Prim l'échec définitif de la combinaison.

Le prince Antoine, rempli d'un zèle ambitieux pour la gloire de sa maison, regrettait l'occasion perdue et informait d'un ton chagrin Charles de Roumanie de la ruine de ses espérances, mais ses fils préféraient leur tranquillité aux risques d'un trône en Espagne. Le père avait manifesté ses désirs et les fils leurs répugnances.

Toutes ces menées, toutes ces intrigues avaient été conduites avec un tel mystère qu'elles avaient complètement échappé à la vigilance en défaut de nos ambassadeurs à Berlin et à Madrid. On prétend même que Prim n'en instruisit qu'au dernier moment le Régent Serrano.

Sur ces entrefaites, le duc de Montpensier, à la suite d'un duel tragique, perdait ses dernières chances au trône d'Espagne. Le prince se trouvait un peu vis-à-vis de la reine Isabelle et de son fils, le prince des Asturies, dans la même situation que son père Louis-Philippe vis-à-vis de Charles X et du duc de Bordeaux. Peut-être ne cherchait-il pas, au commencement, à se créer un parti, aux dépens de son neveu, mais il aurait sans doute cédé aux instances qui l'appelaient au trône, afin de préserver l'Espagne de l'anarchie. Sa popularité allait en décroissant. Candidat aux Cortès au mois de janvier 1870, il avait échoué dans les deux collèges d'Oviedo et d'Avila. Poursuivi par la haine implacable d'un prince fantasque et violent, l'infant don Enrique de Bourbon, duc de Séville, frère du roi François d'Assise, il avait été forcé d'accepter un duel avec lui. La rencontre entre les deux cousins eut lieu dans les environs de Madrid, à las Ventas de Alcorcon, le 12 mars 1870. L'arme choisie était le pistolet. Après avoir essuyé le feu de son adversaire, le duc de Montpensier tire en l'air, espérant mettre fin au combat. Malgré ce geste généreux, l'infant insiste pour que les armes soient rechargées et fait feu une seconde fois. La balle passe au-dessus de l'épaule du duc qui, excellent tireur, désarme don Enrique en brisant son pistolet dans sa main. L'infant exaspéré refuse de cesser le duel et tire une troisième balle, qui effleure les cheveux de Montpensier. Perdant patience, le duc, d'un coup décisif à la tempe, abat son adversaire. Cette malheureuse rencontre termina la carrière politique du duc de Montpensier.

Condamné à 25.000 pesetas d'amende et à un mois d'exil, il ne put reconquérir son ancienne popularité, malgré l'appui persistant du parti unioniste.

Bismarck, malade et aigri, s'était retiré à Varzin, mais il ne se désintéressait pas de l'intrigue espagnole. Le major Versen reparaît. Il va trouver le prince royal, sous les ordres duquel il avait servi, le gagne à sa cause et obtient de lui une lettre d'introduction auprès du prince Antoine, qu'il rencontre à Nauheim. Il n'est plus question du prince Frédéric, on revient au prince Léopold. Le prince Antoine donne des paroles encourageantes. Le prince Léopold, ébranlé par les instances de sa femme et l'influence du Kronprinz, ne persiste plus absolument dans son refus, mais il hésite encore et pose des conditions, 28 mai.

Le prince royal informé avertit le roi, qui accueille avec mauvaise humeur la nouvelle de ce changement. Il reste indécis, plus troublé que joyeux, toujours enclin à la paix.

Mis au courant de ces événements, Bismarck, subitement guéri, rentre en scène et envoie de nouveau Lothar Bücher à Madrid. Il avait pour mission de réconforter Prim et de lui conseiller de s'adresser directement au prince de Hohenzollern et de reprendre hardiment la candidature, dont le ministre espagnol désespérait.

Dans la pensée du chancelier, deux hypothèses se présentaient, également avantageuses pour la Prusse — ou la France se révolterait et la guerre, qu'il convoitait de toute son âme, éclaterait — ou la France subirait l'affront en silence et l'Espagne était acquise aux Hohenzollern.

Prim, découragé et humilié par tant d'échecs, ne négligea pas l'ouverture de Bismarck et s'empressa de déléguer l'inventeur de la candidature, l'infatigable Salazar, à Sigmaringen, résidence du prince Antoine. Il s'y rendit, accompagné de Lothar Bücher, qui avait accompli sa mission à Madrid, et fut reçu par les princes Antoine et Léopold. Ce dernier confirma qu'il était prêt à accepter la candidature, sous réserve de l'approbation du roi.

Bismarck satisfait retourna à Varzin avec Lothar Bücher et Keudell, 8 juin, et Salazar rentra à Madrid, pour rendre compte à Prim de l'heureuse issue de son voyage.

En Espagne, les dernières espérances du duc de Montpensier s'étaient évanouies ; il était certain qu'il n'obtiendrait jamais la majorité aux Cortès. Le 11 juin, Prim fit à l'assemblée l'exposé de ses négociations, annonça les refus successifs de Ferdinand de Portugal, du duc d'Aoste et du duc de Gênes et indiqua à mots couverts, un nouveau candidat, qu'il tenait en réserve, mais qu'il ne pouvait encore désigner. A ces mots, le nom du prince de Hohenzollern courut dans la salle. L'allusion avait été comprise.

Notre ambassadeur, M. Mercier de Lostende, commença à s'émouvoir et Napoléon III, tiré de sa torpeur, lui fit demander par le duc de Gramont des explications. Mercier alla trouver Prim, qui lui répondit que la candidature Hohenzollern était abandonnée et qu'au surplus, il comptait se rendre en juillet à Vichy pour voir l'Empereur et se concerter avec lui. Mercier fut rassuré et rassura le duc de Gramont, 25 juin.

L'heure était venue pour Prim d'en finir. Une dernière fois, Salazar fut envoyé officiellement à Sigmaringen pour recevoir le consentement du prince Léopold et le rapporter aux Cortès. Arrivé à Sigmaringen le 19 juin, il y trouva le major Versen. Le prince Léopold aurait désiré ajourner l'élection à l'automne, mais, pressé par Salazar, il n'insista pas. Restait à obtenir l'assentiment du roi. Le père et le fils écrivirent à Guillaume, alors à Ems. Salazar et Versen furent chargés de remettre les lettres. Le roi

7

se montra surpris, hésita, et finit par répondre qu'il ne conseillait ni n'interdisait l'acceptation et laissait au prince sa liberté. Cette approbation tacite suffisait. On n'en demandait pas davantage.

Salazar télégraphia à Prim et annonça son retour à Madrid, demandant que l'élection ait lieu sans aucun retard afin de se prévaloir du fait accompli.

A chaque instant, surgissaient des symptômes inquiétants. Des débats avaient été provoqués en mai au Reichstag et en juin au Corps législatif, à l'occasion du projet de chemin de fer du Saint-Gothard.

Bismarck obtenait du Reichstag une subvention de dix millions et avait prononcé, à ce sujet, un discours rempli, selon son habitude, d'allusions menaçantes, pour démontrer que cette ligne entre la Suisse et l'Italie offrait, non seulement des avantages commerciaux, mais aussi un intérêt politique de premier ordre, car sa principale utilité serait d'établir une communication directe avec l'Italie, hier alliée de l'Allemagne et aujourd'hui sa fidèle amie, 25 mai.

Le Corps législatif s'occupa, à son tour, de cette question au mois de juin. A une interpellation de M. Mony, le gouvernement, résolu à ne pas provoquer Bismarck, répondit avec discrétion que la France était garantie par la neutralité de la Suisse et que le tracé projeté ne présentait aucun inconvénient stratégique.

L'opposition fut moins réservée et MM. Estancelin, Kératry et Jules Ferry mirent en lumière avec véhémence les dangers de la nouvelle ligne, déplorèrent l'humiliation de la France depuis Sadowa et réveillèrent les passions patriotiques en dénonçant les violations continuelles du traité de Prague.

Le 27 juin, mourait lord Clarendon, ami dévoué de la France et adversaire redouté de Bismarck. Il fut remplacé le 4 juillet par le comte Granville, beaucoup plus docile que son prédécesseur à l'influence de Gladstone et surtout de la reine Victoria.

Pourtant l'accalmie semblait générale au mois de juillet. Ministres et diplomates étaient en vacances, l'Empereur Napoléon à Saint-Cloud, le roi Guillaume à Ems, Bismarck à Varzin, Serrano à la Granja, Gortschakoff et Benedetti à Wildbad, le prince Napoléon, accompagné de Renan et de quelques amis, en croisière dans les mers du Nord. C'est à ce moment qu'éclata, comme un coup de tonnerre dans un ciel serein, la candidature Hohenzollern.

Salazar était revenu à Madrid le 28 juin. Fallait-il déclarer de suite la candidature et enlever le vote des Cortès, afin de mettre tout le monde en face du fait accompli ? Tel était évidemment le plan de Bismarck, renouvelé de celui qui avait réussi en 1866 à Bucarest. Ce procédé semblait le plus avantageux, mais, par suite d'un contre-temps, les Cortès venaient d'être prorogées du 24 juin au 31 octobre. Prim n'était peut-être pas fâché d'attendre. Il espérait mettre ce délai à profit pour préparer Napoléon III à ce grave évènement et obtenir ou, à la rigueur, extorquer, de guerre lasse, son consentement.

Prim voulait continuer à garder le secret, condition du succès. Mais il avait compté sans Salazar, qui, grisé par son triomphe, ne put s'empêcher de laisser transpirer l'heureux résultat de sa longue négociation. Prim, en chasse dans les monts de Tolède, rentra à Madrid le 2 juillet et apprit avec consternation la divulgation de la candidature Hohenzollern. Il s'écria : « Labeur perdu ! candidature perdue ! Et Dieu veuille que ce ne soit que cela ! »

Notre ambassadeur à Madrid, M. Mercier de Lostende, qui avait reçu l'ordre de respecter les vœux des Espagnols, était resté passif, pendant toute la crise de la recherche d'un roi, conformément à ses instructions formelles. Le 2 juillet, il apprit tout à coup que les Cortès allaient être convoquées extraordinairement pour procéder à l'élection d'un souverain.

Malgré l'heure tardive, il court chez Prim et lui demande des explications. Le maréchal paraît embarrassé. Il se prévaut d'avoir empêché l'établissement de la République et la candidature déplaisante du duc de Montpensier, rappelle les échecs successifs de ses nombreuses démarches et vante les avantages de la candidature Hohenzollern. Toutefois il avoue qu'il craint que ce choix, presque forcé, ne soit désagréable à l'Empereur et ajoute qu'il compte sur l'aide de notre ambassadeur pour le faire accepter. M. Mercier de Lostende n'hésite pas à répondre que le sentiment national en France verra dans l'élection du prince de Hohenzollern une véritable provocation. Un peu troublé, Prim s'attache à atténuer les conséquences des liens de famille, alléguant que Louis XIV et son petit-fils avaient été à la veille d'engager les hostilités. L'ambassadeur réplique qu'en cas de guerre, la France n'aurait aucune sécurité sur la frontière des Pyrénées avec un prince prussien sur le trône d'Espagne. Prim invoque la nécessité pour l'Espagne d'avoir un roi et se défend d'avoir suscité la candidature Hohenzollern, qui lui a été apportée toute faite, lorsque toutes les autres combinaisons avaient avorté. « Si nous laissons échapper cette occasion, nous voilà forcés de nous rejeter sur la République ou sur Montpensier ! » — « Eh bien, plutôt Montpensier ! » — « Comment, vous croyez que l'Empereur préfèrerait Montpensier à Hohenzollern ? » — « Il ne me l'a pas dit, mais j'en suis sûr. »

Prim fut impressionné par cette conversation et annonça qu'il enverrait ses instructions à Olozaga, ambassadeur d'Espagne à Paris, pour se justifier auprès de l'Empereur. M. Mercier de Lostende quitta Prim à une heure avancée de la nuit et télégraphia à son gouvernement pour l'informer que la candidature Hohenzollern était officielle.

La Déclaration du 6 Juillet 1870

La dépêche de M. Mercier de Lostende parvint au quai d'Orsay le 3 juillet. On croyait la candidature Hohenzollern abandonnée. Le duc de Gramont fut aussi surpris qu'indigné.

Ambassadeur à Vienne depuis 1863, le duc de Gramont avait poursuivi sa carrière diplomatique hors de la France et ne s'était pas occupé de politique active. Très chaleureusement accueilli à Vienne, grâce à sa naissance et à sa distinction, apprécié à la Cour et dans les salons de la haute société, il avait vécu dans un milieu hostile à la Prusse et à Bismarck. Son éloignement de Paris lui avait permis de conserver l'illusion de la puissance de la France.

Son rôle, après Sadowa, avait consisté à préparer l'alliance autrichienne, avec l'espoir qu'elle apporterait à son pays un dédommagement et à la Prusse une humiliation. Allié à la famille de Choiseul, il continuait à Vienne la politique du ministre de Louis XV, plutôt que celle des nationalités et de la souveraineté des peuples.

La dépêche du 3 juillet de M. Mercier de Lostende fut une brusque révélation pour le ministre des affaires étrangères. Ce n'était pourtant pas une découverte. Benedetti qui, dans les derniers temps, aurait pu se montrer plus vigilant, avait néanmoins envoyé, en 1869, des avertissements répétés et M. Mercier de Lostende, malgré sa réserve exagérée, avait dû parfois entretenir son gouvernement de l'éventualité de la candidature Hohenzollern.

Enfin, si l'on en croit les Mémoires du maréchal Randon, Napoléon III lui-même avait été pressenti par le prince Antoine, au sujet des projets de son fils, et n'aurait manifesté ni approbation, ni opposition. Il était toujours difficile de savoir à quoi s'en tenir avec ce souverain silencieux, au masque impénétrable, à l'œil terne, caressant sa moustache d'un geste machinal et affectant les allures d'un sphinx, mais, ajoutent ceux qui l'ont le mieux connu, d'un sphinx sans énigme.

Les Cortès allaient se réunir. Le temps pressait. Derrière l'Espagne était la Prusse. Le duc de Gramont négligea le faible pour s'attaquer au fort.

Laissant, de parti pris, l'Espagne à l'écart, il demanda avec hauteur des explications à Berlin.

Il adressa à M. Le Sourd, premier secrétaire d'ambassade, un télégramme pour lui dénoncer la candidature Hohenzollern, lui faire part de la mauvaise impression produite en France et lui enjoindre d'exiger des explications au sujet de ce « regrettable incident ». Le ministre des affaires étrangères ne communiqua pas à ses collègues cette dépêche, qui se ressentait de son émotion.

A Berlin, tout le personnel diplomatique était dispersé, le roi à Ems, Bismarck à Varzin, Benedetti à Wildbad. M. Le Sourd, dès qu'il eut reçu les instructions du duc de Gramont, alla trouver le 4 juillet le sous-secrétaire d'Etat, M. de Thile, qui, suivant son habitude, ne savait rien. Il répondit qu'il prendrait les ordres du roi et assura que le gouvernement prussien était absolument étranger à la candidature Hohenzollern, qui n'existait pas pour lui. Cette réponse exaspéra le duc de Gramont. Il n'y avait rien à tirer de Berlin.

L'ambassadeur prussien à Paris, M. de Werther, ancien ambassadeur à Vienne, qui semblait, malgré son caractère pacifique, prédestiné aux ruptures, se préparait à partir pour Ems, afin de présenter ses hommages au roi et peut-être prendre ses ordres. Quant à l'ambassadeur d'Espagne, Olozaga, il fut tenu en dehors de la négociation.

Tandis que Berlin observait un mutisme absolu, on se hâtait à Madrid, où les Cortès étaient convoquées pour le 20 juillet. L'alerte fut vive à Paris. Il y avait entente manifeste entre la Prusse et l'Espagne. Le 5 juillet, on commence à s'alarmer, la Bourse baisse et M. Cochery, membre du centre gauche, ami de M. Thiers et partisan de la paix, dépose au Corps législatif une interpellation au sujet de la candidature Hohenzollern.

Le duc de Gramont sollicitait en même temps l'appui de l'Europe. Il annonçait que la France ne pouvait tolérer un pareil affront, réclamait le concours de Lord Lyons et du prince de Metternich, pour décider leurs gouvernements à intervenir, dans le but d'obtenir la renonciation du prince Léopold, et chargeait le général Fleury d'informer le tsar que le maintien de la candidature Hohenzollern, *c'était la guerre.*

Le ministre des affaires étrangères posait immédiatement les termes d'une sorte d'ultimatum. Ce ton tranchant et cette fougue déconcertaient les diplomates étrangers et ne facilitaient pas leur besogne. Il fallait apaiser à la fois la France et la Prusse. Bismarck, terré dans son repaire de Varzin, restait inaccessible. L'irritation du duc de Gramont était au plus haut point. Il manquait complètement de sang-froid, qualité si nécessaire pour lutter contre un aussi rude jouteur que le chancelier allemand.

Werther quittait Paris pour se rendre à Ems. Il était lié avec le duc de Gramont, qu'il avait connu à Vienne. Le duc saisit cette occasion d'entretenir amicalement l'ambassadeur et ne lui dissimula pas que la France, plutôt que de céder, ne reculerait devant aucune extrémité. Werther accueillit en silence la communication, protesta de ses dispositions conciliantes personnelles et promit de tout rapporter fidèlement au roi, qui fut instruit à Ems, dès le lendemain, des conséquences qu'entraînerait le maintien de la candidature Hohenzollern.

L'interpellation Cochery avait été fixée au 6 juillet. En Prusse, le Parlement était en vacances; on ne discutait pas. Le 5 juillet, M. Emile Ollivier avait promis à lord Lyons que la déclaration du gouvernement serait aussi modérée que le permettaient les circonstances.

Le duc de Gramont, ministre depuis deux mois, n'avait pas eu le temps de se renseigner dans le détail et ignorait presque tout de la difficulté pendante. Le cabinet n'avait pas de chef, malgré la prééminence de M. Emile Ollivier, hommage rendu à son éloquence.

Le véritable chef était l'Empereur. Il ressentait douloureusement les atteintes de la maladie de la pierre, qui devait l'emporter trois ans plus tard. Il avait appelé le 19 juin un médecin spécialiste, le docteur Germain Sée, qui avait conclu à une exploration chirurgicale, déjà recommandée en 1865 par le docteur Larrey.

Le 1er juillet, avait lieu aux Tuileries une consultation entre MM. Nélaton, Corvisart, Ricord, Fauvel et Sée. Ricord partagea l'avis de Sée, mais Nélaton, Fauvel et Corvisart déconseillèrent toute opération, même un sondage, en raison de l'état inquiétant du malade. On décida seulement que l'Empereur n'irait pas aux eaux. Le rapport du docteur Germain Sée, remis le 3 juillet au docteur Conneau, ne fut communiqué à personne, pas même au prince Napoléon et à l'Impératrice. Le secret, exigé par l'Empereur, ne transpira pas dans l'entourage.

Napoléon III était physiquement affaibli et moralement affaissé. Les deux anciens partis de l'Impératrice et du prince Napoléon continuaient à se disputer l'influence. Le prince Napoléon était acquis à la cause de l'Empire libéral. L'Impératrice Eugénie, qui avait lutté autrefois sans succès en faveur du Pape et de l'Autriche, avait vu grandir son crédit par suite des fautes commises et du déclin de l'Empereur. Hostile à la Prusse, elle avait dit en montrant le prince impérial: « Si Sadowa n'est pas réparé, cet enfant ne règnera pas. » Opposée au libéralisme, elle avait l'appui de Rouher, aigri par une disgrâce, adouci pourtant par les hautes fonctions de président du Sénat, et resté le conseiller occulte de l'Empereur et l'inspirateur de l'Impératrice. Ambitieux, virtuose de la parole, avocat merveilleux, prêt à plaider toutes les causes, mais homme d'Etat médiocre, l'ancien vice-empereur regrettait le régime absolu, auquel il rapportait les années brillantes du règne et la prospérité des affaires. L'Impératrice, voyant l'Empereur réduit à un misérable état, songeait à sauver l'Empire, en le rééditant sur le principe autoritaire de la Constitution de 1852 et en retirant les concessions libérales, imprudemment accordées le 2 janvier. Ce résultat ne pouvait être obtenu qu'à la suite d'une guerre heureuse ; la régence de l'Impératrice et le règne de

Napoléon IV seraient inaugurés par la victoire; « l'Empereur était sacrifié à l'Empire. »

Le conseil des ministres, tenu à Saint-Cloud, arrêta les termes de la déclaration, due à la collaboration du duc de Gramont et de M. Emile Ollivier. Le maréchal Le Bœuf, interpellé, se fit fort de mettre sur pied 350,000 hommes en 15 jours, avec une réserve de 120,000 hommes.

Le 6 juillet, le Corps législatif discutait négligemment le budget sous la présidence de M. Schneider, quand le duc de Gramont, arrivé de Saint-Cloud, monta à la tribune et lut la déclaration suivante :

« Je viens répondre à l'interpellation déposée par l'honorable M. Cochery.

« Il est vrai que le maréchal Prim a offert au prince Léopold de Hohenzollern la couronne d'Espagne et que le prince l'a acceptée. Mais le peuple espagnol ne s'est point encore prononcé et nous ne connaissons point encore les détails vrais d'une négociation qui nous a été cachée. Aussi une discussion ne saurait-elle aboutir maintenant à une conclusion pratique et nous vous prions de l'ajourner.

« Nous n'avons cessé de témoigner nos sympathies à la nation espagnole et d'éviter tout ce qui aurait pu avoir les apparences d'une immixtion quelconque dans les affaires d'une noble et grande nation en plein exercice de sa souveraineté. Nous ne sommes pas sortis à l'égard des divers prétendants au trône de la plus stricte neutralité et nous n'avons jamais témoigné pour aucun d'eux ni préférence, ni éloignement.

« Nous persisterons dans cette conduite. Mais nous ne croyons pas que le respect des droits d'un peuple voisin nous oblige à souffrir qu'une puissance étrangère, en plaçant un de ses princes sur le trône de

Charles-Quint, puisse déranger, à notre détriment, l'équilibre actuel des forces en Europe et mettre en péril les intérêts et l'honneur de la France.

« Cette éventualité, nous en avons le ferme espoir, ne se réalisera pas.

« Pour l'empêcher, nous comptons à la fois sur la sagesse du peuple allemand et sur l'amitié du peuple espagnol.

« S'il en était autrement, forts de votre appui, Messieurs, et de celui de la nation, nous saurions remplir notre devoir sans hésitation et sans faiblesse. »

Cette fière déclaration, prononcée d'une voix vibrante et d'un ton de défi, provoqua l'enthousiasme de l'auditoire, comme un appel aux armes. Les bonapartistes de la droite la saluèrent d'acclamations frénétiques, auxquelles s'associa la majorité.

Au milieu de ce déchaînement, quelques députés du centre demeuraient soucieux et inquiets. « C'est donc la guerre », disait tristement M. Josseau. Survint M. Thiers, qui n'avait pas assisté au début de cette séance tragique. Mis au courant, il se précipita vers M. Emile Ollivier, en s'écriant : « Mais c'est une folie ! » Les esprits sages commencent à se repentir de leur emportement. La séance continuant, M. Emile Ollivier paraît à la tribune et cherche à atténuer l'effet produit par les paroles de son collègue. « Si le gouvernement, dit-il, ne veut la paix qu'avec honneur, il la veut avec passion. » Vains efforts ! le coup était porté : diplomates et journalistes assiègent le télégraphe et publient partout « la foudroyante déclaration du duc. » Après la séance, M. Emile Ollivier avait écrit à l'Empereur : « Le mouvement au premier moment a même dépassé le but. On eût dit que c'était une déclaration de guerre. »

Retrait de la candidature Hohenzollern

Le péril eût été moins grand que ne l'imaginait le duc de Gramont, évoquant le fantôme de la résurrection de l'empire de Charles-Quint. Si le prince Léopold de Hohenzollern était devenu roi d'Espagne, il aurait eu beaucoup de peine à se maintenir sur le trône. Aucun peuple n'est plus jaloux de son autonomie et plus réfractaire aux influences étrangères. Joseph Bonaparte en a fait l'épreuve au commencement du XIXe siècle; la puissance et le génie de Napoléon Ier ont échoué devant l'intransigeance espagnole. Le duc d'Aoste devait prochainement renouveler l'expérience. Et un Allemand aurait été encore plus antipathique qu'un Français ou un Italien, rapprochés des Espagnols par les mêmes origines latines.

Les Espagnols n'auraient pas tardé à invoquer contre leur nouveau roi les sanglants souvenirs de son ancêtre Murat et de l'insurrection populaire du Dos de Majo, 2 mai 1808.

Néanmoins, bien que tout le monde, à commencer par le duc de Gramont, fut d'accord que la couronne serait chancelante sur la tête du prince de Hohenzollern, son élection n'en constituait pas moins une provocation envers la France et il est probable que Bismarck, le véritable protagoniste de cette candidature, se souciait moins d'installer un prince prussien sur le trône de Charles-Quint que de stimuler les susceptibilités françaises afin d'aboutir à une guerre, qu'il désirait violemment, mais à laquelle il fallait décider son roi. Son plan machiavélique devait réussir.

La déclaration publique de Gramont, qui déchaîna les passions, était fort imprudente et contraire aux usages diplomatiques. Elle était, en tout cas, prématurée. Pourquoi ne pas attendre le retour de Werther, qui était à Ems et allait revenir, après avoir reçu les ordres du roi ? Autant on était loquace à Paris, autant on était silencieux à Berlin.

La presse française commenta la déclaration. Quelques journaux, inspirés par le ministère, cherchèrent à calmer les esprits ; d'autres, plus nombreux, tels que « Le Peuple français », de Clément Duvernois, « Le Pays », de Granier de Cassagnac, et « La Liberté », d'Emile de Girardin, se signalèrent par leurs invectives et interprétèrent jusqu'à l'insulte le langage du gouvernement. Alors commencèrent sur les boulevards, sans être réprimées, les démonstrations belliqueuses, empreintes de sentiments plus révolutionnaires que patriotiques. On chantait à demi voix la « Marseillaise ». L'évocation de Charles-Quint qui était, paraît-il, une trouvaille de M. Emile Ollivier, faisait merveille.

L'émotion, bien qu'excessive, semblait justifiée par les déboires de la diplomatie impériale et par l'arrogance prussienne ; on se rappelait, comme autant d'injures non vengées, l'inexécution du traité de Prague, les refus successifs des provinces rhénanes, de la Belgique et du grand duché de Luxembourg et le rattachement subreptice des Etats du Sud à la Prusse.

Les anciens bonapartistes voyaient, en outre, dans la guerre un dérivatif et un rajeunissement de l'Empire vieilli.

Les ministres ne s'entendaient pas entre eux. Le duc de Gramont s'obstinait dans une politique agressive, mais ses collègues n'étaient pas entièrement rassurés par les protestations du maréchal Le Bœuf, affirmant que l'armée était prête à tout événement.

M. Emile Ollivier était épouvanté du succès de la déclaration, il craignait qu'elle ne fut interprétée comme une menace de guerre et se désolait d'avoir trop réussi. Si Paris et les grandes villes manifestaient bruyamment une ardeur guerrière, la province, plus calme, malgré sa confiance persistante dans l'Empereur, se montrait inquiète.

Par une fâcheuse coïncidence, le prince Napoléon fut absent pendant toute la durée de la crise. Il était parti pour une longue excursion dans les mers du Nord et se trouvait aux premiers jours de juillet au fond de la Norvège. Il ne rentra en France qu'après la déclaration de guerre. Son absence fut regrettable. Après avoir donné tant de conseils funestes, il aurait lutté contre le parti de la guerre. Son intelligence éclairée le mettait en garde contre les dangers d'un conflit, dont il redoutait les conséquences, et qu'il avait toujours été d'avis d'éviter.

Son antagonisme avec l'Impératrice, qu'il appelait dédaigneusement « la femme à la mode », et son entourage, ses sympathies pour M. Emile Ollivier et le ministère libéral, ses attaches italiennes, son inclination pour la Prusse et son influence très réelle sur l'Empereur, en dépit de leurs brouilles passagères, auraient peut-être conjuré le péril.

L'Allemagne se taisait. Surprise par le ton vif et tranchant du gouvernement, elle nous croyait prêts à la guerre. La candidature d'un Hohenzollern, simple affaire de famille, n'était pas populaire. Elle n'intéressait pas l'Allemagne du Nord et encore moins les Etats du Sud. C'était un différend prussien, incapable de faire vibrer la fibre patriotique germanique. En Bavière, en Wurtemberg, on se demandait, d'un air narquois, comment Bismarck se tirerait de ce mauvais pas. La Prusse commençait à s'inquiéter. Le mot d'ordre fut donné que le gouvernement n'avait rien à voir dans la candidature Hohenzollern et qu'en conséquence, il ne provoquerait pas, mais repousserait toute agression.

M. de Thile se montrait plus ignorant que jamais. A Paris, M. de Solms, chargé d'affaires, déplorait discrètement la vivacité du duc de Gramont, mais niait que la Prusse eût aucun intérêt dans la candidature Hohenzollern. Bismarck observait la plus grande réserve. Semblable à l'araignée, embusquée dans un coin de la toile qu'elle a tissée, guettant sa proie et prête à s'en emparer, le chancelier se recueillait à Varzin, attendant l'occasion et décidé à ne pas la laisser échapper.

L'Europe désirait sincèrement la paix, mais elle avait été déconcertée par la fougue du duc de Gramont, qui aggravait les difficultés des négociations.

L'Angleterre proclamait hautement l'inopportunité de la candidature Hohenzollern et se plaignait de la précipitation des événements. Elle était peu disposée à intervenir à Berlin ; en désespoir de cause, elle agissait à Madrid, auprès de Serrano, mais Serrano craignait de mécontenter Prim.

La Russie boudait. Lorsque le général Fleury avait entretenu le prince Gortschakoff de l'incident espagnol, le chancelier russe, toujours rancunier, avait rappelé ironiquement que Napoléon III avait largement contribué à installer le frère du prince Léopold sur le trône de Roumanie, contrairement aux désirs et aux intérêts de la Russie. Il ne pensait pas que la Prusse maintiendrait la candidature, mais il laissait entendre que le concours de la Russie devait être payé au prix de la révision du traité de Paris. Il devenait de plus en plus évident qu'on ne parviendrait pas à détacher la Russie de la Prusse. Les yeux du prince Gortschakoff ne devaient se dessiller qu'au Congrès de Berlin, dure expiation de ses complaisances envers Bismarck. Toutefois le tsar Alexandre II, touché de la confiance de Napoléon III, était d'avis du retrait de la candidature Hohenzollern et écrivit à son oncle, le roi Guillaume, pour lui recommander la modération.

L'Italie, qui devait son existence à la France, se dérobait au fardeau de la reconnaissance. Néanmoins, elle prêchait la paix, dans la crainte d'être englobée dans la guerre. Le ministre des affaires étrangères, le prudent Visconti-Venosta, multipliait ses démarches à Madrid et Victor-Emmanuel insinuait que, pour tirer l'Espagne d'embarras, il était disposé à accueillir pour son second fils, Amédée, duc d'Aoste, la candidature, qu'il avait primitivement déclinée.

L'Autriche, par suite des hésitations et de l'indécision de Napoléon III, n'avait, avec la France, aucun engagement écrit. Le comte de Beust, se sentant tenu en bride par la Russie, se préoccupait de garantir son pays contre toute éventualité. Il reprochait au duc de Gramont sa précipitation et offrait ses services pour dénouer la crise. Une action commune devait être concertée à l'avance et l'Autriche ne pouvait, à l'improviste, être entraînée dans une guerre par les témérités de langage du duc de Gramont. Il n'existait, du reste, pas de traité d'alliance; par conséquent, pas d'espoir du côté de l'Autriche d'un concours effectif.

Le comte de Beust ralentissait le zèle de son ambassadeur à Paris, le prince de Metternich. Il nous prodiguait, d'ailleurs, ses conseils et nous suggérait même l'étrange idée d'organiser une croisière sur les côtes d'Espagne, pour enlever le prince Léopold, lorsqu'il irait prendre possession de son royaume. En résumé, le chancelier austro-hongrois déclarait formellement que l'Autriche ne s'engagerait pas, sans réflexion, dans une affaire, née en dehors d'elle et au sujet de laquelle elle n'avait pas été consultée. Il est juste de reconnaître que le comte de Beust n'en plaida pas moins à Berlin la cause de la modération et, tout en protestant de ses intentions amicales vis-à-vis de la Prusse, revendiqua le rôle d'avocat de la paix.

Le gouvernement français s'étonna de la froideur de l'Autriche. Napoléon III oubliait ses anciennes injures, la guerre de 1859, la violation du traité de Zurich par l'Italie, son abstention dans l'affaire des duchés de l'Elbe, l'installation d'un Hohenzollern sur le trône de Roumanie, au détriment de l'extension de l'influence autrichienne sur le Danube, le traité du 8 avril 1866 entre la Prusse et l'Italie, conclu à l'instigation de l'Empereur, et son inaction après Sadowa.

Il est vrai que, lors des préliminaires de Nikolsbourg, l'Empereur était intervenu pour arrêter la marche des armées prussiennes sur Vienne et avait réussi à sauver l'intégrité du territoire allemand de l'Autriche. François-Joseph était reconnaissant de ce service, mais la France avait laissé s'affaiblir cette puissance militaire, dont l'Autriche avait ressenti, à ses dépens, les effets. La décadence de la France commençait à être soupçonnée et on ne s'allie qu'avec les forts.

Les Etats du Sud, le Wurtemberg et la Bavière, manifestaient leur embarras. Non seulement nous ne pouvions compter sur leur assistance, mais M. Varnbühler à Stuttgard et le comte de Bray à Munich nous avertissaient que, si la Prusse nous accusait avec vraisemblance d'être les agresseurs, ils seraient forcés, en vertu des traités d'alliance défensive de 1866, de marcher avec elle contre nous.

Aucun concours effectif ne pouvant être attendu de l'Europe, il ne restait plus qu'à s'adresser au roi de Prusse. Puisque M. de Thile se dérobait, puisque Bismarck était inaccessible, puisque la question Hohenzollern n'existait pas pour le gouvernement prussien, puisqu'il s'agissait d'une affaire de famille et non d'une affaire d'Etat, c'était au roi Guillaume qu'il fallait demander la solution du conflit. En conséquence, le duc de Gramont donna l'ordre à Benedetti de quitter Wildbad et de se rendre immédiatement à Ems.

Benedetti, voué aux tâches ingrates, rencontra à Coblentz un attaché du ministère des affaires étrangères, M. de Bourqueney, qui lui remit, de la part du duc de Gramont, une dépêche officielle et une lettre particulière. Dans ces deux documents, le premier plus mesuré, le second plus cassant, le ministre recommandait à l'ambassadeur de ne pas perdre de temps, de repousser toute échappatoire et d'exiger du roi le retrait de la candidature Hohenzollern ; « sinon, c'était la guerre ». Ni ambages, ni lenteurs, c'était un ultimatum à signifier au roi.

Un moment le duc de Gramont avait songé à s'adresser, à la rigueur, au prince de Hohenzollern, mais, sur l'observation de l'Empereur, blessé des procédés de cette famille, il enjoignit à Benedetti de s'en abstenir. Muni de ces instructions, Benedetti arrive à Ems, le 8 juillet, à onze heures du soir, et descend à l'hôtel de la ville de Bruxelles.

La tâche de l'ambassadeur n'était pas aisée. Le but principal à atteindre consistait à obtenir la renonciation de la candidature, d'où qu'elle vienne, sans compliquer la question d'honneur d'une question d'amour-propre. Ce but atteint, il convenait de se montrer accommodant sur les accessoires et de ménager les susceptibilités du roi. L'intérêt de la France était d'éviter un conflit et de terminer honorablement l'incident, sans attacher trop d'importance aux propos malveillants de la Prusse.

Le duc de Gramont avait incontestablement des visées plus hautes, mais le devoir de l'ambassadeur, mieux placé pour juger sainement les hommes et les choses, était de modérer les colères imprudentes de son chef. Il importait de ne pas sacrifier le fond à la forme et de bien se garder de rechercher l'humiliation du roi. Benedetti, aussi bien informé qu'excellent informateur, avait plus de sang-froid que le duc de Gramont; il connaissait mieux la Prusse et avait conscience des périls qu'une guerre risquait de faire courir à la France. Il résolut de traduire en langage diplomatique les exigences du ministre des affaires étrangères, qu'il trouvait, avec raison, excessives.

Les événements le servaient. Bismarck était toujours à Varzin et la reine Augusta, sympathique à la France, résidait à Coblentz, près d'Ems. L'éloignement du chancelier et le voisinage de la reine, son adversaire déclarée, étaient deux circonstances favorables à la paix.

Arrivé le 8 juillet pendant la nuit, Benedetti demandait et obtenait, par l'entremise de Werther, envoyé par le roi, une audience le 9 juillet, à 3 heures. Guillaume se montra très gracieux; il avait l'habitude de cette politesse redoutable dans les graves occasions. Benedetti exposa que la candidature Hohenzollern avait provoqué en France une vive agitation, mais que le gouvernement de l'Empereur était animé du plus sincère désir de clore honorablement l'incident. Il rappela qu'il était d'usage de ne désigner pour un trône étranger aucun membre des familles régnantes des grandes puissances de l'Europe, sans le consentement des autres, et que cette règle avait été appliquée en Belgique au duc de Nemours, en Grèce au prince Alfred d'Angleterre et au duc de Leuchtenberg et à Naples au prince Murat. Il termina en conjurant le roi de ramener le calme et la paix en détournant le prince Léopold d'accepter la couronne d'Espagne.

Le roi reconnut franchement qu'il n'avait pas ignoré les négociations entamées à Madrid, mais son attitude avait été purement passive ; il n'avait rien approuvé et s'était borné à ne pas entraver la décision du prince. Ici il trouva commode de se dédoubler. Il était à la fois chef de la famille Hohenzollern et roi de Prusse. Comme chef de famille, il avait laissé toute liberté d'action au prince Léopold; comme roi de Prusse, il n'avait pas plus à s'occuper de l'affaire que tout autre chef d'Etat de l'Europe.

Benedetti objecta que cette distinction, un peu subtile, serait mal comprise du public. Le roi, glissant sur l'objection, se refusa à exercer la moindre pression sur le peuple espagnol et insinua que le gouvernement de l'Empereur aurait plus de chances d'être écouté des Cortès, qui restaient libres de repousser la candidature. L'ambassadeur remontra respectueusement que la France serait mal venue à ne pas imiter vis-à-vis de l'Espagne la réserve de la Prusse et, s'adressant avec confiance au souverain, lui demanda d'interposer son autorité toute puissante dans une question, qui touchait de près la France, mais n'engageait ni l'honneur, ni les intérêts de la Prusse.

Le roi se plaignit que la négociation avait été rendue

difficile par le ton arrogant de la déclaration du duc de Gramont. Benedetti allégua l'intensité de l'émotion publique. Guillaume mit fin à l'entretien en répétant qu'il s'abstiendrait d'agir, par voie d'autorité, pour amener le retrait de l'acceptation, mais il ajouta qu'il laissait une entière liberté au prince Léopold et que, s'il lui convenait de renoncer à l'entreprise, ce n'est pas lui qui le désapprouverait. Il s'était, du reste, mis en rapport avec le prince Antoine, en ce moment à Sigmaringen. Il ne lui avait pas caché le mécontentement de la France et l'avait interpellé sur ses intentions et celles de son fils. Dès que la réponse, qui ne pouvait tarder, lui serait parvenue, il reprendrait avec fruit la conversation. L'audience était levée. Tout était réservé, mais rien n'était compromis. Guillaume, afin d'éviter toute apparence de mauvaise humeur, retint courtoisement l'ambassadeur à dîner.

Benedetti s'était tiré à son honneur et avec une modération, digne d'éloges, de son épineuse mission; il en rendait compte la nuit même à son ministre dans deux lettres, l'une officielle, l'autre confidentielle.

Il ne se prononce pas sur les intentions du roi, il ignore si sa prudence connue l'incline vers la paix ou s'il masque ses desseins jusqu'à l'heure de l'action. Benedetti cherche à calmer l'excitation de son chef, il espère qu'il sera approuvé de n'avoir rien brusqué et d'avoir consenti à l'ajournement; s'il n'avait pas déféré au désir du roi, sa présence à Ems aurait été considérée comme une provocation à une rupture. Il insiste pour recommander le calme et la modération; il fait part de l'irritation qu'a causée au roi la déclaration du 6 juillet et exprime le vœu que cet éclat reste isolé.

Dans cette difficile occurence, Benedetti avait agi en bon et fidèle serviteur de l'Etat. Le duc de Gramont reçut le 10 juillet le rapport de l'ambassadeur. Loin de l'apaiser, le langage de Guillaume l'exaspéra. Il voulait agir vite et mettre en cause la personne du roi. Il exigeait une réponse, non de Sigmaringen, mais d'Ems ou de Berlin, tandis que Guillaume n'entendait rien accorder de plus, et encore !

Gramont prescrivit, le 10 juillet, à Benedetti de réclamer une réponse décisive; sinon, la Prusse nous devancerait dans nos préparatifs de guerre. La journée ne pouvait s'achever sans les commencer. La guerre semblait imminente; l'Empereur ordonnait à Mac-Mahon, gouverneur de l'Algérie, de se tenir prêt à s'embarquer avec les troupes d'Afrique, destinées à opérer sur le continent.

Quand, le 10 juillet au soir, arriva la dépêche de Gramont, Benedetti n'avait reçu aucune communication du roi. Il sentait qu'à Paris on s'acheminait vers une rupture et, d'un autre côté, toute insistance nouvelle auprès du roi prendrait un caractère blessant. Il se confina dans son rôle de modérateur et envoya deux dépêches à Paris le 10 juillet à 8 heures et à 11 heures du soir. Il faisait remarquer que la guerre deviendrait inévitable si nous commencions ostensiblement nos préparatifs militaires et exhortait son chef à la patience. Il avait rencontré le roi, qui l'avait informé que le prince Léopold, en voyage dans les Alpes, n'avait pas encore rejoint son père à Sigmaringen. Néanmoins il avait obtenu une audience pour le lendemain, 11 juillet.

Les dépêches de Benedetti se croisèrent avec une lettre de Gramont, répétant qu'il ne pouvait attendre et que, si le roi ne conseillait pas au prince Léopold la renonciation, il mobiliserait 300.000 hommes. C'était la guerre et, dans quelques jours, nous serions sur le Rhin.

Dans la nuit du 10 au 11 juillet, nouvelle dépêche de Gramont, informant qu'il est débordé par l'opinion publique, qu'il compte les heures et qu'il exige pour le lendemain une réponse, affirmative ou négative ; après demain, il serait trop tard.

Le 11 juillet, l'agitation redoublait à Paris ; on se livrait aux commentaires les plus insensés ; le gouvernement demeurait passif et ne faisait rien pour arrêter l'affolement de la presse et de la rue. On criait impunément sur les boulevards : « A Berlin ! »

Un conseil fut tenu le 11 juillet à Saint-Cloud, dans la matinée, pour délibérer sur les préparatifs militaires, mais les télégrammes de Benedetti engagèrent les ministres à ajourner momentanément les projets de mobilisation. A la séance du Corps législatif, où se discutait le budget, le duc de Gramont parut à 2 heures 1/2 dans la salle. Il se borna à déclarer que le gouvernement attendait la réponse, de laquelle dépendraient ses résolutions, et espérait être promptement en mesure d'éclairer le Parlement. Sur une interruption de M. Emmanuel Arago, le duc de Gramont voulait préciser que l'incident Hohenzollern était seul en cause, mais la droite, qui désirait, le cas échéant, soulever d'autres discussions, telles que l'exécution du traité de Prague, provoqua un tumulte, de manière à empêcher le ministre de proférer une seule parole. Le Corps législatif reprit, au milieu de l'inattention générale, la discussion du budget. Les bonapartistes manifestaient leur impatience de tout délai ; tout atermoiement leur semblait un recul.

Le 11 juillet, Benedetti obtenait une seconde audience du roi. Connaissant les ressources formidables de la Prusse, il était animé d'un vif et patriotique désir d'assurer la paix. Il ne dissimula pas au roi la surexcitation du Corps législatif et de la population et lui représenta quels titres il acquerrait à la reconnaissance du monde en raffermissant la confiance ébranlée. Guillaume reprit, d'abord avec calme, ses arguments de l'avant-veille, taxa d'exagérées les inquiétudes répandues à Paris et répéta qu'il n'était intervenu que comme chef de famille et non comme chef d'Etat et qu'à tout prendre, le prince Léopold ne créerait aucun lien nouveau entre la Prusse et l'Espagne. Il conclut qu'il ne pouvait, sans déroger à sa dignité, interdire ce qu'il avait autorisé, que le prince Léopold demeurait maître de ses résolutions et qu'il n'y avait qu'à attendre le courrier de Sigmaringen, qu'il recevrait soit le soir, soit le lendemain, le prince Léopold n'étant pas encore de retour de son excursion dans les Alpes.

Benedetti insistant, conformément à ses instructions expresses, pour avoir une réponse immédiate, Guillaume s'impatienta et dit, d'un ton presque menaçant : « Votre insistance me donne vraiment lieu de croire que vous avez le dessein de provoquer un conflit. Je n'ignore pas les préparatifs qui se font à Paris et je ne dois pas vous cacher que je prends moi-même mes précautions pour n'être pas surpris. » Puis il se radoucit et termina l'entretien en assurant que la paix ne serait pas troublée, si on voulait attendre à Paris qu'il fût en mesure d'y contribuer utilement, en lui laissant le temps nécessaire. Benedetti alléguant l'impatience publique, le roi le congédia, sans mauvaise humeur, sur ces mots: « Télégraphiez à Paris que je compte recevoir ce soir ou demain la réponse du prince Léopold et que je m'empresserai de vous donner une réponse définitive. »

Benedetti informa son ministre que le roi voulait surtout éviter de prendre la responsabilité d'une retraite ou d'une concession, qui blesserait le sentiment national allemand, et préférait la rejeter sur le prince Antoine et sur son fils. En résumé, Guillaume penchait vers un dénouement pacifique, à condition de ne pas paraître y être mêlé et de s'incliner devant le fait accompli. La solution du conflit ne viendrait ni d'Ems, ni de Berlin, mais de Sigmaringen. Le gouvernement impérial, s'il désirait sincèrement éviter la guerre, devait se contenter du fond, c'est-à-dire de la renonciation, sans insister sur la forme.

Lorsqu'éclata le vif et profond mécontentement de M. Mercier de Lostende, Prim se trouva placé entre la crainte d'irriter la France et celle de s'attirer le courroux de la Prusse. Il répétait à notre ambassadeur qu'après tout, il était excusable. Croyant être agréable à l'Empereur, il avait travaillé à ruiner la candidature Montpensier et à écarter la République. Il n'avait accepté la candidature Hohenzollern qu'en désespoir de cause et avec la pensée qu'elle ne serait pas désagréable à l'Empereur, qui avait toujours témoigné un incontestable penchant pour les Sigmaringen, en raison de leur parenté avec les Beauharnais et les Murat, et avait grandement contribué à installer le frère cadet du prince Léopold sur le trône de Roumanie.

Prim avait fait agréer au Régent et au Conseil des ministres la combinaison Hohenzollern et envoya à Sigmaringen l'amiral Polo de Barnabé pour offrir officiellement, au nom du gouvernement espagnol, la candidature au prince Léopold. Puis il convoqua les Cortès pour le 20 juillet et le ministre des affaires étrangères, M. Sagasta, notifia aux agents espagnols, dans une circulaire publique, le nom du nouveau prétendant au trône d'Espagne. Le document était froid. Prim désirait sincèrement le retrait de la candidature. Le Régent Serrano manifestait des regrets, presque du repentir. Il nous invitait à nous adresser à Berlin, tandis qu'à Berlin on nous invitait à nous adresser à Madrid. L'Angleterre, l'Autriche et l'Italie multipliaient auprès du gouvernement espagnol leurs pressantes exhortations. En Espagne, l'opinion publique hésitait ; on n'était plus sûr de la majorité aux Cortès. L'ambassadeur d'Espagne à Paris, Olozaga, se montrait tout à fait dévoué à la France.

Malgré ses protestations de laisser pleine liberté à l'Espagne, en vertu du principe de la souveraineté des peuples, Napoléon III, moins passionné que son entourage, dépêcha secrètement à Serrano, le secrétaire d'ambassade, Bartholdi, envoyé à Paris par M. Mercier de Lostende pour prendre les ordres de l'Empereur, et lui donna la mission de demander au Régent, au nom de leur amitié, de faire une démarche auprès du prince Antoine de Hohenzollern, afin d'obtenir la renonciation de son fils. Après cette communication, Serrano se décida à intervenir personnellement à Sigmaringen, où il délégua son neveu, le général Lopez Dominguez, avec le mandat de solliciter le retrait de la candidature du prince Léopold.

Le prince Antoine s'était ému du bruit, provoqué par l'ambition de son fils. Il n'avait certainement pas prévu un pareil orage. La France semblait prête à déclarer la guerre, l'Espagne s'était bien attiédie et la réserve de la Prusse ne le rassurait pas. Il se souvenait que c'était la France qui avait contribué à mettre son fils Charles sur le trône de Roumanie. L'existence de l'état de Danubien ne serait-elle pas compromise, si la protection de Napoléon se transformait en hostilité ?

Grâce à l'intervention d'Olozaga, partisan zélé de la paix, l'agent de Roumanie à Paris, Straat, pressentit l'Empereur, qui répondit qu'en cas de conflit, il serait de bonne guerre pour la France d'aider au renversement du prince Charles, mais qu'il continuerait à la Roumanie son appui, si le danger était écarté. Straat terrifié informa son maître et partit précipitamment pour Sigmaringen.

En somme, le roi Guillaume voulait la paix et désirait clore l'incident. Le 10 juillet, il avait envoyé, par le colonel Stranz, une lettre au prince Antoine pour l'informer qu'en qualité de chef de famille, il approuverait le désistement, comme il avait approuvé l'acceptation. La reine Olga de Wurtemberg annonçait à notre chargé d'affaires, M. de St-Vallier, que le roi de Prusse détournait le prince Antoine de l'aventure espagnole. Guillaume lui-même écrivait à la reine Augusta à Coblentz qu'il ne prendrait aucune initiative, mais qu'il apprendrait *avec joie* le retrait de la candidature. Il insinuait cette solution au prince Antoine et se plaignait de n'être pas compris, comme en fait foi ce billet à la reine : « Dieu veuille que les Hohenzollern aient une bonne compréhension ! »

Quatre négociations, formant faisceau, étaient engagées dans le but d'apaiser le conflit — l'une auprès de Serrano par Bartholdi — l'autre auprès du prince Antoine par Straat et Olozaga — une troisième auprès du prince Antoine par le colonel Stranz — une quatrième par Benedetti à Ems — sans compter l'action des puissances, tant à Berlin qu'à Madrid.

Le 11 juillet, à 6 heures du soir, le duc de Gramont, de plus en plus impatient, reprochait à Benedetti sa mollesse, lui envoyait à Ems un second attaché, M. le comte Daru, lui enjoignait d'accentuer son langage et demandait que le roi interdît au prince Léopold de persister dans sa candidature. L'absence d'une réponse décisive immédiate serait considérée comme un refus.

Pourtant, dans cette première négociation, Benedetti s'était montré ferme, sans blesser le roi, et avait eu le rare mérite d'adoucir les instructions excessives de son chef, sans rien céder de nos légitimes réclamations. Elle restera, M. Emile Ollivier le reconnaît lui-même, une des bonnes pages de notre histoire diplomatique. Malgré l'opposition de Bismarck, le roi avait traité avec Benedetti et Werther allait reprendre son poste à Paris.

Le 12 juillet, par une faveur suprême, que la fortune réservait une dernière fois à la France, la réponse arrivait à Paris, non de Berlin ou d'Ems, mais de Sigmaringen.

Troublé par les instances de Straat, inquiet des nouvelles du roi, dont il connaissait les désirs secrets de paix, bien qu'il affectât de respecter sa liberté d'action, le prince Antoine n'était plus retenu que par la crainte de manquer à ses engagements envers Prim et surtout envers Bismarck.

Straat certifia que l'Empereur Napoléon voulait sincèrement la paix et traça le plus sombre tableau des difficultés insurmontables que rencontrerait en Espagne le prince Léopold, courant au devant d'une catastrophe, qui lui coûterait la couronne et peut-être la vie. Il termina en signalant à la sollicitude paternelle du prince Antoine la situation de son fils Charles en Roumanie, dont le trône, désormais assuré, serait ébranlé et compromis par la poursuite d'une royauté éphémère en Espagne.

La mère du jeune prince, effrayée par ces pronostics, se joignit à Straat pour peser sur la détermination de son mari. Après avoir lutté plusieurs jours, il finit par se rendre et dut imposer sa volonté au prince Léopold et à la princesse Antonia, qui persistèrent jusqu'au dernier moment dans leur résistance et ne cédèrent que devant l'autorité paternelle.

Le prince Antoine, dès qu'il eût pris son parti, convaincu qu'il était conforme aux vœux du roi, s'empressa de télégraphier au maréchal Prim qu'en raison des complications que rencontrait la candidature de son fils, il retirait, en son nom, son acceptation.

L'arrivée du colonel Stranz ne put que confirmer la résolution du prince Antoine. Stranz et Straat quittèrent ensemble Sigmaringen, le premier retournant à Ems avec une lettre du prince expliquant au roi les motifs de sa détermination, le second apportant à Olozaga à Paris l'original de la renonciation.

Le général Lopez Dominguez, surpris en cours de route par cette nouvelle, n'avait plus besoin de continuer son voyage. Il repartit pour Madrid avec l'amiral Polo de Barnabé, arrivé depuis plusieurs jours à Sigmaringen, porteur d'une lettre officielle de Prim, offrant la couronne au prince Léopold.

La première phase de l'incident Hohenzollern était terminée par la dépêche du prince Antoine. Le prétendant se retirait devant nos menaces plus patriotiques que diplomatiques. L'Espagne avait redouté de perdre notre amitié et, en somme, la Prusse cédait. Le roi Guillaume s'était montré plus rusé que fier et abandonnait la partie. Pour couvrir sa retraite, sauvegarder sa dignité et ménager les susceptibilités de l'amour-propre national, il voulait qu'il fût entendu que la concession ne venait pas de Berlin. Sous la pression morale de l'Europe, la Prusse avait reculé sous le nom de Sigmaringen, mais, après tout, les Sigmaringen étaient des Hohenzollern. Aurions-nous la sagesse de nous contenter de ce succès diplomatique et de ne pas compromettre notre victoire par des exigences exagérées et intempestives ? Le vieux Guizot déclarait que nous avions été plus heureux que sages et s'écriait : « Ces gens-là ont vraiment un bonheur insolent ; c'est la plus belle victoire diplomatique que j'aie vue de ma vie ». M. Thiers reconnaissait de son côté que « nous sortions d'embarras par un triomphe et que Sadowa était presque réparé ».

Bismarck attendait impatiemment à Varzin l'explosion de la mine qu'il avait préparée. Tenu au courant par le conseiller secret Abeken, il apprenait avec un mécontentement mêlé d'inquiétude, les dispositions conciliantes de Guillaume, qui risquaient d'amener l'effondrement du plan astucieux, qu'il avait conçu. Il attribuait les concessions du roi à l'influence de sa vieille ennemie, la reine Augusta. Pourtant, il se croyait sûr des princes de Hohenzollern, qui ne consentiraient pas à revenir sur leurs engagements.

La mission de Benedetti à Ems le troublait et il avait écrit au roi : « Je prie Votre Majesté de ne pas traiter avec Benedetti et s'il devient pressant, de lui répondre : « Mon ministre des affaires étrangères est à Varzin ».

Voyant que le roi ne tenait pas un compte suffisant de ses avertissements, peu satisfait de la tournure des négociations, il manda à Guillaume que sa santé lui permettait de voyager et qu'il était prêt à se rendre à Ems avec l'agrément du roi. Sur une réponse favorable, il se mit en route, le 12 juillet, accompagné de Keudell, avec l'intention d'aller à Berlin puis à Ems, se promettant de mettre fin brutalement aux pourparlers entamés.

Arrivé à Berlin à 6 heures du soir, il comptait repartir pour Ems à 9 heures, lorsqu'il apprit la renonciation du prince de Hohenzollern. Il demeura consterné, et s'indigna contre la pusillanimité du prince Antoine, qu'il considérait comme une véritable trahison. L'échafaudage, qu'il avait péniblement édifié, s'écroulait. Il subissait une défaite, insupportable à son incommensurable orgueil. Sa première pensée fut de donner avec éclat sa démission et de rentrer immédiatement à Varzin.

Après réflexion, il se contenta de renoncer au voyage d'Ems et envoya au roi le comte Eulenbourg, ministre de l'Intérieur, chargé de porter sa lettre de menace de démission et précédé d'un télégramme annonçant sa résolution.

La dépêche de Sigmaringen avait été expédiée en double le 12 juillet au maréchal Prim, à Madrid, et à l'ambassadeur Olozaga, à Paris. A 2 h. 10, M. Emile Ollivier connut la nouvelle par une information du ministre de l'Intérieur, M. Chevandier de Valdrome, qui lui adressa la copie de la dépêche, communiquée par l'administration des postes. M. Emile Ollivier y vit une renonciation déguisée, mais réelle, de la Prusse et le gage de la paix. Il se rendit au Palais-Bourbon ; à peine arrivé, il est rejoint par Olozaga, qui lui confirme la dépêche. Radieux, il s'empresse de transmettre à ses collègues le télégramme, qui passe de mains en mains, dans les couloirs de la Chambre. M. Thiers survenant, M. Emile Ollivier résume l'information et ajoute : « Nous avons ce que nous désirons ». M. Thiers l'invite à la sagesse. « Soyez tranquille, répond le garde des sceaux, nous avons la paix, nous ne la laisserons pas échapper ».

Apercevant au Palais-Bourbon, M. Léonce Détroyat, rédacteur en chef de « La Liberté », il le conjure de modérer l'ardeur guerrière de son oncle et collaborateur, Emile de Girardin.

Il eût été à la fois plus correct et plus habile de ne rien divulguer, avant d'avoir reçu les dépêches de Benedetti, ou, tout au moins, avant d'avoir prévenu le ministre des affaires étrangères, qui ignorait le désistement du prince Léopold, alors que, par suite de l'indiscrétion de M. Emile Ollivier, tout le monde le connaissait. Ce n'est pas avec une pareille précipitation et sans concert préalade avec l'Empereur et les ministres que la nouvelle devait être communiquée au Parlement.

Le garde des sceaux s'était laissé emporter par son premier mouvement, tellement il était satisfait d'avoir obtenu la paix, qu'il souhaitait. Peut-être aussi espérait-il enterrer l'affaire, en forçant la main au duc de Gramont et en mettant en déroute le parti autoritaire.

L'effet de la dépêche de Sigmaringen fut d'abord excellent. Mais la première impression passée, les Bonapartistes se ressaisirent. On blâma, non sans raison, la divulgation précipitée du télégramme, puis on l'examina, on le retourna en tous sens, on épilogua, on critiqua. Il ne faisait mention ni de la Prusse, ni de la France, ni du roi Guillaume, ni même du prince Léopold. L'expéditeur était un Allemand, le destinataire un espagnol. Ce n'était même qu'une copie, envoyée à Olozaga et officieusement communiquée par lui. Olozaga était-il seulement autorisé par le gouvernement espagnol ? On se mit à déclamer contre ce document et bientôt on n'eut plus assez de mépris pour « la dépêche du père Antoine ». Le mot fit fortune et fut partout répété.

L'extrême droite avait donné l'élan et entraîna la droite et une partie du centre. Le chauvinisme était déchaîné.

Clément Duvernois, ancien favori de l'Empereur, personnage surfait, destiné, après la chute de l'Empire, à rentrer dans le néant, avait d'abord approuvé le mouvement libéral, qui aboutit au cabinet du 2 janvier. Son nom figura, pendant quelques heures, sur la liste ministérielle, mais il fut écarté à cause de son peu de surface et de son esprit turbulent et brouillon. Le ministère avait même obtenu que l'Empereur cessât toutes relations avec lui, mais son ancienne intimité avec le souverain le désignait à la confiance des bonapartistes autoritaires. Aigri par sa disgrâce, il se rallia à ce parti.

Il convoqua ses collègues dans un bureau de la Chambre et en sortit en demandant à interpeller le cabinet « sur les garanties qu'il a stipulées ou qu'il compte stipuler pour éviter le retour de complications ultérieures avec la Prusse ». Pour la première fois, le mot de « garanties » fut prononcé. C'était le début de la seconde phase du conflit. Qu'allait faire le gouvernement ? Chercherait-il à maîtriser l'opinion ou se laisserait-il remorquer par elle ?

Le 12 juillet, à 1 heure 1/2, le duc de Gramont, qui ignorait, à ce moment, la dépêche de Sigmaringen, avait envoyé du quai d'Orsay à Benedetti des instructions, pleines d'une sagesse un peu tardive: « Employez votre habileté, je dirai même votre adresse, à constater que la renonciation du prince de Hohenzollern vous est *annoncée, communiquée* ou *transmise* par le roi de Prusse ou son gouvernement. C'est pour nous de la plus grande importance. La participation du roi, doit, à tout prix, être consentie par lui ou résulter des faits d'une manière *saisissable* ». Cette *participation saisissable* pouvait dériver, à toute rigueur, de l'approbation, que le monarque donnerait au désistement. Qu'elle se produisît sous une forme plus ou moins empressée, plus ou moins explicite, la chose importait peu, à moins qu'on ne voulût sacrifier le fond à la forme. L'œuvre d'apaisement n'était pas encore compromise, car Benedetti avait laissé entendre qu'il obtiendrait, sans de trop grandes difficultés, la solution, telle qu'elle était formulée par le duc de Gramont.

Mais il fallait contenir les impatients du Corps législatif et s'interdire toute communication aux Chambres, avant la réponse de notre ambassadeur. A aucun prix, l'affaire ne devait sortir du secret diplomatique pour être portée devant le public et agitée dans la rue.

Le cabinet, se sentant peu soutenu par la Cour, attentive à ne pas déplaire au vieux parti bonapartiste, laissa l'agitation continuer. L'imprudente attitude de la droite avait abouti à l'interpellation Clément Duvernois et la périlleuse demande de garanties commençait à prendre corps.

La demande de garanties

Le 12 juillet, vers 2 heures 1/2, le duc de Gramont reçut au quai d'Orsay la copie de la dépêche du prince Antoine, communiquée par le ministre de l'Intérieur, M. Chevandier de Valdrome. Il n'avait pas éprouvé le même soulagement que M. Emile Ollivier et restait préoccupé. Peu après, l'ambassadeur prussien, Werther, arrivé d'Ems le matin même, se faisait annoncer. Au même instant se présentait Olozaga, porteur d'un message urgent. Werther céda courtoisement la place à l'ambassadeur espagnol, qui notifia au ministre des affaires étrangères l'importante dépêche, divulguée par M. Emile Ollivier. Le duc de Gramont, peut-être froissé par l'incorrection du garde des sceaux, ne manifesta pas la même satisfaction que lui. Averti de l'effet médiocre de la dépêche sur le Corps législatif, inquiet de la manière dont elle était interprétée par Clément Duvernois, il laissa percer sa mauvaise humeur, remarqua que l'intervention et le nom même de la Prusse ne figuraient pas dans le texte et répondit aux félicitations d'Olozaga en émettant l'avis que ce désistement incomplet pourrait être une complication de plus.

Après le départ d'Olozaga, déçu et déconcerté par l'accueil du ministre, l'entretien avec Werther commença. Le duc de Gramont, qui l'avait beaucoup connu à Vienne, récapitula ses griefs. Le roi, en autorisant la candidature Hohenzollern, sans entente préalable avec le gouvernement impérial, avait blessé la France, d'autant plus sensible à l'injure qu'elle avait toujours observé vis-à-vis de la Prusse les plus grands égards.

Werther allégua que le roi ne pouvait s'opposer au désir du prince Léopold, ni prévoir l'hostilité de la France à la candidature d'un allié de la famille Beauharnais, frère du prince Charles de Roumanie, protégé de l'Empereur.

Le duc insinua que le désistement du prince avait été suggéré par le roi. Mais l'ambassadeur se tenait sur ses gardes et répondit que le prince avait conservé toute sa liberté d'action et que le roi était étranger à sa résolution toute spontanée. Néanmoins, Werther protesta, au nom de son maître, contre toute intention de blesser l'Empereur ou de froisser le sentiment national. Cette assurance répétée inspira au duc de Gramont, qui ne pouvait obtenir l'aveu de la participation du roi au désistement, l'idée singulière et peu diplomatique d'imaginer que, pour mettre fin au malentendu qui divisait les deux pays, le roi Guillaume adresserait à l'Empereur une lettre par laquelle il s'associerait à la renonciation du prince de Hohenzollern, affirmerait qu'il n'avait pas l'intention de porter atteinte aux intérêts et à la dignité de la nation française et exprimerait son désir de faire disparaître toute trace de mésintelligence. Werther écouta, sans mot dire, cette étrange proposition. Encouragé par ce silence, Gramont développa son plan et eut la naïveté, comme autrefois Benedetti dans la négociation de l'affaire belge, de rédiger le brouillon de la lettre, que devait écrire le roi Guillaume, et d'en laisser entre les mains de l'ambassadeur prussien la copie, pour servir de memento. L'aveuglement du duc de Gramont n'est guère compréhensible. Sa combinaison semblait aussi ingénue que présomptueuse. Il n'était pas raisonnable d'espérer que la Prusse, si arrogante et si hautaine, s'humilierait par une sorte d'amende honorable.

M. Emile Ollivier, venant du Palais-Bourbon, arriva sur ces entrefaites, vers 3 heures 1/2. Un peu inquiet de la réaction qui s'était produite au Corps législatif, conscient peut-être de l'incorrection de son procédé vis-à-vis de son collègue, très sincèrement désireux de l'apaisement, il s'empressa d'approuver, sans examen, tout ce qu'avait fait le duc de Gramont.

Werther était assez perspicace pour saisir la contradiction, qui commençait à se manifester entre les deux ministres. L'un, M. Emile Ollivier, était partisan de la paix et avait cherché, par une nouvelle prématurément répandue, à l'imposer à son collègue;

l'autre, le duc de Gramont, ayant vécu dans les ambassades loin de son pays, héritier de traditions de gloire et de fierté, voulait relever le prestige de la France et n'entendait pas plier devant Bismarck. Werther, renfermé et silencieux, ne souleva aucune objection, ne laissa rien deviner de ses impressions et prit congé, vers 4 heures, pour rédiger son rapport.

Le duc de Gramont négligea d'instruire Benedetti de cette conversation suggestive avec l'ambassadeur prussien. Ce fut une nouvelle faute.

Les deux ministres se séparèrent après être convenu qu'aucune résolution ne serait prise avant le conseil du lendemain.

L'affaire se compliquait, comme l'avait annoncé le duc de Gramont à Olozaga, mais elle se compliquait uniquement par l'imprudence du ministre des affaires étrangères. Le conflit, au point où nous en sommes, paraissait incontestablement plus facile à dénouer qu'en 1867, lors de la question du Luxembourg. Mais où était le marquis de Moustier ? où était le maréchal Niel ? et par qui avaient-ils été remplacés ? Le maréchal Le Bœuf se montra aussi incapable de préparer la guerre que le duc de Gramont de la conjurer.

La France se trouvait livrée à des courants contraires. Les sages étaient pacifiques et acceptaient tel quel le désistement. Les préfets, interrogés par le ministre de l'Intérieur sur les sentiments de la population, répondaient en transmettant un désir presque unanime de paix. Le désistement serait partout accueilli avec joie. Mais, à Paris, le parti de la guerre faisait des progrès. Après le départ de M. Emile Ollivier, le tumulte avait continué au Palais-Bourbon. Quelques députés se figuraient, quoique à tort, que M. Clément Duvernois avait conservé la confiance de l'Empereur et qu'en interpellant, il obéissait à ses secrètes instructions. Les pacifiques, effrayés et déconcertés, formaient pourtant encore la majorité ; ils supplièrent M. Thiers de prendre l'initiative, devant laquelle ils reculaient.

M. Thiers suivait avec stupeur la marche ascendante de la déraison publique. Il entraîna dans un bureau de la Chambre plusieurs ministres, MM. Mège, Maurice Richard, Segris et Chevandier de Valdrome, et leur remontra les dangers des nouvelles exigences, qui transformaient la France en agresseur et risquaient de compromettre la dynastie et le pays. Les ministres furent émus. MM. Mège et Maurice Richard écoutèrent en silence ; mais MM. Segris et Chevandier de Valdrome promirent de s'employer pour le maintien de la paix.

Les journaux du soir redoublèrent leurs invectives et leurs rodomontades ; partout, sur les boulevards, « la dépêche du père Antoine » était bafouée.

Vers 5 heures, le duc de Gramont quittait Paris pour aller prendre à Saint-Cloud les ordres de l'Empereur. Ce souverain malade, affaissé, à l'œil éteint, à la volonté vacillante, souhaitait sincèrement la paix. Il redoutait de s'engager dans une guerre dont, mieux informé que son entourage, il soupçonnait les périls. Le 10 juillet, il avait dit à Vimercati, envoyé de Victor-Emmanuel : « Si la Prusse, dont j'attends la réponse, renonce à la candidature, *n'importe sous quelle forme*, il n'y aura pas de guerre ».

Dans la journée du 12 juillet, l'Empereur était venu aux Tuileries. Dans la matinée, il présida un Conseil des ministres, à la suite duquel le duc de Gramont avait expédié sa dépêche conciliante, et il apprit, par une communication d'Olozaga, qui demanda le secret, que Straat avait télégraphié de Sigmaringen, dès le 11 juillet au soir, par une dépêche chiffrée, que le prince Antoine était disposé à la renonciation.

Vers 3 heures, il manda M. Emile Ollivier et lui parut satisfait de la solution pacifique de l'incident, bien que préoccupé de l'opinion publique. Il lui confirma que le désistement était dû à l'initiative d'Olozaga, qui avait agi à l'insu de Prim, mais avec l'autorisation de l'Empereur, et blâma l'interpellation Duvernois. Au même moment, il fit appeler Nigra, le ministre d'Italie, et lui dit : « C'est la paix. Je n'ai pas le temps d'écrire au roi. Télégraphiez la nouvelle à votre gouvernement. L'opinion publique est surexcitée et aurait préféré la guerre, mais la renonciation est une solution satisfaisante ». Sur cette assurance, Victor-Emmanuel, qui était revenu à Florence, retourna chasser dans la montagne.

Rencontrant le général Bourbaki dans l'antichambre, l'Empereur l'interpella : « Vous n'avez pas besoin de préparer vos équipages de guerre ; le désistement du prince Antoine efface toute cause de conflit ».

Il quitta M. Emile Ollivier sur ces dispositions pacifiques et il fut convenu que le Conseil des ministres serait convoqué pour le lendemain 13 juillet, à Saint-Cloud, à 9 heures du matin, afin de prendre une résolution définitive et de rédiger une déclaration aux Chambres. Napoléon voit ensuite le maréchal Le Bœuf, auquel il tient les mêmes propos. Le maréchal, rentré au ministère de la guerre, annonce que la paix est maintenue et prescrit d'arrêter les dépenses. Mac-Mahon est informé de suspendre l'embarquement des troupes d'Afrique. L'Empereur paraissait fermement décidé à se contenter du retrait de la candidature et ne fit aucune allusion à des garanties à exiger du roi de Prusse.

Pourquoi l'Empereur n'est-il pas resté, à cet instant, à Paris, pour recevoir ses ministres, leur signifier sa volonté et informer Benedetti de l'acceptation pure et simple du désistement? La paix eût été assurée.

Malheureusement l'Empereur rentra à Saint-Cloud et se trouva transporté dans un milieu affolé. Bourbaki, très ému, prodiguait les promesses de victoire et menaçait de briser son épée. L'Impératrice, passionnée jusqu'à l'exaltation, vaillante jusqu'à l'héroïsme, comme les femmes de sa race, accueillit l'Empereur avec une extraordinaire vivacité. Aux premiers mots de paix, elle répliqua que le pays ne serait pas satisfait et que l'Empire était perdu. « C'est une honte, dit-elle, l'Empire va tomber en quenouille ».

Sur ces entrefaites, on annonça le duc de Gramont, qui n'avait pas rencontré l'Empereur aux Tuileries. L'entretien du souverain et de son ministre des affaires étrangères dura une heure. A 7 heures, le duc de Gramont rentrait au quai d'Orsay et rédigeait un télégramme à Benedetti.

Depuis que la dépêche du prince Antoine était connue, Napoléon n'avait pas réuni ses ministres. A Saint-Cloud, aucun n'était convoqué et n'assista à l'entretien avec le duc de Gramont. Quels sont les personnages qui ont pris part à ce conciliabule? Leurs noms n'ont pas été révélés; on a soupçonné, sans certitude, Rouher, son gendre, La Valette, et Jérôme David, ancien aide de camp du prince Napoléon, familier du palais, tous partisans de l'Empire autoritaire et de la guerre. Le duc de Gramont regrettait l'interpellation Duvernois, mais croyait nécessaire de donner une satisfaction au sentiment public. L'action prépondérante à Saint-Cloud fut incontestablement celle de l'Impératrice. Elle eut raison des velléités pacifiques de l'Empereur. On lui a attribué ce mot terrible : « C'est ma guerre ».

L'Impératrice Eugénie, que sa naissance et sa condition ne désignaient pas pour le trône, ne songea guère, au début de son mariage, à s'occuper de politique et se confina dans son brillant rôle mondain. Elle ne devait pas conserver longtemps cette réserve. Le clergé chercha en elle un appui pour combattre l'influence libre-penseuse et italienne du prince Napoléon. En 1856, la naissance du prince impérial accrut sa situation, sinon son crédit. Le prince Napoléon, relégué du rang d'héritier présomptif au rang d'héritier éventuel, mena activement l'intrigue italienne, qui aboutit, malgré l'opposition de l'Impératrice, dévouée au Pape, à la guerre de 1859. Epouse irréprochable, l'Impératrice, souvent offensée par les fréquentes infidélités de l'Empereur, était excitée à la lutte par le désir de revendiquer ses droits de femme légitime contre les aventurières italiennes, telle qu'une comtesse de Castiglione, déléguées par Victor-Emmanuel et Cavour pour exercer l'empire de leurs charmes sur un souverain, trop sensible à la beauté.

Vaincue par tant d'influences diverses, abandonnée même par le plus ancien de ses amis, Prosper Mérimée, l'Impératrice devait succomber dans cette lutte inégale.

Elle ne se résigna pas à sa défaite, en garda rancune et manifesta ses préférences pour l'Autriche, tandis que l'Empereur, fidèle aux haines traditionnelles de sa famille, ne dissimulait pas ses sympathies pour la Prusse.

Dès 1865, la santé de Napoléon III s'altéra. L'Impératrice avait alors 39 ans et le prince impérial 9 ans. Aux désirs de succès mondains succédèrent les préoccupations maternelles. L'Empereur, sérieusement atteint, pouvait mourir. L'Impératrice était désignée pour la régence, exercée par elle pendant la guerre d'Italie et le voyage d'Algérie et dévolue par testament de l'Empereur.

A partir de cette époque, il y eut un parti de l'Impératrice. L'entente avec le duc de Gramont était naturelle, ils se trouvaient rapprochés par leurs sentiments communs d'affection pour l'Autriche et de haine pour la Prusse.

La politique catholique et autrichienne de l'Impératrice constituait vraiment une politique nationale. Malheureusement elle échoua avec le duc de Gramont en 1866, comme avec le comte Waleski en 1859. Chaque fois, l'influence du Palais royal prévalut.

La bataille de Sadowa avait désespéré le duc de Gramont et épouvanté l'Impératrice. L'arrogance et les agressions de la Prusse devenaient intolérables pour leur fierté. L'Impératrice répétait que son fils ne règnerait pas, si Sadowa n'était pas vengé.

La souveraine et son parti voyaient dans les concessions libérales un affaiblissement, non seulement pour l'autorité de l'Empereur, mais aussi pour la prospérité du pays. Le succès récent du plébiscite fut interprété, moins comme une ratification de l'Empire libéral, que comme un hommage à la personne de l'Empereur.

Les événements prouvèrent que l'Impératrice n'avait eu que trop raison en soutenant, en 1859 et en 1866, le comte Waleski et le duc de Gramont contre le prince Napoléon.

Après Sadowa, elle n'avait pas osé encourager le maréchal Randon et Drouyn de Lhuys contre Rouher et la Valette, dans la crainte d'une guerre. Mais, en

1870, elle était plus résolue et appuya énergiquement le duc de Gramont dans son projet d'exiger de la Prusse des garanties contre la reprise éventuelle de la candidature Hohenzollern. Benedetti n'avait pas dissimulé que la Prusse refuserait. C'était donc la guerre. L'Impératrice et le duc de Gramont s'y décidèrent, entièrement rassurés et aveuglés par l'attitude confiante du maréchal Le Bœuf, qui se déclarait prêt à tout événement.

Depuis la mission du général Lebrun, l'Empereur était beaucoup plus sceptique et se rendait compte des difficultés. Il voulait sincèrement la paix. Il est permis de reprocher à l'Impératrice, moins bien informée, d'avoir manqué de déférence envers l'Empereur, d'avoir séparé les intérêts du père de ceux du fils et de l'avoir entraîné imprudemment dans une guerre, dont elle était incapable de mesurer toutes les conséquences.

La fatalité s'abattait sur Napoléon III, si souvent autrefois l'enfant gâté de la fortune. En repoussant, en 1859 et en 1866, les conseils de l'Impératrice, il avait commencé sa ruine ; en les écoutant en 1870, il la consomma.

La résolution, prise à Saint-Cloud, en dehors de M. Emile Ollivier et de ses collègues, fut de demander au roi Guillaume de s'associer à la renonciation et de prendre l'engagement que la candidature, abandonnée dans le présent, ne serait jamais autorisée dans l'avenir. C'était marcher à la remorque des violents du Corps législatif et des enragés de la presse et de la rue. C'était manquer à la fois d'intelligence et de sang-froid.

A partir de cette détermination fatale, les fautes s'accumulent et on entend gronder l'orage. C'est le cas de répéter le vieux proverbe : « Quos vult perdere Jupiter dementat prius », « Dieu commence à aveugler ceux qu'il veut perdre. »

Le 12 juillet, à 7 heures du soir, le duc de Gramont, rentré au quai d'Orsay, télégraphie à Benedetti que, « pour que la renonciation du prince Antoine, au nom de son fils Léopold, communiquée par l'ambassade d'Espagne, produisît tout son effet, il était nécessaire que le roi de Prusse s'y associât en donnant l'assurance qu'il n'autoriserait pas de nouveau cette candidature. » Cette déclaration du roi de Prusse devenait indispensable pour calmer les esprits, que la renonciation était impuissante à apaiser.

Le parti de la guerre, auquel se ralliait complètement le duc de Gramont, l'emportait définitivement sur le ministère du 2 janvier, favorable à la paix. Afin de maintenir le ministre des affaires étrangères dans la note belliqueuse, l'Empereur, de plus en plus docile à l'influence de l'Impératrice et excité par MM. Jérôme David et Granier de Cassagnac, expédiait, à 9 heures du soir, de Saint-Cloud, une lettre au duc de Gramont pour lui recommander d'accentuer sa dépêche à Benedetti et résumait la question dans les termes suivants :

1º Nous avons affaire avec la Prusse et non avec l'Espagne.

2º La dépêche « du père Antoine », adressée à Prim, n'est pas pour nous un document officiel.

3º C'est le prince Léopold qui a accepté la candidature, c'est son père qui y renonce.

4º Benedetti doit exiger du roi la promesse que le prince Léopold, qui n'est pas engagé, ne partira pas pour l'Espagne, comme son frère Charles est parti autrefois pour la Roumanie.

5º Sans communication officielle d'Ems, nous considérons que nos demandes sont restées sans réponse.

6° En attendant la réponse, nous continuerons les armements.

7° Impossible de faire une communication aux Chambres sans être mieux renseignés.

Si M. Emile Ollivier avait commis une imprudence en divulguant prématurément la dépêche de Sigmaringen, il en était cruellement puni par le désaveu de l'Empereur. Napoléon, pacifique à Paris, avait été complètement retourné en deux heures et était devenu belliqueux à Saint-Cloud. Une dernière fois, l'Empereur usait du pouvoir personnel et conspirait contre ses ministres.

L'agitation se propageait sur les boulevards; on y criait « A Berlin », on y chantait la *Marseillaise*, sans que la police songeât à intervenir. Le ministre de l'Intérieur, M. Chevandier de Valdrome, était pourtant, à ce moment, partisan de la paix, mais le Préfet de police, un Corse, Piétri, obéissait plutôt à l'Empereur et à ceux qui le dominaient qu'aux ministres.

Dans la soirée du 12 juillet, M. Emile Ollivier se rendit au quai d'Orsay et apprit du duc de Gramont la teneur de la dépêche qu'il venait d'envoyer à Benedetti, par ordre de l'Empereur et à l'insu du Conseil des ministres, convoqué pour le lendemain. Le garde des sceaux fut atterré, il ne cacha à son collègue ni sa surprise, ni son mécontentement, ni ses inquiétudes. Il essaya pourtant d'atténuer, au moins dans la forme, les exigences du gouvernement et, à sa sollicitation, une nouvelle dépêche fut expédiée à minuit à Benedetti. Elle ne modifiait pas le fond des précédentes instructions, mais elle se terminait par un appel pacifique : « Dites bien à M. de Bismarck et au roi que nous ne cherchons pas un prétexte de guerre et que nous ne demandons qu'à sortir honorable-

ment d'une difficulté, que nous n'avons pas créée. »
Ménagements tardifs ! regrets superflus ! Cette dépêche « in-extremis » ne devait, du reste, parvenir à l'ambassadeur qu'après son dernier entretien avec le roi.

Atteint en plein cœur, M. Emile Ollivier rentra au milieu de la nuit, au ministère de la justice ; il y trouva Robert Mitchell, ne lui dit rien de la demande des garanties et le pria, au contraire, d'insérer dans « le Constitutionnel » un article annonçant que le gouvernement était satisfait et le conflit terminé.

Après une nuit agitée, M. Emile Ollivier, bouleversé par l'idée d'une guerre imminente, eut la velléité de protester contre l'acte personnel et arbitraire de l'Empereur par l'envoi de sa démission. Il ne céda pas à ce premier mouvement et, après bien des hésitations, se résigna à rester à son poste, déterminé à tenter un suprême effort en faveur de la paix.

Le 13 juillet 1870

La journée du 13 juillet 1870, qui décida la guerre, fut une des plus tragiques de l'histoire de France. Elle se déroula sur trois scènes différentes — à Ems, rupture des négociations — à Paris, derniers espoirs de paix — à Berlin, précipitation du dénouement par une audacieuse imposture.

A Ems

Benedetti avait vainement attendu le 12 Juillet une approbation du désistement. Le roi s'était borné à l'informer qu'il aurait le lendemain des nouvelles positives. Guillaume était pourtant en possession, par l'entremise du colonel Stranz, de la dépêche du prince Antoine, qu'Olozaga avait reçue à Paris à midi. Il écrivait même à la reine Augusta: « Cela m'ôte une pierre du cœur; mais tais-toi vis-à-vis de tout le monde, afin que la nouvelle ne vienne pas d'abord de nous et moi je n'en dis rien à Benedetti, jusqu'à ce que nous ayons demain par Stranz la lettre entre les mains. Il est aussi maintenant d'autant plus important que tu accentues aujourd'hui encore à dessein que je laisse tout aux Hohenzollern en ce qui touche la décision à prendre, comme je l'ai fait pour l'acceptation ».

Le roi ne s'empressait pas de communiquer à notre ambassadeur une renonciation, à laquelle il tenait, par amour-propre, à rester étranger et dont il ne voulait pas accepter, en apparence, la responsabilité.

Déjà se répandait partout le bruit du désistement. Or, le roi avait formellement déclaré que, si le prince renonçait spontanément, il approuverait sa décision. D'un autre côté, le duc de Gramont s'était engagé à se contenter de la renonciation du prince, à condition que le roi y participât d'une manière quelconque. Benedetti était donc fondé à attendre une heureuse solution, désormais certaine, puisqu'elle avait l'adhésion des deux parties et qu'il ne restait plus qu'à recevoir l'approbation du roi, qui ne faisait pas de doute, quand, dans la nuit du 12 au 13 juillet, il reçut la dépêche du quai d'Orsay de 7 heures du soir. Il ne s'y méprit pas. L'exigence des garanties, c'était la guerre. Mais, déjà blâmé par son chef pour sa mollesse et craignant de nouveaux reproches, il résolut de se conformer à la lettre de ses instructions. Il n'osa, ni en discuter le péril, ni en différer l'accomplissement. Il ne manqua pas d'intelligence, mais de courage. Il agit en subordonné docile, faisant consister son devoir dans l'obéissance.

Dans la soirée du 12 juillet, Guillaume, très soulagé, avait accepté de souper avec son frère, le prince Albrecht, et quelques amis, dans le jardin du Casino. En se rendant à cette invitation, il fut rejoint par le Conseiller secret Abeken, qui lui apportait le télégramme comminatoire de Bismarck. Il devint immédiatement soucieux et dit : « C'est la dépêche la plus importante que j'aie jamais reçue ». Il se fit excuser auprès de son frère, rentra chez lui pour travailler et ne revint qu'assez tard prendre part au souper. Comme on lui offrait un verre de champagne, il refusa, disant : « Donnez-moi de l'eau de seltz, il faut que je conserve mes idées claires ».

Après une nuit d'insomnie, il persista, malgré la colère et les menaces de Bismarck, dans sa volonté de clore l'incident d'une manière pacifique et de communiquer lui-même à Benedetti la renonciation spontanée des princes, qu'il devait recevoir sous quelques heures. La défaite de Bismarck du 12 juillet aurait été complétée le 13. Le chancelier se serait retiré momentanément des affaires et la paix, troublée par lui, aurait été raffermie.

Dès le matin du 13 juillet, Benedetti sollicitait une audience. Le roi était absent. L'ambassadeur le rencontra inopinément dans une allée de la promenade des Sources, Brünnen Promenade, accompagné de son frère, le prince Albrecht, et de sa suite. Le roi vient à lui en souriant et, lui tendant la « Gazette de Cologne », qui contenait la dépêche du prince Antoine à Olozaga : « Le courrier de Sigmaringen, dit-il, n'est pas encore arrivé, mais voici une bonne nouvelle. Par là, poursuivit-il gaiement, tous nos soucis et toutes nos peines ont pris fin. »

Au lieu des remerciements que le roi attendait, Benedetti lui fait part de la communication adressée la veille au duc de Gramont par Olozaga et demande si la résolution, adoptée à Sigmaringen, est approuvée par le roi. Il ajoute qu'il est essentiel que nous soyons garantis contre toute reprise éventuelle de la candidature abandonnée et il sollicite l'autorisation de faire savoir à Paris que, le cas échéant, le roi interdirait au prince de poser de nouveau sa candidature. Guillaume, laissant percer sa déception et sa contrariété, répond qu'il n'a pas encore reçu le courrier de Sigmaringen et qu'il ne peut, en cet état, fournir aucun éclaircissement, ni souscrire la déclaration qu'on sollicite de lui. Benedetti, exécutant trop scrupuleusement ses instructions formelles, commet la maladresse d'être pressant. Il dit au roi que la renonciation du prince Léopold n'était pas douteuse et qu'il le priait d'interposer son autorité pour empêcher, à l'avenir, toute reprise du projet. Guillaume répliqua vivement et péremptoirement qu'il ne saurait prendre un tel engagement sans terme et pour tous les cas. Il continua, d'un ton radouci, en affirmant qu'il ne méditait aucun dessein caché, que cette affaire lui avait donné trop d'ennuis pour être tenté de la voir renaître, mais qu'il lui était impossible d'aller aussi loin que la France le souhaitait. Au lieu de se contenter de cette réponse, aussi courtoise que satisfaisante, Benedetti, trop fidèle à son mandat, commit une nouvelle maladresse en insistant encore. Le roi blessé mit fin à l'entretien en disant : « Vous me demandez une concession nouvelle et inattendue ; je n'y puis consentir. Permettez que je me retire ». A ces mots, il salua l'ambassadeur et continua sa promenade interrompue. Benedetti ne fut pas congédié, le roi prit simplement congé de lui, n'ayant plus rien à lui dire.

A 10 heures 1/2, Benedetti télégraphia à Paris le résumé de l'entretien ; il attendrait que le roi l'informât de l'arrivée du courrier de Sigmaringen et profiterait de l'occasion pour insister à nouveau, afin de se conformer aux ordres de l'Empereur.

Après l'entretien sur la promenade des Sources, Bismarck avait télégraphié que, si le roi recevait encore Benedetti, il donnerait sa démission. Cette sommation devenait inutile. Le roi était décidé à ne plus entrer en conversation avec l'ambassadeur. Les exigences de Benedetti indisposaient profondément Guillaume. Il avait pris toutes ses précautions pour dégager sa responsabilité de la renonciation des princes de Hohenzollern, renonciation qui froissait vivement le sentiment national. Pourtant, au risque de partager leur impopularité, au risque de se priver des services précieux de Bismarck, il était déterminé, par amour de la paix et pour ne pas compromettre, à 73 ans, dans les hasards d'une nouvelle guerre, la gloire recueillie sur les champs de bataille de la Bohême, à donner son approbation au désistement du prince Léopold.

Après ces concessions, sensibles à son orgueil, il était mis en demeure, par la plus inouïe des prétentions, de souscrire l'engagement de ne pas permettre à l'avenir, une éventualité aussi invraisemblable que la reprise de la candidature Hohenzollern, publiquement abandonnée par l'Espagne et par la Prusse.

Justement offensé par ces exigences inattendues, il écrit à la reine Augusta, sous le coup de l'émotion et du mécontentement: « Benedetti est venu à la promenade et, au lieu de se montrer satisfait de la renonciation du prince, il m'a demandé de déclarer à tout jamais que je ne donnerais, en aucun cas, mon assentiment, si cette candidature venait à se renouveler. Naturellement je m'y refusai énergiquement et, comme il devenait plus pressant et presque impertinent, je finis par dire : « Mettons que votre Empereur lui-même adopte cette candidature, il me faudrait donc, par cette promesse, qu'on me réclame, me mettre en opposition avec lui ».

Benedetti espérait encore une audience. A une heure, le courrier, si impatiemment attendu, de Sigmaringen étant enfin arrivé, le roi envoya immédiatement son aide de camp, le colonel prince Radziwill, à l'hôtel de la ville de Bruxelles pour informer Benedetti qu'il venait de recevoir la confirmation officielle de la renonciation du prince Léopold et qu'il considérait l'incident comme terminé. L'ambassadeur fut déçu et mortifié de voir le roi se dérober à une audience, qui lui avait été promise.

En même temps que la lettre de Sigmaringen, le courrier apportait une dépêche de Werther, qui rendait compte de sa visite au duc de Gramont et transmettait l'étrange projet de lettre, suggéré par le ministre des affaires étrangères.

La dépêche de Werther fut ouverte par le conseiller secret, Abeken, communiquée au comte d'Eulenbourg, ministre de l'Intérieur, et à Camphausen, ministre des Finances, tous deux dévoués à Bismarck et envoyés à Ems par le chancelier pour le tenir au courant des événements, et enfin, après hésitation, remise à Guillaume, en prenant la précaution de le prévenir qu'elle n'était pas digne d'être mise sous les yeux du roi de Prusse. Guillaume s'indigna de cette proposition, qu'il jugea blessante pour sa dignité royale, comme en fait foi le billet suivant adressé à la reine Augusta: « Il est fâcheux que Werther, sur une pareille exigence, n'ait pas immédiatement quitté la place et renvoyé ses interlocuteurs au ministre Bismarck. Ils sont même allés si loin qu'ils ont dit qu'ils chargeraient Benedetti de cette affaire. Malheureusement, il faut conclure de ces procédés inexplicables, qu'ils ont résolu, coûte que coûte, de nous provoquer et que l'Empereur, malgré lui, se laisse conduire par des faiseurs inexpérimentés ».

Joint à la demande de garanties, le projet de lettre, qui apparut au roi comme une sorte d'amende honorable, le confirma dans la conviction que le gouvernement impérial voulait son humiliation. Son irritation, qui rejaillit sur Werther, lui avait fait abandonner toute idée de reprendre avec Benedetti l'entretien du matin.

Les instructions téméraires du duc de Gramont eurent pour résultat de rapprocher Guillaume de Bismarck et de faire regagner au chancelier tout le terrain perdu.

L'ambassadeur, qui ignorait l'incident du projet de lettre, crut à une méprise et pria le prince Radziwill de rappeler au roi sa promesse d'une audience, qu'il estimait nécessaire afin d'obtenir, pour le présent, l'approbation du désistement, et, pour l'avenir, l'assurance que la candidature ne serait pas représentée.

A 3 heures, le prince Radziwill revint et informa l'ambassadeur que le roi approuvait le désistement, comme il avait approuvé l'acceptation. Quant aux garanties pour l'avenir, il s'en référait à ses précédentes déclarations.

Prenant acte de l'approbation royale, Benedetti en exprima toute sa gratitude, mais il renouvela l'imprudence d'insister sur les garanties et de continuer à solliciter une audience pour soumettre au roi de nouveaux arguments.

La mesure était comble. A 5 heures 1/2, Guillaume, envoyant une troisième fois le prince Radziwill, fit répondre qu'il avait dit son dernier mot dans l'entretien du matin et regrettait de n'y pouvoir rien ajouter. Il consentait à donner son approbation entière et sans réserves au désistement du prince, il ne pouvait faire davantage. C'était un refus formel, mais non blessant. Il était évident que le roi ne céderait pas d'une ligne.

La situation se gâtait ; pourtant, à Ems, il n'y avait pas rupture et, à Paris, le ministère se montrait moins absolu.

A Paris

Tandis que la scène, désormais historique, de l'entrevue d'Ems se passait sur la promenade des Sources, le Conseil des ministres se réunissait, à 9 heures, à Saint-Cloud. Cette réunion était tardive, puisque, dès la veille, la dépêche décisive avait été envoyée à Benedetti par le duc de Gramont, par ordre de l'Empereur et à l'insu de ses collègues.

Lorsque le ministre des affaires étrangères annonça la fatale demande de garanties, qui compliquait et aggravait la demande primitive de désistement, il y eut un grand silence et quelques ministres laissèrent voir un douloureux étonnement. Le maréchal Le Bœuf réclama impérieusement le rappel des réserves. Or le rappel des réserves, c'était la guerre immédiate. En présence du fait accompli, la seule protestation efficace aurait été une démission. Personne n'en parla et aucune récrimination, superflue d'ailleurs, ne se fit entendre.

On vota sur le rappel des réserves. MM. Mège et Maurice Richard appuyèrent les conclusions du maréchal. L'Empereur partagea leur avis.

A ce moment, arriva une lettre de lord Lyons, transmettant un télégramme du comte Granville, qui adjurait l'Empereur de se contenter d'une renonciation pure et simple et laissait entendre que l'exigence inattendue de garanties aliénerait à la France les sympathies de l'Europe.

La discussion continua, chaque ministre opinant séparément. M. de Parieu réprouvait les dangers d'une pareille aventure ; MM. Louvet et Plichon envisageaient la possibilité de la défaite et n'étaient pas d'humeur à taire les vérités utiles. M. Segris, plus timide, se montrait effrayé de sa responsabilité. Ils formaient le groupe des sages et multipliaient les objections. Les périls, que pouvaient susciter nos nouvelles exigences, étaient graves. Jamais le roi de Prusse ne consentirait à accorder les garanties. Si le comte de Bismarck voulait la guerre, on lui en fournissait maladroitement une superbe occasion. A peine sortis du conflit, nous éprouvions le besoin de tout remettre en question. « C'est la guerre probable, certaine, disait vivement M. Plichon, et qui peut assurer la victoire ? » Le duc de Gramont, troublé par cette attaque, chercha à justifier son extraordinaire initiative. Il voulait gagner du temps, poussé par le sentiment du Corps législatif et l'irritation publique, qui réclamaient une politique plus accentuée. La demande de garanties était la conséquence naturelle de la demande de désistement et ne permettrait plus à la Prusse de se dérober.

Le débat se prolongea longtemps. L'Empereur garda le plus complet silence. Lorsque la discussion parut épuisée, MM. de Parieu, Plichon, Segris et Louvet opinèrent pour qu'on se contentât du désistement pur et simple.

Les autres ratifièrent les instructions transmises la veille, c'est-à-dire la réclamation de garanties. M. Emile Ollivier, qui avait cherché à atténuer le télégramme envoyé à Ems, eut la faiblesse de ne pas voter contre le duc de Gramont. Toutefois, partisan décidé de la paix, il ne renonçait pas entièrement à ses espérances et avait inspiré un article, paru le jour même dans le « Constitutionnel » sous la signature de Robert Mitchell, « saluant avec orgueil une solution pacifique, qui ne coûtait ni une larme ni une goutte de sang ». Il s'opposa au rappel des réserves. comme il se serait opposé à la demande de garanties, si le fait n'eût pas été accompli, et soutint que, le roi refusât-il, suivant toute vraisemblance, la demande de garanties, qui ne pouvait plus être retirée, nous devions déclarer l'affaire finie et ne pas nous lancer dans la guerre, quand il dépendait de nous d'avoir la paix.

M. Chevandier de Valdrome, originaire d'une province frontière, marié à une Allemande, connaissant les ressources de la Prusse, avait promis à M. Thiers de soutenir le parti de la paix. Il se rallia à la thèse de M. Émile Ollivier. Le duc de Gramont lui-même, ébranlé par les répugnances non dissimulées de ses collègues, inclinait à tempérer la rigueur de ses instructions. L'Empereur se laissa entraîner. Il fut entendu que les instructions envoyées à Benedetti ne constituaient pas un ultimatum, que la demande de garanties était susceptible d'accommodements et que toute transaction honorable serait accueillie. En conséquence, les conclusions présentées par M. Emile Ollivier furent adoptées par 8 voix contre 4 (maréchal Le Bœuf, amiral Rigault de Genouilly, Mège et Maurice Richard) et le rappel des réserves ajourné.

Une communication aux Chambres était nécessaire ; les termes en furent calculés de manière à éviter toute parole agressive.

Si, à ce moment, Benedetti avait télégraphié que la demande de garanties rencontrait des obstacles insurmontables, l'ordre de les exiger, au lieu d'être réitéré, aurait été sans doute abandonné.

Après la séance de Saint-Cloud, le maréchal Le Bœuf, très animé et demeuré dans la salle du conseil avec quelques-uns de ses collègues, jeta son portefeuille sur la table en criant : « Si ce n'était pour l'Empereur, je ne resterais pas cinq minutes membre d'un tel cabinet qui, par ses niaiseries, compromet les destinées du pays. Le rappel des réserves est repoussé par 8 voix contre 4. C'est une honte ! il ne me reste qu'à donner ma démission, je serai l'homme le plus populaire de France », et, désignant M. Emile Ollivier : « Voilà l'homme qui trahit l'Empereur ! »

A l'issue du Conseil, les ministres déjeunèrent à Saint-Cloud. L'Impératrice, informée des conclusions prises, se départit de sa bonne grâce habituelle et ne dissimula pas son irritation et son mécontentement.

A Londres, le chef du Foreign Office, le comte Granville, avait appris avec effroi, le 13 juillet, l'évolution de la politique impériale et télégraphia à lord Lyons de s'employer pour s'opposer à des résolutions aussi funestes. Lord Lyons se rendit le matin au quai d'Orsay et, ne trouvant pas le duc de Gramont, lui envoya en toute hâte un billet à Saint-Cloud. La note de l'ambassadeur avait été lue au conseil des ministres devant l'Empereur ; elle conjurait le gouvernement de mettre fin au conflit en s'empressant de prendre acte du désistement. L'avis, écouté sans mauvaise humeur, ne fut pourtant pas suivi.

Le ministère espérait encore conserver la paix. M. Emile Ollivier s'imaginait, le 13 juillet, que, si la démarche, tentée par Benedetti, ne réussissait pas, on pourrait se contenter de la renonciation et clore l'incident. C'était une illusion.

Paris était enfiévré, frémissant de rumeurs guerrières. La dépêche « du père Antoine » continuait à être un sujet de plaisanteries ; on raillait la modestie du dénouement comparée à la fierté de la déclaration du 6 juillet. On voulait l'échec et l'humiliation de la Prusse. Le Corps législatif s'agitait. Les députés du centre et même quelques-uns de l'opposition, Kératry et Guyot Montpayroux, se joignirent à la droite. Il aurait fallu au gouvernement le plus rare des courages, celui qui sait braver le reproche de lâcheté, pour dominer les exaltés.

Robert Peel s'était expliqué éloquemment à ce sujet en 1829, à la Chambre des Communes, dans le débat sur l'émancipation des catholiques.

« Je ne connais pas de motif de conduite plus ignominieux que la peur ; mais il y a une disposition plus dangereuse encore peut-être, quoique moins basse ; c'est la peur d'être soupçonné d'avoir peur. Quelque vil que soit un lâche, l'homme qui s'abandonne à la crainte d'être traité de lâche, ne montre guère plus de courage. »

Le 13 juillet, le duc de Gramont fit au Corps législatif une déclaration, volontairement terne et vague. « L'ambassadeur d'Espagne nous a annoncé officiellement hier la renonciation du prince de Hohenzollern à sa candidature au trône d'Espagne. Les négociations, que nous poursuivons avec la Prusse et qui n'ont jamais eu d'autre objet, ne sont pas encore terminées. Il nous est donc impossible d'en parler et de soumettre aujourd'hui à la Chambre et au pays un exposé général de l'affaire. » Si, après avoir annoncé le désistement, le duc de Gramont avait ajouté qu'il était assuré de l'approbation du roi, attendue d'un moment à l'autre, il résultait du double fait de la renonciation et de l'assentiment royal une satisfaction légitime et suffisante pour la France.

Malheureusement, gêné par la malencontreuse demande de garanties, le ministre des affaires étrangères crut devoir parler de la continuation des négociations.

Ses explications furent accueillies par les murmures d'une majorité surexcitée. Le baron Jérôme David, un des chefs de l'extrême droite et du parti de la guerre, se précipita à la tribune et, en termes d'une extrême violence, demanda à interpeller le Gouvernement sur : « les lenteurs dérisoires de la diplomatie et les atteintes portées à la dignité nationale ».

Le conflit avec la Prusse se compliquait d'une lutte de partis. Les belliqueux étaient animés du désir de renverser le cabinet libéral et les ministres redoutaient, avant tout, la rentrée au pouvoir des bonapartistes autoritaires. Quelques partisans de la paix allaient jusqu'à craindre la victoire, qui serait la fin du régime parlementaire. A la Chambre, le Gouvernement obtint un répit de quarante-huit heures et la discussion des interpellations Clément-Duvernois et Jérôme David fut fixée au vendredi 15 juillet.

A Berlin

C'est alors que Bismarck entre en scène et ferme toutes les issues par où pourrait s'insinuer la paix. Nous avons déjà rappelé qu'après avoir suscité, par des menées souterraines, la candidature Hohenzollern, il attendait dans sa retraite de Varzin l'éclat, qu'il prévoyait. Il apprit avec joie l'émotion provoquée à Paris par la déclaration du 6 juillet, chercha à envenimer les négociations, s'éleva amèrement contre la condescendance de Guillaume, qu'il attribuait au voisinage et à l'influence de la reine Augusta, et se décida à partir pour Berlin, afin de se rapprocher d'Ems et d'être à portée de surveiller les événements.

Le 12 juillet, il apprend à Berlin la renonciation du prince de Hohenzollern, qui lui cause autant d'indignation que de surprise. Il l'accuse presque de félonie. La paix semble assurée ; le chancelier se dépite, veut donner sa démission, renonce à aller à Ems, où le roi lui échappe, et annonce son départ pour Varzin. Mais les demandes d'interpellation au Corps législatif et les protestations de la presse française l'engagent à rester à Berlin. La partie était compromise ; elle n'était pas encore perdue.

Bismarck voulait passionnément la guerre ; il l'estimait indispensable pour consommer, en la cimentant avec le sang, l'unité germanique et pour asseoir sur des bases solides et inébranlables l'Empire allemand, qu'il préparait. La grosse difficulté consistait à décider le roi. Le rêve du chancelier était d'amener la France à déclarer elle-même la guerre, afin de grouper toute l'Allemagne dans une résistance patriotique, qui ferait disparaître toutes dissidences. Pour y parvenir, il était prêt à allier la ruse du renard à l'audace du lion.

Le 13 juillet, au moment même où, à son insu, la situation se compliquait à Ems, Bismarck rencontra le prince Gortschakoff, venant de Wildbad et traversant Berlin pour rentrer à Saint-Pétersbourg, et reçut la visite de l'ambassadeur anglais, lord Augustus Loftus. Au premier, il se plaignit de la longanimité du roi ; au second, il confia qu'il ne comptait guère sur la renonciation du prince Léopold pour apaiser le conflit. L'opinion allemande jugeait le roi faible et l'honneur sacrifié. Le cabinet des Tuileries, qui poursuivait la revanche de Sadova, annonçait de nouvelles réclamations, mais il trouverait la Prusse prête à la lutte.

En même temps, avec les fonds des reptiles, il déchaîne contre nous les fureurs de la presse démuselée et fait publier que la seule satisfaction suffisante pour la Prusse serait le désaveu de la déclaration du 6 juillet.

Aux revendications des provinces du Rhin par les journaux de Paris les feuilles allemandes commencent à opposer la restitution de Strasbourg et de l'Alsace.

Bismarck ne cesse d'attiser le feu, qu'il craint de voir s'éteindre. Le roi allait venir à son secours.

Le 13 juillet, à cinq heures du soir, Bismarck recevait d'Ems la dépêche suivante, signée du conseiller secret Abaken :

Ems, 13 juillet, 3 heures 50 après-midi.
(Texte allemand)

« *Seine Majestät der König schreibt mir : « Graf Benedetti fing mich auf der Promenade ab, um auf zuletzt sehr zudringliche Art von mir zu verlangen, ich sollte ihn autorisiren, sofort zu telegraphiren, das ich für alle Zukunft mich verpflichte, niemals wieder meine Zustimmung zu geben, wenn die Hohenzollern auf ihre Kandidatur zurück kämen. Ich wies ihn zuletzt etwas ernst zurück, da man* A TOUT JAMAIS *(für immer) dergleichen Engagements nicht nehmen dürfe noch könne. Natürlich sagte ich ihm das ich noch nichts erhalten hätte, und da er über Paris und Madrid früher benachrichtigt sei als ich, er wohl einsähe, das mein Gouvernement wiederum ausser Spiel sei* ».

« *Seine Majestät hat seitdem ein Schreiben des*

Fürsten bekommen. Da Seine Majestät dem Grafen Benedetti gesagt, das er Nachricht von Fürsten erwarte, hat Allerhöchstderselbe, mit Rücksicht auf die obige Zumuthung, auf des Grafen Eulenburg und meinen Vortrag beschlossen, den Grafen Benedetti nicht mehr zu empfangen, sondern ihm nur durch einen Adjudanten sagen zu lassen ; das Seine Majestät jetzt von Fürsten die Bestatigung der Nachricht erhalten, die Benedetti aus Paris schon gehabt, und dem Botschafter nichts weiter zu sagen habe.

Seine Majestät stellt Eurer Excellenz anheim, ob nicht die neue Forderung Benedetti's und ihre Zurückweisung sogleich sowohl unseren Gefandten als in der Presse mitgetheilt werden sollte. »

(Traduction)

« Sa Majesté le Roi m'écrit :

« Le comte Benedetti me saisit au passage sur la promenade pour me demander finalement d'une façon fort importune de l'autoriser à télégraphier immédiatement que je m'engageais pour l'avenir à ne jamais donner mon consentement si les Hohenzollern revenaient de nouveau sur leur candidature. Je lui démontrai, pour la dernière fois, sur un ton assez sérieux, qu'on ne doit ni ne peut prendre de tels engagements à tout jamais. Naturellement je lui ai dit que je n'avais encore rien reçu et que, puisqu'il était instruit plutôt que moi par Paris et par Madrid, il voyait bien que mon gouvernement était encore une fois hors de jeu. »

« Sa Majesté a reçu depuis une lettre du prince. Comme Sa Majesté avait dit au comte Benedetti qu'Elle attendait des nouvelles du prince, Elle a daigné décider, en raison de la susdite prétention, sur la proposition du comte d'Eulenbourg et la mienne, de ne plus recevoir le comte Benedetti, mais de lui faire dire seulement par un aide de camp que Sa Majesté avait reçu du prince la confirmation de la nouvelle, que Benedetti avait déjà eue de Paris, et qu'Elle n'avait plus rien à dire à l'ambassadeur.

Sa Majesté s'en rapporte à Votre Excellence pour décider si la nouvelle exigence de Benedetti et le refus, qui lui a été opposé, ne doivent pas être communiqués de suite à nos ambassadeurs comme à la presse. »

La rédaction d'Abeken, arrêtée d'accord avec Eulenbourg et Camphausen, deux intimes de Bismarck, constituait déjà une aggravation sensible des faits et accentuait l'attitude du roi, qui n'avait pas cessé d'être, jusqu'alors, courtoise et même parfois bienveillante.

Le changement d'humeur persistant de Guillaume était dû à la fâcheuse impression ressentie à la suite de la demande de garanties et de la proposition du duc de Gramont, transmise par Werther. Il voyait dans ces deux actes combinés l'intention de lui infliger une humiliation.

Le résultat de ces deux imprudences fut de rapprocher Guillaume de Bismarck. Il envoya à son chancelier, à qui il était résolu d'abandonner la suite des négociations, le rapport de Werther et l'exposé de l'affaire, rédigé par le prince de Radziwill. Son rôle était fini, celui de Bismarck commençait. Le gouvernement impérial n'avait pas su profiter de la bonne volonté du roi ; désormais il aurait à lutter contre son redoutable ministre.

Guillaume, heureux d'être réconcilié avec son chancelier, lui dénonça ce qu'il appelait la lâcheté de Werther, qui fut suspendu de ses fonctions, sous forme de congé illimité, puis s'écria, dit-on, après avoir approuvé la rédaction d'Abeken : « Maintenant Bismarck va être content de nous ».

Lorsque le télégramme parvint à Berlin, à 5 heures du soir, les généraux de Moltke et de Roon dînaient avec le chancelier, attendant des nouvelles. La dépêche dénotait des relations tendues, mais ce document froid et terne n'annonçait pas, malgré sa gravité, une rupture définitive. Il restait une légère chance de paix, en raison de la politesse du roi, de la réserve de Benedetti, de l'action modératrice des puissances et des vues pacifiques de la plupart des ministres français.

La dépêche ne contenait pas l'éclat décisif espéré. Cette perspective d'un apaisement possible suffit pour désoler les trois convives, qui en oublièrent de boire et de manger. Tout à coup Bismarck s'avisa que la phrase finale lui laissait la liberté de communiquer la nouvelle aux ambassadeurs et aux journaux. S'adressant à de Moltke, il lui demanda vivement, avec une sorte de solennité, s'il était prêt pour la guerre. « Si nous devons faire la guerre, répondit le chef de l'état-major, nous n'avons aucun intérêt à l'ajourner. Mieux vaut ouvrir promptement les hostilités que de traîner en longueur ».

Cette déclaration décida Bismarck ; il eut la vision qu'une guerre vraiment nationale contre l'ennemi héréditaire pouvait seule unir le Nord et le Sud et fonder l'Empire allemand. La dépêche d'Abeken était sur la table, il la prit et, sans y introduire précisément des éléments nouveaux, il la remania et en changea le sens et l'allure avec une perfidie infernale.

Il lut à ses associés le nouveau texte, extrait par lui de la dépêche primitive.

(Texte allemand)

Ems, 13 juillet 1870.

« *Nachdem die Nachrichten von der Entsagung der Erbprinzen von Hohenzollern der Kaiserlich französischen Regierung von der Königlich spanischen amtlich mitgetheilt worden sind, hat der französische Botschafter in Ems an Seine Majestät nach die Forderung gestellt, ihn zu autorisiren, das er nach Paris telegraphiere, das Seine Majestät der König sich für alle Zukunft verpflichte, niemalswieder seine Zustimmung zu geben, wenn die Hohenzollern auf ihre Kandidatur wieder zurück kommen sollten. Seine Majestät der Konig hat es darauf abgelehnt, den französischen Botschafter nochmals zu empfangen und demselben durch den Adjudanten von Dienst sagen lassen, das Seine Majestät den Botschafter nichts weiter mitzutheilen habe* ».

(Traduction)

« Après que les nouvelles de la renonciation du prince héritier de Hohenzollern ont été officiellement communiquées au gouvernement impérial français par le gouvernement royal espagnol, l'ambassadeur français a adressé à Ems à Sa Majesté le Roi la demande de l'autoriser à télégraphier à Paris que Sa Majesté le Roi s'engageait pour l'avenir à ne jamais donner son consentement, si les Hohenzollern revenaient de nouveau sur leur candidature. Là-dessus, Sa Majesté le Roi a refusé de recevoir encore l'ambassadeur et lui a fait dire, par l'aide de camp de service, que Sa Majesté n'avait plus rien à communiquer à l'ambassadeur ».

Tel est le faux d'Ems. Bismarck peut alléguer pour excuse que le roi lui avait laissé le soin de décider si la nouvelle exigence de Benedetti et le refus, qui lui avait été opposé, devaient être communiqués aux ambassadeurs et aux journaux. Mais il usait largement de l'autorisation en traduisant, à sa manière, la dépêche qu'il venait de recevoir. C'était un texte nouveau substitué au texte royal. Bismarck présentait comme rompue une négociation encore en suspens.

Ses peu scrupuleux convives ne s'y trompèrent pas. « Voilà, s'écria de Moltke, voilà qui sonne tout autrement. Tout à l'heure on eût cru entendre battre la chamade ; à présent c'est comme une fanfare en réponse à une provocation », Bismarck reprit : « Il est essentiel que nous soyons les attaqués. Je vais communiquer ce texte aux journaux et aux ambassades ; il sera bientôt connu à Paris et produira là-bas sur le taureau gaulois l'effet du drapeau rouge ». Il comptait avec raison sur la susceptibilité, la légèreté et la présomption françaises.

Les trois reîtres, transportés d'allégresse, se remirent à table ; ils avaient recouvré l'appétit. Roon devenait biblique : « Le Dieu des anciens jours vit encore ; il ne laissera pas la Prusse succomber honteusement ». Moltke était transformé ; le vieux taciturne s'écria : « S'il m'est donné de vivre assez pour conduire nos armées dans une pareille guerre, que le diable emporte aussitôt ma vieille carcasse ! »

Dès le même soir, des crieurs distribuaient gratuitement dans les rues de Berlin un supplément de la « Gazette de l'Allemagne du Nord », contenant non la dépêche royale, mais le texte substitué par Bismarck. L'effet fut soudain et terrible. Tout le monde crut à Berlin que l'ambassadeur avait insulté le roi et, le lendemain, à Paris, tout le monde croirait que le roi avait insulté l'ambassadeur. Le coup portait des deux côtés à la fois.

Le roi ressentit, comme son peuple, l'effet de la manœuvre de son chancelier. Après avoir lu le télégramme, il le tendit, très ému, à Eulenbourg, en disant : « C'est la guerre ! »

La nouvelle se répandit comme une traînée de poudre. La foule, rassemblée unter den Linden (sous les Tilleuls), devant le palais royal, poussait des hurrahs : « A Paris ! à Paris ! » tandis que Paris allait répondre par le cri : « A Berlin ! à Berlin ! »

A l'agitation de la rue, il fallut bientôt ajouter l'émotion des chancelleries. Dès 11 heures 1/2 du soir, des télégrammes, reproduisant l'entrefilet de la « Gazette de l'Allemagne du Nord », étaient envoyés à Dresde, Hambourg, Munich et Stuttgard et, à 2 heures 1/2 du matin, à Saint-Pétersbourg, Bruxelles, Florence et Berne. Bismarck se gardait bien d'adresser la communication à titre *officiel*, mais simplement comme une information *officieuse*. Si la France protestait, il se réservait la faculté de jouer la surprise et de nier toute provocation. En outre, la crainte de mécontenter le roi lui suggérait sans doute cette prudence. Il ne restait plus qu'à attendre, « l'effet du drapeau rouge sur le taureau gaulois ». En même temps, Bismarck rappelait Werther, non à titre définitif et pour signifier une rupture, mais pour lui témoigner son mécontentement de ses complaisances.

A 8 heures 1/2 du soir, le duc de Gramont télégraphiait encore à Benedetti : « Ainsi que je vous l'avais annoncé, le sentiment public est tellement surexcité que c'est à grand'peine que, pour donner des explications, nous avons pu obtenir jusqu'à vendredi ; faites un dernier effort auprès du Roi ; dites-lui que nous nous bornons à lui demander de défendre au prince Hohenzollern de revenir sur sa renonciation ;

qu'il vous dise : « Je le lui défendrai » et vous autorise à nous l'écrire, ou qu'il charge son ministre ou son ambassadeur de me le faire savoir, cela nous suffira. J'ai lieu de croire que les autres cabinets de l'Europe nous trouvent justes et modérés. L'Empereur Alexandre nous appuie chaleureusement. Dans tous les cas, partez d'Ems et venez à Paris avec la réponse affirmative ou négative ».

Le duc de Gramont, en déclarant au Corps législatif et en répétant à Benedetti que les puissances trouvaient nos réclamations « justes et modérées », s'illusionnait gravement sur les sentiments de l'Europe.

Le comte Granville avait cru devoir protester, par l'intermédiaire de son ambassadeur, lord Lyons, contre cette singulière appréciation.

La Russie, de même que l'Angleterre, était, depuis la demande de garanties, très indisposée contre nous et convaincue que nous cherchions un prétexte de rupture. Le tsar se montrait irrité et refusait d'intervenir de nouveau auprès de son oncle, « dont la fierté, disait-il, avait été blessée ».

Le comte de Beust prévenait amicalement le duc de Gramont qu'il aurait tort de persévérer dans ses exigences et qu'il risquait de tourner les Etats du Sud contre la France.

M. de Saint-Vallier nous informait de Stuttgard que « la renonciation avait déplacé la situation ; ceux qui nous approuvaient nous blâment et notre position deviendra mauvaise, si nous réclamons d'autres garanties. Nous ne pourrions plus compter sur la neutralité du Sud ».

« Il y a huit jours, disait le ministre wurtembergeois Varnbühler à M. de Saint-Vallier, vous aviez tout le monde avec vous ; l'opinion en Europe, approuvait votre juste susceptibilité; elle reconnaissait le bien fondé de vos griefs. Le désistement du prince Léopold avait apaisé les alarmes, rendu la confiance aux affaires, l'espoir aux gouvernements; il constituait pour la France un beau et légitime succès. La Prusse, devant l'énergie de vos réclamations avait cédé. Elle s'était humiliée devant la France, car le prince Antoine n'a pas envoyé la renonciation, sans y être engagé sous main par le roi Guillaume. C'était donc un triomphe pour la France et un abaissement pour sa rivale. Tout le monde applaudissait à ce double résultat, habitué que l'on était, depuis quatre ans, à voir l'arrogance du côté de la Prusse et la modération du côté de la France. Maintenant vous voulez la guerre. A vos nouvelles exigences l'Europe répond par un cri d'étonnement, vos amis par un cri de douleur; vous compromettez les résultats acquis et vous donnez raison à vos adversaires qui vous accusent de vouloir la guerre à tout prix. Je reçois, de tous côtés, des télégrammes, où le blâme a remplacé l'approbation, que vous aviez rencontrée jusqu'ici. Je vous le déclare avec chagrin, votre gouvernement assume par ses nouvelles résolutions une terrible responsabilité ». Ces graves paroles, communiquées le 15 juillet au duc de Gramont par M. de Saint-Vallier, n'obtenaient du ministre des affaires étrangères d'autre réponse que cette annotation : « On ne peut réellement laisser passer les appréciations de cette dépêche ».

De toutes parts, nous recevions de graves avertissements, nous mettant en garde de ne pas pousser les choses à l'extrême.

Dans la journée du 13 juillet, Olozaga avait confirmé officiellement, au nom du gouvernement espagnol, l'acceptation du désistement du prince Léopold.

A Paris, on commençait à avoir conscience du danger. Au moment même où, à Berlin, Bismarck lançait la bombe qui allait faire explosion, le gouvernement français inclinait trop tard vers la paix. L'heure favorable, qu'il eût été si facile de saisir, était passée. A Paris, on hésitait, on délibérait ; à Berlin, on agissait.

Le 14 Juillet 1870

A la fin de la journée du 13 juillet, les dispositions du ministère étaient conciliantes et le parti de la paix l'emportait dans les conseils du gouvernement. Les dépêches arrivées d'Ems n'avaient pas modifié l'impression favorable. Benedetti annonçait l'échec de la demande des garanties et les refus d'audience, mais rien ne laissait supposer que le roi eût manqué de courtoisie, ni l'ambassadeur d'égards et de respect. La renonciation du prince Léopold était positive, l'acceptation de l'Espagne officielle et l'approbation royale formelle. On semblait s'acheminer vers une transaction.

Le 14 juillet, au matin, le duc de Gramont reçut le rapport de Benedetti, résumant la journée du 13 juillet à Ems. L'ambassadeur confirmait la résolution arrêtée de Guillaume de refuser les garanties demandées, dans la crainte d'aggraver le mécontentement produit en Allemagne par la renonciation et dont la responsabilité rejaillirait jusqu'à lui, et prévoyait qu'il ne serait pas facile de l'aborder puisque le roi lui envoyait un aide de camp pour lui transmettre ses réponses.

Les bruits de guerre se répandaient dans Paris et la situation devenait plus critique d'heure en heure. Toutefois, la renonciation obtenue et approuvée par le roi, la question des garanties ne devenait-elle pas secondaire ? N'était-ce pas faire injure à Guillaume que de le soupçonner de reprendre plus tard une candidature abandonnée ? A quoi bon cette insistance, vraiment déplacée, qui mettait en doute la sincérité du roi ? Quant au refus d'audience, il convenait d'attendre des éclaircissements pour savoir s'il était blessant.

Le duc de Gramont avait l'illusion de compter encore sur l'intervention des puissances. Le comte Granville, renseigné par son ambassadeur à Berlin, lord Augustus Loftus, sur l'intransigeance de Bismarck, suggéra à la Prusse une transaction consistant, pour la France, à renoncer à la demande de garanties, et, pour la Prusse, à communiquer officiellement au gouvernement français l'adhésion du roi au désistement. Il était bien tard pour rapprocher les parties. Le comte de Bernstorf, ambassadeur prussien à Londres, en parfaite communion d'idées avec Bismarck, était un ennemi déclaré de la France, et ne facilitait pas la tâche du comte Granville. Bismarck répondit par un refus à l'initiative du chef du Foreign Office : « L'Allemagne, dit-il, est arrivée à la conclusion que la guerre, même dans les circonstances les plus difficiles, serait préférable à la soumission du roi à l'injustifiable demande de la France ».

La proposition du comte Granville ne reçut guère un meilleur accueil du duc de Gramont. Toute tentative de conciliation était désormais vouée à un échec certain.

Le 14 juillet, dès le matin, M. Emile Ollivier, rassuré après tant d'angoisses, rédigeait tranquillement à la chancellerie la déclaration pacifique, qu'il comptait soumettre le soir au Conseil des ministres à Saint-Cloud, quand entra précipitamment le duc de Gramont, tout bouleversé, qui s'écria : « Mon cher, vous voyez un homme qui vient de recevoir une gifle ». En même temps, le ministre des affaires étrangères tendait à son collègue un télégramme de Lesourd, expédié de Berlin, relatant l'article du supplément de la « Gazette de l'Allemagne du Nord » et signalant l'émotion qu'il avait soulevée à Berlin.

Le duc de Gramont perdait tout sang-froid et ne voyait plus que l'insulte. M. Emile Ollivier était terrassé.

Il fut convenu que M. Emile Ollivier réunirait immédiatement ses collègues, tandis que le duc de Gramont retournerait au quai d'Orsay recevoir la visite de Werther, qui se faisait annoncer.

Werther informa avec tristesse le ministre des affaires étrangères qu'il était désavoué. Son gouvernement le blâmait d'avoir accepté le projet de lettre, proposé par le duc de Gramont, et de l'avoir transmis en l'appuyant respectueusement. Il avait reçu l'ordre de prendre un congé et de quitter Paris sans retard, en remettant l'ambassade à M. de Solms, chargé d'affaires. C'était presque un rappel. Les deux diplomates, qui professaient l'un pour l'autre une estime réciproque, se firent de mélancoliques adieux. Ils ne devaient plus se revoir.

M. Emile Ollivier communiqua les nouvelles à ses collègues consternés et, en raison de la gravité de la situation, ils décidèrent de télégraphier à l'Empereur de venir aux Tuileries pour présider un conseil des ministres.

L'Empereur arriva à midi et demi, après avoir traversé de Saint-Cloud à Paris, une foule belliqueuse, qui le poursuivit de ses cris d'impatience et de colère.

La délibération commença aussitôt. Le duc de Gramont, jetant son portefeuille sur la table, dit en s'asseyant: « Après ce qui vient de se passer, un ministre des affaires étrangères, qui ne saurait pas se décider à la guerre, ne serait pas digne de conserver son portefeuille ».

Malgré cette fougueuse entrée en scène, les ministres ne se ralliaient que péniblement à l'idée de la guerre. Ils observaient qu'il ne s'agissait que d'un article de presse et qu'il fallait attendre des renseignements plus autorisés. Le maréchal Le Bœuf, interrogé pour la centième fois, affirma d'un air avantageux que nous étions prêts, que nous avions au moins quinze jours d'avance sur la Prusse et que, si nous ne déclarions pas la guerre, nous perdrions une occasion, qui ne se retrouverait plus. La délibération continuait. De nouveaux télégrammes arrivaient d'Ems. Le 14 juillet, Benedetti ne pouvant aborder le roi, s'était adressé au ministre de l'Intérieur, comte d'Eulenbourg, âme damnée de Bismarck, qui lui répondit, après en avoir référé au roi, « qu'il n'avait rien à lui apprendre ». Au sujet de la dépêche publiée par la « Gazette de l'Allemagne du Nord », Benedetti observait qu'il n'avait fait de confidence à personne et que l'indiscrétion ne pouvait venir que du cabinet du roi. Il ajoutait : « Il me revient que, depuis hier, on tient dans son entourage un langage regrettable ». L'ambassadeur annonçait que le roi partait à 6 heures pour Coblentz rendre visite à la reine Augusta. On ignorait s'il reviendrait à Ems, ou rentrerait à Berlin.

Les chances de paix diminuaient ; on craignait d'être surpris par les opérations de l'ennemi. Le Bœuf réclamait la mobilisation. Il produisit des informations concernant les préparatifs de la Prusse, menaça de sa démission et s'emporta jusqu'à la violence.

Les avis des ministres furent recueillis séparément ; à l'unanimité, le rappel des réserves fut voté.

A 4 heures, le maréchal se rendit au ministère de la guerre pour assurer l'exécution immédiate des ordres de mobilisation, en disant : « Maintenant, ce qui va se passer ne m'intéresse plus ».

La guerre devenait imminente. Pourtant le cabinet ne s'y résignait pas encore. Les préfets consultés, sauf une minorité de 15, se prononçaient pour la paix. M. Emile Ollivier s'épuisait à chercher une solution, qui ne serait pas l'abandon complet des garanties.

Le Corps législatif discutait le budget. Le banc des ministres était vide. Quelques députés pénétrèrent jusqu'aux Tuileries et réclamèrent une communication aux Chambres. On n'en avait que trop fait. Les ministres s'y refusèrent. M. Plichon parut un instant au Palais-Bourbon et s'entretint avec M. Thiers. M. Louvet traversa la salle des séances, avouant que la situation était tendue. M. Maurice Richard défendit, en quelques mots, le budget de son ministère. La séance fut levée sans incident.

Lord Lyons avait tenté, sans y parvenir, de voir le duc de Gramont et, par un court message, l'avait instamment prié d'attendre encore. Il ne restait qu'un faible espoir de conserver la paix.

Aux Tuileries, le conseil des ministres, qui dura six heures, se traînait toujours. Toutes les solutions possibles furent examinées. M. Plichon eut le courage d'adjurer l'Empereur de ne pas compromettre, dans une guerre, son trône et son pays. « Sire, entre le roi Guillaume et vous, la partie n'est pas égale. Le roi peut perdre plusieurs batailles. Pour Votre Majesté, la défaite, c'est la révolution ». Loin de s'offenser de cette rude franchise, Napoléon remercia tristement M. Plichon. Un moment, M. Emile Ollivier proposa de ne pas tenir compte de la dépêche d'Ems, ni de l'échec de la demande de garanties et d aller déclarer au Corps législatif que tout était terminé. Le cabinet serait sûrement renversé et l'Empereur, dégagé, choisirait de nouveaux conseillers. L'Empereur n'accepta pas ce sacrifice et répondit qu'il ne voulait pas se séparer de ses ministres.

Une idée surgit des longues réflexions du Conseil. Le duc de Gramont la suggéra. Se fondant sur cette règle qu'aucun prince, appartenant aux familles régnantes des grandes puissances, ne devait être appelé à un trône étranger, sans l'assentiment de l'Europe, il proposa d'avoir recours à un Congrès.

A ces mots, l'Empereur, qui avait le goût, pour ne pas dire la manie des Congrès, se ranima et approuva avec vivacité. « C'est cela ! c'est cela ! » répétait-il. Sous le coup de l'émotion, l'infortuné monarque, habituellement si maître de soi, que son visage demeurait toujours impassible, versa des larmes. En hâte, il écrivit un billet au maréchal Le Bœuf, sinon pour suspendre les ordres de mobilisation, au moins pour exprimer un regret et laisser entrevoir une solution pacifique. M. Emile Ollivier, qui avait appuyé avec chaleur et éloquence la motion du ministre des affaires étrangères, fut chargé de rédiger une déclaration conciliante, conforme au vœu du souverain et de la majorité des ministres, et se mit immédiatement à l'œuvre. Le Gouvernement devait annoncer aux Chambres que, dans le présent, l'approbation donnée par le roi de Prusse au retrait de la candidature était une satisfaction suffisante et que, pour l'avenir, la France s'en remettrait au jugement de l'Europe, réunie en Congrès.

L'Empereur impatient voulait qu'on portât, sans tarder, le message au Palais-Bourbon ; mais il était six heures ; on convint d'attendre au lendemain et le conseil se sépara sur cette impression d'apaisement.

Bien que, selon le mot de M. de Beust, il n'y eût plus d'Europe, la proposition d'un Congrès, sans aucun doute accueillie par l'Autriche et l'Italie et, très probablement, par l'Angleterre et la Russie, aurait déconcerté la Prusse. En tout cas, la déclaration de guerre se trouverait ajournée et c'était beaucoup de gagner du temps.

L'Empereur, un peu rasséréné par la perspective du Congrès, rentra à Saint-Cloud, où l'attendait le bouillonnement des passions. Aux premiers mots de Congrès et de continuation des négociations, ce ne fut qu'un cri contre l'insolence prussienne, qu'il fallait châtier sur l'heure. L'Impératrice encourageait cette réprobation et ces violences, si elle ne les inspirait pas. Elle fut incontestablement le principal artisan de la guerre.

Appuyée par le parti militaire, elle protestait avec exaltation contre le projet de Congrès, quand on annonça le maréchal Le Bœuf. Le billet de l'Empereur l'avait trouvé en train d'expédier les ordres de mobilisation. Ce nouveau recul et ces tergiversations continuelles l'avaient confondu et irrité. Il sollicita de l'Empereur la réunion d'un nouveau Conseil des ministres. Son intervention ne fit qu'accroître l'excitation de l'entourage de Saint-Cloud. Le maréchal semblant admettre l'idée d'un Congrès, l'Impératrice l'apostropha avec indignation : « Comment ! vous aussi, vous approuvez cette lâcheté ? Si vous voulez vous déshonorer, ne déshonorez pas l'Empereur ! » Il est vrai que, sur l'observation de l'Empereur, la souveraine regretta son emportement et embrassa le maréchal, en le priant d'oublier sa vivacité.

Sur les instances de Le Bœuf, le Conseil fut convoqué d'urgence, à 9 heures du soir, avec une telle précipitation que M. Louvet paraît avoir été oublié et que MM. Segris et Plichon ne furent pas avertis en temps utile.

Cependant, le duc de Gramont avait appris l'entretien du 13 juillet entre Bismarck et l'ambassadeur anglais, lord Augustus Loftus ; il savait que la Prusse se redressait agressive et que si, à Paris, on réclamait des garanties contre l'éventualité d'une reprise de la candidature Hohenzollern, on songeait, à Berlin, à demander des explications, presque des excuses, au sujet du langage tenu le 6 juillet. Enfin le roi Guillaume interrompait sa cure à Ems pour rentrer dans sa capitale.

Puis arrivaient au quai d'Orsay les commentaires enflammés de la presse de Berlin, déchaînée par Bismarck, à propos de l'information de la « Gazette de l'Allemagne du Nord ». La communication de cette note, faite à titre officieux par le chancelier à ses représentants en Allemagne et à l'étranger, commençait à transpirer et à porter les fruits amers, qu'il attendait.

Le duc de Gramont en était averti de divers côtés, par M. de Comminges-Guitaut, notre ministre à Berne, qui avait appris la nouvelle de M. Doubs, président de la Confédération helvétique, et par le duc de Cadore, notre représentant à Munich.

Rentré au quai d'Orsay après le conseil des Tuileries, le ministre des affaires étrangères recevait, coup sur coup, ces graves avis, qui ne laissaient aucun doute sur les intentions d'un adversaire aussi implacable que Bismarck.

Benedetti venait d'informer son chef qu'il quittait Ems et serait à Paris le lendemain, 15 juillet, à 10 heures du matin. Avant son départ d'Ems, Benedetti avait demandé à Guillaume la permission de prendre congé de lui. Le roi fit répondre qu'il se rendait à Coblentz et qu'il recevrait l'ambassadeur dans son salon réservé, à la gare. Le roi, toujours poli, annonça qu'il partirait le lendemain pour Berlin et répéta « qu'il n'avait plus rien à communiquer à l'ambassadeur et que les négociations, qui pourraient encore être poursuivies, seraient continuées par son gouvernement ».

Cette conversation fut télégraphiée par Benedetti au duc de Gramont le 14 juillet, à 3 heures 45. Ce renseignement suffisait à démentir la nouvelle, qui mettait toute l'Europe en émoi.

La rencontre courtoise du 14 juillet, à 3 heures, à la gare d'Ems était évidemment postérieure à l'information publiée le 13 au soir à Berlin et expédiée à Berne et à Munich dans la nuit du 13 au 14. Le piège, tendu par Bismarck, devenait manifeste et rien ne semblait plus aisé que de le démasquer. Non seulement nous pouvions conserver la paix, mais, avec un peu de réflexion et d'habileté, remporter une victoire diplomatique. Malheureusement, le temps de la réflexion était passé ; le duc de Gramont et le parti de la guerre restaient affolés.

La fatalité s'en mêlait. M. Emile Ollivier, jusqu'alors partisan de l'apaisement, seul moyen capable de maintenir son rêve d'Empire libéral, abandonnait spontanément l'expédient du Congrès et ne songeait plus à contredire son collègue. Lui aussi fut d'avis que l'honneur national était engagé et, à partir de ce moment, demeura acquis au parti de la guerre. Le duc de Gramont lui avait-il communiqué le télégramme de Benedetti, relatant son entrevue à la gare d'Ems avec le roi ?

A 10 heures du soir, les ministres, effrayés de leur

responsabilité, arrivaient effarés à Saint-Cloud. Pour la première fois, l'Impératrice assista au conseil. La majorité inclinait encore vers la paix et restait fidèle à l'idée de poursuivre les négociations et de suspendre la mobilisation.

Le duc de Gramont, excessivement animé, communiqua les télégrammes reçus dans la soirée, entre autres une dépêche de Le Sourd l'informant des manifestations belliqueuses de Berlin, les renseignements pessimistes de lord Loftus et enfin les avis de Berne et de Munich et conclut que « le cabinet se trouvait en face d'un adversaire décidé à l'amener et, au besoin, à le traîner sur le terrain du combat ». Ces nouvelles produisirent la plus profonde émotion. L'idée du congrès fut complètement abandonnée d'un commun accord.

L'Impératrice, très excitée, déclara en termes véhéments que la guerre était inévitable, si on avait souci de l'honneur de la France. Le maréchal Le Bœuf appuya énergiquement l'avis de la souveraine. Seul, M. de Parieu ne céda pas. Les ordres de mobilisation furent maintenus. Aucune résolution définitive ne fut arrêtée, en l'absence de MM. Louvet, Segris et Plichon (ce dernier arriva à la fin de la séance) et le conseil des ministres s'ajourna au lendemain matin pour discuter la nouvelle déclaration aux Chambres, dont la rédaction fut confiée à M. Emile Ollivier et au duc de Gramont. On se sépara à Saint-Cloud à 11 heures et demie du soir.

En rentrant, vers minuit, à la chancellerie, M. Emile Ollivier y trouva Robert Mitchell, qu'il mit tristement au courant des dernières résolutions, si contraires à ses espérances pacifiques. « Donnez votre démission ! » lui dit le journaliste, et certes jamais démission n'eût été mieux motivée. — « Je ne puis,

répondit le garde des sceaux. Je suis la garantie de l'Empire libéral ; si je me retire, un cabinet Rouher succédera au nôtre. La guerre est décidée, elle est inévitable ; aucune force humaine ne pourra la conjurer aujourd'hui. Ne décourageons pas le pays et ne démoralisons pas l'armée, ne laissons pas contester le droit de la France et la justice de sa cause ! »
— « Qu'espérez-vous donc ? — Pour moi, rien. Si nous sommes vaincus, Dieu protège la France ! Si nous sommes vainqueurs, Dieu protège ses libertés ! »

En restant au ministère, M. Emile Ollivier s'associait, la mort dans l'âme, à la politique de la guerre, qu'il avait toujours désapprouvée. Au fond, la lutte nationale se compliquait d'un antagonisme de partis. M. Emile Ollivier, sur les assurances invariables du maréchal Le Bœuf, croyait à la victoire et voulait en faire profiter l'Empire libéral et le soustraire aux entreprises de Rouher et de ses amis. L'Empire libéral allait payer les fautes de l'Empire autoritaire.

Le 15 Juillet 1870

La Déclaration de Guerre

Le lendemain 15 juillet était un vendredi et les Anglais n'auraient pas manqué de l'appeler le « Black Friday », le noir vendredi. Dès les premières heures, les bruits d'audience refusée, d'ambassadeur congédié, d'offense rendant la guerre inévitable, circulèrent. Les journaux reproduisirent ces rumeurs, en accentuant la note belliqueuse. Le « Constitutionnel », organe de M. Emile Ollivier, jusqu'à ce moment pacifique, ne faisait plus exception.

A l'ordre du jour du Corps législatif figuraient les interpellations, déposées les 12 et 13 juillet par M. Clément Duvernois et par le baron Jérôme David. Les tribunes étaient bondées.

Un dernier conseil des ministres avait été tenu à Saint-Cloud dans la matinée. Tous les ministres étaient présents. L'Impératrice y assistait. Le duc de Gramont lut le message, rédigé de concert avec M. Emile Ollivier. Les membres de la minorité pacifique du cabinet ne firent plus de résistance. M. Chevandier de Valdrome déclara : « Ayant été, jusqu'à ce jour, un de ceux qui se sont le plus énergiquement prononcés en faveur de la paix, je demande à exprimer le premier mon avis. Lorsqu'on me donne un soufflet, sans examiner si je sais plus ou moins bien me battre, je le rends. Je vote pour la guerre ».

M. Segris, la voix altérée par l'émotion, s'adressa encore au maréchal Le Bœuf : « Maréchal, vous voyez mes angoisses ; je ne vous demande pas si nous sommes prêts, mais si nous avons des chances de vaincre ». Le ministre de la guerre le rassura, lui affirmant que « jamais nous ne serions en meilleure situation pour vider notre différend avec la Prusse ». Le manifeste, à peine modifié, fut adopté à l'unanimité. L'Impératrice n'exprima aucune opinion et ne vota pas.

L'Empereur, qui avait voté pour la guerre, recevait, à la suite de ce dernier conseil des ministres, le comte de Witzthum et le priait, en secret, d'aller demander à François Joseph de prendre l'initiative du Congrès, que, dans l'espace de quelques heures, il avait accueilli avec joie et repoussé avec dédain.

Pendant toute la crise, ce malheureux souverain,

sans énergie et sans volonté, s'était abandonné aux hasards de la fortune, ballotté sans cesse entre la guerre et la paix, incapable de se résoudre pour l'une ou pour l'autre, regrettant la guerre dès que la paix semblait assurée, se rejetant sur la paix dès que la guerre l'emportait.

Lord Lyons, qui multiplia dans ces tristes journées ses démarches en faveur de la paix, n'avait pas réussi à rencontrer le duc de Gramont; il lui fit parvenir, dans la nuit, trois memorandums. Mais il désespérait, « sachant, disait-il, la guerre décidée par l'Empereur et ses ministres ». Le prince de Metternich transmettait à M. de Beust les mêmes inquiétudes.

La déclaration du gouvernement fut lue au Sénat par le duc de Gramont et au Corps législatif par M. Emile Ollivier.

Les sénateurs applaudirent; il n'y eut pas l'ombre d'une hésitation et, sur la proposition du président, M. Rouher, la séance fut levée sans discussion.

La scène décisive se déroula au Corps législatif. M. Emile Ollivier rappelle la déclaration du 6 juillet. Le gouvernement n'a rien voulu demander à l'Espagne, dont il craignait d'éveiller les susceptibilités. Il s'est adressé à la Prusse et, sur le refus du Président du Conseil, alléguant que le cabinet de Berlin ignorait l'affaire, au Roi, que notre ambassadeur a reçu l'ordre de voir à Ems. Le désistement du prince Léopold nous a été communiqué du côté où nous ne l'attendions pas, le 12 juillet, par l'ambassadeur d'Espagne.

Le roi voulant y rester étranger, nous lui avons demandé de s'y associer et d'interdire, à l'avenir, au prince d'accepter éventuellement la couronne d'Espagne. Le roi consentit à approuver la renonciation du prince Léopold, mais refusa de prendre aucun engagement pour l'avenir. Malgré ce refus, peu justifié, nous n'avons pas rompu la négociation, dans l'intérêt de la paix ; mais nous avons éprouvé une profonde surprise en apprenant que le roi de Prusse avait signifié, par un aide de camp, à notre ambassadeur qu'il ne le recevrait plus et que, pour donner à ce refus un caractère non équivoque, son gouvernement l'avait communiqué officiellement aux cabinets de l'Europe.

Le garde des sceaux annonçait ensuite le congé de Werther et concluait : « Dans ces circonstances, tenter davantage pour la conciliation eût été un oubli de dignité et une imprudence. Nous n'avons rien négligé pour éviter la guerre ; nous allons nous préparer à soutenir celle qu'on nous offre, en laissant à chacun la part de responsabilité qui lui revient. Hier, nous avons rappelé nos réserves et, avec votre concours, nous allons prendre immédiatement les mesures nécessaires pour sauvegarder les intérêts, la sécurité et l'honneur de la France ».

Ce manifeste, qui n'avait pas la fière allure de la déclaration du 6 juillet, souleva néanmoins les acclamations et les cris de : « Vive l'Empereur ! ». M. Emile Ollivier dépose une demande de crédit de 50 millions, et M. Thiers réclame la parole.

Il déclare que l'heure est solennelle et qu'avant de prendre une décision, peut-être irréparable, un instant de réflexion est nécessaire. « S'il y a eu une heure où l'on puisse dire sans exagération que l'Histoire nous regarde, c'est cette lamentable journée ; il me semble que tout le monde devrait y penser sérieusement... La France et le monde aussi nous regardent. On ne peut pas exagérer la gravité des circonstances. Sachez que de la décision que vous allez émettre peut résulter la mort de milliers d'hommes ».

Au milieu d'interruptions et de murmures, qui dégénèrent en huées et en tapage tumultueux, M. Thiers démontre que nous avons satisfaction sur le fond et que nous rompons sur une question de susceptibilité et de forme. Avant d'acquiescer à la déclaration de guerre, qui vient d'être lancée, il demande, à la face du pays, communication des dépêches, qui ont déterminé cette grave résolution. Au milieu des vociférations, qui hachent son discours, ce courageux vieillard de 73 ans, bravant l'impopularité, prononce ces paroles prophétiques : « Si vous ne comprenez pas qu'en ce moment je remplis un devoir douloureux, je vous plains. Quant à moi, je suis tranquille pour ma mémoire et peut-être regretterez-vous un jour votre précipitation. Avant de voter tous les moyens nécessaires, lorsque la guerre sera déclarée, je désire connaître les dépêches, sur lesquelles on fonde cette déclaration de guerre. La Chambre fera ce qu'elle voudra, mais je décline, quant à moi, la responsabilité d'une guerre aussi peu justifiée ».

Par une étrange ironie du sort, c'était M. Thiers, le constant adversaire de la Prusse et de l'unité allemande, le dénonciateur du péril prussien, qui s'épuisait pour conserver la paix, tandis que c'était M. Ollivier, l'apôtre des nationalités, enthousiaste de l'unité de l'Italie et de celle de l'Allemagne, partisan irréductible de la paix, qui devenait le héraut de la guerre.

M. Emile Ollivier répondit à M. Thiers. Il rappela son amour pour la paix, ses efforts incessants pour dissiper les malentendus entre deux grandes nations, ses longues hésitations, la délibération de la veille, prolongée pendant six heures, puis, s'entraînant et s'appropriant la thèse du duc de Gramont, il expliqua la déclaration du 6 juillet, destinée à prévenir le fait accompli, justifia la demande de garanties pour l'avenir, jugea la France insultée par le soufflet de Bismarck et ajouta que la publicité donnée à l'affront en marquait le caractère intentionnel.

Bien que n'ayant pas, jusqu'à ce moment, assumé et revendiqué la direction des négociations, M. Emile Ollivier apparaissait maintenant comme le vrai chef du cabinet et couvrait de son éloquence et de sa responsabilité les fautes commises. Etait-ce générosité, mobilité d'un esprit impressionnable, désespoir de l'homme qui, après avoir lutté en vain, s'abandonne au courant ? Excité par sa parole, grisé par son ardeur de néophyte, il eut un mot malheureux, trop littéraire et mal interprété. « Nous acceptons, dit-il, notre responsabilité d'un cœur léger ». Il est vrai qu'il rectifia, en entendant des murmures : « Je veux dire d'un cœur confiant et que n'alourdit pas le remords ». Il fut particulièrement applaudi par la droite autoritaire qui, la veille encore, le tenait en suspicion, et travaillait à le renverser.

Ce n'était assurément pas d'un cœur frivole, mais pourtant avec une coupable légèreté, que M. Emile Ollivier, autrefois indigné contre le comte Daru, qui considérait comme un casus belli la violation du traité de Prague et le passage du Mein, s'associait à une déclaration de guerre, basée sur les motifs les plus futiles et sur des informations fausses et mensongères, après avoir obtenu une éclatante satisfaction sur le fond même du débat.

Si, comme l'admettaient le comte Daru et M. Thiers, la guerre avait été déclarée à l'occasion de la rupture du traité de Prague et de l'invasion des Etats du Sud par la Prusse, nous aurions pu nous prévaloir de l'alliance assurée du midi de l'Allemagne, de l'Autriche, du Danemark et peut-être de l'Italie et de la neutralité bienveillante de l'Angleterre et de la Russie, tandis que nous restions isolés, sans une alliance, blâmés par toute l'Europe, avec la Russie hostile et prête à paralyser les sympathies de l'Autriche en notre faveur.

M. Emile Ollivier n'avait cité que des fragments choisis des dépêches de Benedetti. Pourtant, plusieurs députés comprirent qu'il s'agissait de négociations compromises, sans être irrémédiablement rompues, et d'une demande d'audience refusée, mais sans éclat. Aucun terme des dépêches de notre ambassadeur ne révélait la colère ou l'insulte. Il y avait intérêt à éclaircir ces obscurités.

M. Thiers reparut à la tribune. Après lui, Jules Favre réclama avec véhémence la communication des dépêches et notamment de celle « par laquelle le gouvernement prussien a notifié sa volonté aux gouvernements étrangers ».

Un des députés les plus sages et les plus considérés, M. Louis Buffet, ancien membre du cabinet du 2 janvier, reprit la motion de Jules Favre et insista pour la communication des pièces. Mais l'Assemblée, de plus en plus houleuse, ne voulait rien entendre. Elle se jetait tête baissée dans la plus terrible des aventures. Les membres exaltés de la droite, Jérôme David, Dugué de la Fauconnerie, Granier de Cassagnac, rugissaient de colère.

De retour du Sénat, le duc de Gramont vient au secours de son collègue, le garde des sceaux. Il monte à la tribune et s'écrie, au milieu des applaudissements frénétiques de la droite : « Le gouvernement prussien a informé tous les cabinets d'Europe que le roi avait refusé de recevoir notre ambassadeur et de continuer de discuter avec lui. C'est un affront pour l'Empereur, un affront pour la France. Si, par impossible, il se trouvait une Chambre pour le supporter ou pour le souffrir, je ne resterais pas cinq minutes ministre des affaires étrangères ».

Après ce discours enflammé, la communication des pièces, demandée par la gauche et appuyée par M. Buffet, fut rejetée par 159 voix contre 84.

Dans la minorité figuraient MM. Thiers, Louis Buffet, comte Napoléon Daru, marquis de Talhouet, Chesnelong, Brame, marquis d'Andelarre, Keller, de Barante, Josseau, comte Durfort de Civrac, marquis de Grammont, Cochery, Soubeyran, baron des Rotours, Viellard-Migeon, Johnstone, Jules Grévy, Jules Favre et toute l'opposition, à l'exception du comte de Kératry.

Il est difficile de s'expliquer la passion et l'aveuglement du duc de Gramont. Jamais homme d'Etat ne fut moins maître de soi. Le soufflet de Bismarck l'avait mis hors de lui ; il ne voyait plus autre chose et ne songeait qu'à se venger.

Il était confirmé dans sa résolution par le maréchal Le Bœuf, avide de gloire militaire, dont les affirmations répétées ne permettaient pas de douter de la victoire. Il n'y avait plus à se préoccuper d'alliances, encore incertaines. Mieux que des négociations, toujours lentes, les premières batailles gagnées précipiteraient les alliances, qui viendraient s'offrir à nous.

Le duc de Gramont avait répondu à M. Rothan, notre agent diplomatique à Francfort, qui s'était efforcé de le mettre en garde contre les illusions et de lui faire connaître les véritables sentiments de l'Allemagne : « Nous aurons, après nos victoires, plus d'alliés que nous n'en voudrons ».

Le ministre des affaires étrangères et le ministre

de la guerre se trompaient mutuellement avec une bonne foi, qui confinait à l'inconscience, éprouvant l'un envers l'autre une confiance et une admiration réciproques.

Dupes l'un de l'autre, ils tournaient dans un cercle vicieux, le duc de Gramont escomptant les victoires du maréchal pour se procurer des alliés, le maréchal convaincu que les alliances certaines de l'Autriche et de l'Italie lui faciliteraient la victoire.

Les alliances prévues ne s'étant pas réalisées, l'armée française resta isolée et dut subir seule le choc de l'Allemagne; les victoires prédites s'étant transformées en défaites, le mirage des alliances s'évanouit.

La France fut la victime de la présomption et de la légèreté du duc de Gramont et du maréchal Le Bœuf.

A six heures, les députés se retirèrent dans leurs bureaux pour nommer une commission, chargée d'examiner les demandes de crédit, l'organisation, bien tardive, de la garde nationale mobile et les engagements pour la durée de la guerre. L'enthousiasme était un peu tombé. Malgré le vote, en séance publique, du rejet de la communication des pièces, la commission reçut des bureaux le mandat de provoquer et d'obtenir des éclaircissements.

Aucun membre de l'opposition ne fit partie de la commission. Elle élut pour président le duc d'Albuféra, homme honnête et modéré, mais inféodé à l'Empire. Lors de la retraite du comte Waleski, il avait été question de le nommer Président du Corps législatif, mais M. Schneider lui fut préféré. Il se montra complaisant, comme il avait toujours été. Les autres membres de la commission étaient MM. le marquis de Talhouet, le comte de Kératry, Ernest Dréolle, de Lagrange, Pinard, Chadenet et Millon.

La commission convoqua les ministres de la guerre, de la justice et des affaires étrangères. Le maréchal Le Bœuf répéta imperturbablement ses assurances victorieuses. « Nous sommes prêts et nous avons une forte avance sur l'ennemi ». M. Emile Ollivier ne resta qu'un instant, appelé ailleurs pour affaires urgentes. Le duc de Gramont se faisait attendre. On l'envoya chercher. L'entretien avec lui était de la plus haute gravité. Interrogé sur le point de savoir si les prétentions de la France avaient toujours été les mêmes, c'est-à-dire si, comme on le soupçonnait, de nouvelles exigences ne s'étaient pas produites après le désistement du prince Léopold et n'avaient pas compliqué la négociation, le duc de Gramont tira des dépêches de son portefeuille et en lut des extraits. « Il semble, dit le duc d'Albuféra, après cette lecture, que vous avez toujours demandé la même chose ». Les autres commissaires n'insistèrent pas et le ministre des affaires étrangères laissa les députés sous cette impression, contraire à la vérité.

Le duc de Gramont manqua à ses devoirs en dissimulant des pièces aussi capitales que la dépêche de Benedetti du 14 juillet, relative à l'entrevue avec le roi à la gare d'Ems, et en autorisant, par son silence, la commission à supposer que la demande de garanties avait été produite, non après le désistement du prince de Hohenzollern, mais dès le début des négociations.

La question d'insulte fut posée. Le duc de Gramont expliqua que l'insulte résultait surtout de la publicité de la dépêche envoyée par Bismarck à ses agents à l'étranger pour leur annoncer le refus du roi de recevoir notre ambassadeur. Il avoua qu'il ignorait le texte de la dépêche ; il en connaissait l'existence et la teneur par une communication officieuse et confidentielle du Président de la Confédération helvétique. Il ajouta qu'il avait reçu la même information, en termes presque identiques, de quatre ou cinq de nos agents à l'étranger. En somme, personne n'avait vu la dépêche. La prudence commandait de contrôler le renseignement. Aucun des commissaires n'eut cette idée ou n'osa l'exprimer. Plus tard, un d'eux, M. Ernest Dréolle, reconnut que, dans sa pensée, « il n'y avait pas eu tout à fait insulte ».

Un homme pouvait, d'un mot, tout éclaircir. C'était Benedetti, qui assistait à la séance, dans la tribune du corps diplomatique et avait suivi, avec stupeur, la discussion engagée.

D'un mot, il aurait rétabli les faits et le frêle échafaudage, construit par le duc de Gramont, aurait croulé de fond en comble. Mais Benedetti s'était tu, enchaîné par le secret professionnel.

Arrivé d'Ems le matin, il se rendit, à dix heures, au quai d'Orsay, où il rencontra le duc de Gramont et M. Emile Ollivier. Interrogé minutieusement, il confirma ses dépêches et ses rapports, en donnant les détails les plus circonstanciés. Les deux ministres estimèrent inutile de le faire entendre par le Conseil. La déclaration de guerre était rédigée et adoptée, il n'y avait plus à revenir en arrière. Benedetti devenait même gênant ; ses renseignements risquaient d'être en contradiction avec les affirmations du duc de Gramont ; il était préférable de se débarrasser de lui.

Si pourtant Benedetti avait démontré au Conseil la courtoisie persistante du roi de Prusse et la fourberie évidente de Bismarck, qui peut assurer que les ministres, qui ne consentaient à la guerre qu'à contre-cœur, tels que MM. de Parieu, Plichon, Louvet et Segris, n'auraient pas insisté pour une solution pacifique, dès l'instant que l'insulte était imaginaire et faussement inventée par le chancelier ?

L'ambassadeur alla à pied au Palais-Bourbon, en compagnie de M. Emile Ollivier, et fut le témoin attristé et silencieux des déclarations ministérielles, qui interprétaient si étrangement les rapports qu'il avait envoyés.

Aucun des membres de la Commission ne s'enquit du retour de Benedetti et ne songea à invoquer son témoignage. Personne ne se demanda dans quel but le duc de Gramont l'avait fait venir à Paris. On préféra s'abstenir de toute objection et accueillir, sans contrôle, les informations de seconde et de troisième main, présentées par le ministre des affaires étrangères.

Avez-vous des alliances? demanda timidement un des commissaires. « Si je vous ai fait attendre tout à l'heure, répondit le duc de Gramont, c'est que j'étais en conversation avec l'ambassadeur d'Autriche et le ministre d'Italie ; j'espère que vous ne m'en demanderez pas davantage ». La commission se contenta de cette explication énigmatique, interprétée dans un sens favorable, et le duc de Gramont se retira.

Le temps pressait. Quelques pièces, sans doute peu importantes, restèrent sur la table. Le marquis de Talhouet, un des plus honnêtes membres de cette honnête Chambre, ancien collègue des ministres, esprit droit, caractère intègre, jouissait de la plus haute considération. Ministre démissionnaire, libre d'attache officielle, il était un des 84 députés qui avaient voté la communication des pièces. Il fut choisi pour rapporteur. Epouvanté de sa responsabilité, il demanda et obtint de s'adjoindre, pour la rédaction du rapport, le comte de Kératry, partisan de la guerre, et M. Ernest Dréolle, qui ne cédait qu'à regret au courant.

Un rapport, semblable à un procès-verbal, fut rédigé séance tenante. Il déclarait très catégoriques les explications du ministre des affaires étrangères, affirmait, en se fondant sur sa parole et plus encore sur son silence, que le gouvernement avait, depuis le début jusqu'à la fin des négociations, toujours poursuivi le même but et terminait par le témoignage le plus complet d'adhésion envers le cabinet « qui avait, du moins, cette bonne fortune de trouver un très honnête homme pour contresigner ses résolutions ». C'est avec une incontestable bonne foi que le marquis de Talhouet, trompé par les déclarations du duc de Gramont, altérait la vérité en affirmant que le gouvernement avait constamment poursuivi le même but et posé la question des garanties dès le début des négociations.

Les députés, dispersés pendant la délibération de la commission, rentraient au Palais-Bourbon, en proie aux plus violentes émotions. Dans la rue, des illuminations s'allumaient de tous côtés, au chant de la *Marseillaise* et aux cris de : « A bas la Prusse ! », « A Berlin ! ». « On se préparait à la guerre, comme on se prépare à une émeute ». (Saint-Marc Girardin).

La séance fut reprise, à 9 heures 1/2 du soir, au milieu d'un silence solennel. Le marquis de Talhouet, très troublé, grave et triste, donna lecture du rapport de la commission. L'effet fut décisif. L'opposition demeura confondue.

Il se livra pourtant une dernière bataille désespérée. Ce fut Gambetta qui l'engagea. Sa nature ardente l'inclinait vers les belliqueux, mais il se défiait de l'Empire. Il avait peu de confiance dans la victoire qui, d'ailleurs, aurait rendu toute sa force aux bonapartistes autoritaires. Par patriotisme, comme par esprit de parti, il redoutait les conséquences de la guerre, quelles qu'elles fussent.

Après avoir fait appel au calme et au sang-froid, Gambetta constata que nous ne pouvions compter sur les sympathies de l'Europe que si la France était réellement attaquée. « On parle d'insulte et c'est le principal motif de la rupture. Mais l'ambassadeur n'a envoyé ni protestations, ni dépêche indignée. Il n'y a eu aucun éclat diplomatique, aucun signe avant-coureur d'une rupture. Il n'a pas réclamé ses passe-ports. Que reste-t-il ? La dépêche de M. de Bismarck ? Mais où est-elle cette dépêche ? En quels termes est-elle conçue ? Il faut que nous la voyions, que nous la discutions avec vous ».

Gambetta s'exprima avec une modération, que ne parvinrent pas à troubler les murmures de l'Assemblée. La sagesse parlait, cette fois, par sa bouche. Mais il était sans autorité et ne fut pas écouté.

Le duc de Gramont interrompit Gambetta pour protester que la dépêche de Bismarck avait été communiquée à la commission et le président, le duc d'Albuféra, confirma cette affirmation. L'information, adressée par Bismarck aux agents prussiens, dont le roi ignorait lui-même l'envoi (1), était transformée en une dépêche du gouvernement prussien aux gouvernements étrangers. M. Emile Ollivier s'indigna. « Que nous importent les protocoles de chancellerie, les dépêches sur lesquelles on peut discuter ? Sur notre honneur d'honnêtes gens, nous affirmons un fait. C'est que, d'après les récits de la

---

(1) Le roi écrivait à la reine Augusta : « La circulaire prussienne, qui aurait provoqué la déclaration de guerre, n'a jamais existé ».

Prusse, notre ambassadeur n'a pas été reçu par le roi et qu'on lui a refusé, par un aide de camp, d'entendre une dernière fois l'exposé courtois, modéré, conciliant d'une demande, dont la justesse est irréprochable. Que serions-nous donc si, à la face de l'Europe, nous avions la sottise ou l'impudeur d'alléguer comme prétexte un fait inexact ? Mais pour qui nous prenez-vous donc ? Voter, c'est agir, ne discutez plus, parce que discuter, c'est perdre un temps précieux ».

Le rapport du marquis de Talhouet avait entraîné les timides et les flottants, qui ne cherchaient qu'un prétexte pour apaiser leur conscience et couvrir leur responsabilité. Les objurgations de M. Emile Ollivier mirent fin au débat. L'agitation et l'affolement étaient au plus haut degré. Un des députés les plus exaltés, M. Zorn de Bulach, menaçant, accusait la gauche de manquer de patriotisme. Ce zélé et ardent patriote devait, dans un avenir prochain, abandonner la France pour servir la Prusse.

La séance avait duré onze heures. Il fallait en finir, il était près de minuit. Les derniers hésitants n'osèrent refuser leur concours. Leur excuse est que tous, comme en convint plus tard le duc de Gramont, avaient une confiance absolue dans la victoire. Personne ne croyait qu'elle pouvait nous être infidèle. Deux cent quarante-cinq voix approuvèrent les crédits. Six votèrent contre : Emmanuel Arago, Desseaux, Esquiros, Glais-Bizoin, Jules Grévy, Ordinaire. Quatre s'abstinrent : Thiers, Crémieux, Girault, Raspail. Les autres propositions furent votées à l'unanimité, sauf une voix. « *Alea jacta est !* Le sort en est jeté ».

Au Sénat, le duc de Gramont ne rencontra pas

l'ombre d'une opposition. Tout fut voté, à l'unanimité, aux cris de : Vive l'Empereur !

Bismarck l'emportait. Il avait pu paraître téméraire, mais il n'avait pas trop préjugé de la présomption française. « Le taureau gaulois s'était rué, tête baissée, sur le drapeau rouge » et sur la pointe de l'épée, tendue, d'une main ferme, par le plus hardi et le plus habile des toréadors. La France se précipitait follement dans une guerre, dont elle prenait l'initiative et assumait la responsabilité, en se donnant, en apparence, tous les torts. « C'est ainsi, a dit un des députés les plus modérés, M. le marquis d'Andelarre, qu'une Chambre fut entraînée à voter une guerre terrible, sans armée, sans alliés, sans raison, sans prétexte, ainsi que nous le savions bien lorsque nous demandions, sans nous lasser, la communication des pièces, qu'on nous refusait impitoyablement ».

Le ministère était responsable de la guerre et l'impartiale histoire enregistrera le jugement sévère de M. Thiers sur cette déplorable aventure : « Vous avez mal commencé et vous avez mal fini ».

Des deux côtés du Rhin, on ne songeait plus qu'à la lutte. La Prusse continuait sa mobilisation, commencée en silence. Le 16 juillet, le Corps législatif votait un crédit extraordinaire de 500 millions et élevait à 140.000 hommes la classe de 1870.

Engagé par faiblesse dans une guerre qu'il ne désirait pas, l'Empereur accueillit avec mélancolie les adulations de M. Rouher, président du Sénat, auxquelles les événements devaient infliger un cruel démenti. A cette flatterie déplacée : « Grâce à vos soins, la France est prête, Sire, » il répliqua : « Nous engageons une lutte sérieuse où la France a besoin du concours de tous ses enfants ».

De même, il répondait à la délégation du Corps législatif, conduite par le président Schneider : « Ah ! Messieurs, c'est une lourde guerre que nous entreprenons ».

A Berlin, le roi Guillaume, recevant une adresse de la Chambre de Commerce de Hambourg, s'exprimait dans les mêmes termes, déclarant qu'il n'avait pas cherché le conflit et que, fort de son droit, il mettait sa cause sous la garde de Dieu.

Le roi Guillaume était rentré dans sa capitale le 15 juillet. Il fut acclamé de la gare au Palais-Royal par une foule enthousiaste, qui couvrait la promenade des Tilleuls (unter den Linden) et voulait traîner sa voiture : « Jamais, écrivait Lord Loftus, depuis 1813 le sentiment national n'a été, dans ce pays, excité jusqu'à ce point ; toutes les classes de la population, tous les partis politiques sont aussi décidés à la guerre ».

Le 16 juillet, les ordres de mobilisation étaient envoyés et le Reichstag convoqué pour le 19. Dans la même journée, le Conseil fédéral se réunit et le chancelier expose qu'à propos d'une affaire de famille, qui ne concernait pas la Prusse, la France avait manifesté des exigences, importuné le Roi et demandé finalement une lettre d'excuses et une garantie pour l'avenir. L'attitude du gouvernement impérial ne permettait pas de douter qu'il voulait imposer à la Prusse « une humiliation ou la guerre ». Les représentants des Etats confédérés de l'Allemagne du Nord votèrent unanimement la guerre.

Le 18 juillet, Bismarck lança une circulaire aux représentants de la Confédération à l'étranger. Il eut l'audace de railler le gouvernement français d'avoir ajouté foi aux légendes sur l'entrevue d'Ems ; il l'accusait d'avoir altéré la vérité dans la séance du

Corps législatif du 15 juillet et inventé des prétextes d'une fausseté manifeste. Il niait que la communication de la dépêche d'Ems fût une note officielle ; c'était une simple information. Le rappel de Werther n'était qu'un congé. Il démentait toute offense faite à Benedetti, offense contraire au caractère chevaleresque du roi. Enfin il déclinait toute médiation, résolu à vider sa querelle en champ clos avec la France.

Le Reichstag s'assembla le 19 juillet. En présence des députés et de la cour, dans la cathédrale, le pasteur évangélique Hoffmann développa le verset du Psalmiste : « Avec Dieu nous voulons accomplir des exploits », et rappela les outrages subis sous le premier Empire par la reine Louise, mère du roi. A l'issue du service religieux, l'assemblée se réunit dans la salle blanche, au milieu des acclamations et des hurrahs. Le roi ouvrit la session, il rejeta sur le gouvernement impérial la responsabilité de la guerre, fit appel aux passions nationales de l'Allemagne et se déclara assuré du concours des Etats du Sud.

A ce moment arrivait à Berlin le courrier de France, envoyé pour notifier la rupture officielle. Des mains de Lesourd, notre chargé d'affaires, Bismarck, radieux, recueillit la déclaration de guerre, si ardemment convoitée. Le chancelier la communiqua au Reichstag, qui répondit par des applaudissements, et la séance fut levée aux cris répétés de : Vive le Roi !

Les Etats du Sud, entraînés par l'élan unanime des Allemands de la Confédération du Nord et mis en demeure d'exécuter les traités d'alliance défensive de 1866, résolurent, après quelques velléités de neutralité, de faire cause commune avec leurs frères pour s'opposer à l'invasion du territoire national par les Français.

Le 25 juillet, le prince royal de Prusse prenait le commandement des contingents des Etats du Sud, versés par le roi Guillaume dans la 3ᵉ armée.

FIN

LE PRISONNIER DE WILHELMSHÖHE

........Tolluntur in altum
Ut lapsu graviore ruant........

Le bienveillant accueil, réservé par les lecteurs du Vosgien à mon essai sur Les Causes de la Guerre de 1870-1871, m'a encouragé à donner à ce récit un épilogue.

Les renseignements sur la captivité de Napoléon III, puisés dans les souvenirs du journaliste allemand Mels-Cohn, confident de l'Empereur à Wilhelmshöhe, et dans ceux du général de Monts, gouverneur de Cassel, son gardien, ont été révélés au public par M. Henri Welschinger, qui m'a servi de guide et dont je me suis borné à résumer, en partie, la belle et intéressante étude.

Après la déclaration de guerre

Dès le lendemain de la déclaration de guerre, la surexcitation de la première heure tomba et les inquiétudes se manifestèrent. Dans ses réponses aux félicitations du Sénat et du Corps législatif, l'Empereur laissa percer son anxiété, à tel point que le baron de Mackau, qui faisait partie de la délégation du Corps législatif, dit à ses collègues, en sortant du cabinet de l'Empereur : « Nous sommes *rasés* ».

Les jours qui suivirent n'atténuèrent pas cette pénible impression. De tous côtés, arrivaient des nouvelles déconcertantes.

Le 20 juillet, une dépêche annonçait que Prévost-Paradol s'était suicidé à Washington. Rallié à l'Empire libéral, il avait accepté les fonctions de ministre près des Etats-Unis. Parti le 2 juillet, avec son fils et sa fille, pour prendre possession de son poste, il apprit, en débarquant à New-York, la déclaration de guerre. Cette nouvelle imprévue produisit sur son organisme impressionnable, éprouvé par l'excès de la chaleur, une sorte de choc en retour. Il eut la vision des malheurs de la France et le désespoir fit vaciller sa raison. Le brillant académicien, qui disparaissait dans ces tristes circonstances, à peine âgé de 40 ans, fut la première victime de la guerre. Sa mort sembla un présage de défaite.

Le 30 juillet, le prince royal de Prusse disait à Munich au prince de Hohenlohe : « Pour entreprendre cette guerre, il faut que l'Empereur Napoléon soit terriblement aveuglé ».

Le comte de Bismarck, en révélant ses anciennes négociations et en publiant, dans le journal « Le Times », le projet d'annexion de la Belgique, écrit de la main de notre imprudent ambassadeur, avait indisposé contre la France l'opinion publique dans les Etats du Sud de l'Allemagne et en Angleterre.

Les Etats du Sud, indignés des regards de convoitise jetés par Napoléon III sur des territoires appartenant à la Hesse et à la Bavière, faisaient cause commune avec la Prusse et leurs armées marchaient contre nous.

L'Angleterre, alarmée par la perspective de l'annexion de la Belgique, ne dissimulait plus ni son mécontentement, ni sa malveillance.

La Russie était nettement hostile et prête à empêcher l'Autriche hésitante de prendre parti pour nous. Elle se joignait à l'Angleterre pour détourner le Danemark de notre alliance.

L'ingrate Italie ne songeait qu'à profiter de nos embarras pour s'emparer de Rome, que protégeait encore notre corps d'occupation.

Successivement la Russie, l'Angleterre, le Danemark, l'Autriche et l'Italie déclaraient leur neutralité. Nous restions isolés ; les rêves du duc de Gramont s'évanouissaient en fumée et seule, la victoire pouvait nous ramener les sympathies des puissances, sur lesquelles le ministre des affaires étrangères avait eu la présomption de compter.

Mais les chances de victoire s'éloignaient chaque jour davantage ; la mobilisation s'opérait avec une lenteur désespérante ; les effectifs n'étaient pas au complet, l'intendance n'avait rien prévu, nos places de guerre manquaient d'approvisionnements, le ravitaillement en vivres et en munitions n'était nulle part assuré. Le maréchal Le Bœuf se montrait manifestement au-dessous de sa tâche ; déjà désemparé, il ne possédait plus la force morale nécessaire pour se faire obéir. L'autorité de l'Empereur, comme généralissime, n'était que nominale.

Lorsque, le 28 juillet, Napoléon III quitta Saint-Cloud pour se rendre au quartier général de l'armée à Metz, il adressa à l'Impératrice, qu'il ne devait plus revoir sur le sol français, de tristes adieux. Accompagné de son fils, le Prince impérial, et de son cousin, le prince Napoléon, il parut blême, affaissé, inquiet, rempli de sombres pressentiments ; le prince Napoléon en proie à l'agitation et à la colère.

Ils évitèrent de traverser Paris, afin de se soustraire aux démonstrations d'un enthousiasme qu'ils ne partageaient plus.

Une des plus graves questions à résoudre fut celle du commandement. Aucun officier général ne semblait de taille à en assumer la responsabilité. Nous n'avions plus à opposer aux Prussiens les Saint-Arnault, les Bosquet, les Pélissier, les Niel. Le choix demeurait très limité. Parmi les maréchaux, Baraguay d'Hilliers et Vaillant étaient trop vieux, Canrobert avait donné sa mesure en résignant le commandement devant Sébastopol, Le Bœuf était déjà écrasé sous le poids de ses fonctions de major général. Ces éliminations opérées, il ne restait que deux noms, Mac-Mahon et Bazaine. L'un et l'autre auraient été certainement inférieurs à une pareille mission ; ils l'ont prouvé tous deux, l'un à Metz, l'autre à Sedan.

La difficulté fut résolue par l'attribution à l'Empereur du commandement en chef de l'armée. Ce n'était qu'une apparence de solution. Déjà Napoléon III avait exercé les fonctions de généralissime pendant la campagne d'Italie et son insuffisance avait éclaté à tous les yeux. Maintenant, affaibli et épuisé par la maladie et en face d'un ennemi autrement redoutable, il ne pouvait que révéler son incapacité.

L'armée, au lieu d'être groupée sous une main ferme et animée par une volonté unique, se trouva éparpillée sur la frontière autour de Strasbourg et de Metz et placée sous les ordres de chefs de corps, qui se jalousaient plutôt que de s'entr'aider. Tout nous manquait à la fois ; tout alla à la dérive sans plan d'ensemble et sans suite dans la direction. Il fut bientôt manifeste que les Prussiens avaient la supériorité du nombre, de la discipline, de la préparation et du commandement.

Le prince Napoléon, surpris en Norwège par la déclaration de guerre, revint furieux et eut beau jeu pour exercer sa verve et blâmer tout ce qui avait été fait ou proposé. Chargé un moment du commandement du corps expéditionnaire de la Baltique, il y renonça et fut rattaché à l'état-major de l'Empereur, sans poste assigné, au grand mécontentement de Napoléon III, qui appréhendait l'esprit critique et les violences de langage de son cousin.

A Metz, l'Empereur prit le commandement de l'armée, tandis qu'à Paris, l'Impératrice, investie de la régence, allait cruellement expier, pendant un long mois d'angoisse, sa complicité dans la déclaration de guerre.

Premières défaites

L'insignifiant engagement d'avant-poste de Saarbrück fut célébré comme une victoire et donna lieu à une dépêche ridicule, qui cherchait à créer une légende héroïque au jeune Prince impérial, en exaltant son intrépidité au feu.

Les illuminations étaient à peine éteintes qu'on apprenait, coup sur coup, les défaites d'Abel Douay à Wissembourg, de Mac-Mahon à Reichshofen et de Frossard à Forbach, 6 août 1870. L'armée de Mac-Mahon se repliait en pleine déroute et le reste de nos forces se trouvait refoulé sous Metz. Ces échecs simultanés, inattendus pour la masse de la nation, causèrent une profonde émotion. A la confiance des premiers jours, succéda une indignation, d'autant plus vive que la déception était plus imprévue.

Le 7 août, l'Impératrice rentrait de Saint-Cloud aux Tuileries. Le ministère Ollivier, succombant sous le poids de l'impopularité, dut donner sa démission, 9 août. Il fut remplacé par un cabinet franchement bonapartiste, présidé par le général Cousin-Montauban, comte de Palikao, ministre de la guerre. Au duc de Gramont succéda le prince de la Tour d'Auvergne, ambassadeur à Vienne, diplomate correct, doué de tact et de mesure, qui donna une preuve de dévouement et d'abnégation en acceptant, dans des circonstances si périlleuses, le portefeuille des affaires étrangères.

Le Parlement convoqué ne fit qu'ajouter aux difficultés de la situation. L'Impératrice Régente montrait le plus grand courage, elle était, écrivait Mérimée, « ferme comme un roc », mais elle ne parvenait pas à surmonter ses inquiétudes. Elle aurait désiré retenir auprès d'elle Canrobert, qui jouissait de son entière confiance et en était digne, mais le maréchal insista pour rejoindre à Metz l'armée du Rhin, qui allait se mesurer avec l'ennemi.

Le déchaînement contre l'incapacité de l'Empereur et celle du major général de l'armée, Le Bœuf, fut tel que tous deux durent remettre leurs pouvoirs entre les mains de Bazaine, nommé généralissime, en qui l'opinion aveuglée saluait le sauveur de la France.

L'Empereur aurait voulu ramener l'armée à Châlons, y recueillir les débris des corps de Mac-Mahon, de Failly et Félix Douay, mais la Régente et le Conseil des ministres s'y opposèrent. L'armée du Rhin, renforcée par l'arrivée du corps de Canrobert et portée à 200,000 hommes, eut pour objectif de se concentrer autour de la place de Metz et d'empêcher la jonction et la marche en avant des armées prussiennes.

Privé de commandement, humilié devant ses soldats, l'Empereur, dont l'état de santé s'était aggravé et le moral abattu, ne pouvait rester à Metz. Il se décida, à la veille d'une grande bataille, tandis que la route était encore libre, à quitter le quartier général avec le Prince impérial le 15 août, jour de sa fête, et à regagner Châlons-sur-Marne.

Pendant que se livraient, autour de Metz, les sanglantes rencontres des 14, 16 et 18 août, à Borny, Gravelotte et Saint-Privat et que, malgré des prodiges de valeur, l'armée, par la faute du maréchal Bazaine, était définitivement enfermée dans un cercle de fer, l'Empereur arrivait à Châlons et cherchait à reconstituer une armée avec les renforts, qui venaient se joindre aux débris du corps de Mac-Mahon.

Conférence de Châlons

Une conférence décisive se tint à Châlons le 16 août, pendant que s'engageait la bataille de Gravelotte, entre l'Empereur, le prince Napoléon, le maréchal Mac-Mahon, les généraux Schmitz, Berthaut, de Courson et le général Trochu, qui venait de Paris. Trochu prit le premier la parole et conclut à la retraite sur Paris de toutes les forces réunies à Châlons. Cette armée, placée sous le commandement de Mac-Mahon, campée sous les murs de Paris, s'aguerrirait et protègerait la capitale, mise en état de défense.

Le prince Napoléon approuva avec chaleur le plan de Trochu et dit vivement à l'Empereur avec sa brusquerie habituelle: « Vous avez abdiqué à Paris le gouvernement, vous avez abdiqué à Metz le commandement. A moins de passer en Belgique, il faut reprendre l'un ou l'autre. Pour le commandement, c'est impossible; pour le gouvernement, c'est difficile et périlleux, car il faut rentrer à Paris. Mais que diable! si nous devons tomber, tombons comme des hommes ! Nommez le général Trochu gouverneur de Paris, chargé de la défense de la place ; qu'il vous y précède de quelques heures et qu'il annonce votre retour à la population par une proclamation ! » L'Empereur demandant à Trochu s'il accepterait cette mission, le général répondit affirmativement. Le souverain, sans initiative, sans autorité, s'abandonnait à la fortune, tandis que le prince Napoléon, quoique très animé, restait maître de lui. Au dire de Trochu, « il n'y eut à Châlons d'autre Napoléon que lui ». Mac-Mahon resta silencieux, prêt à obéir. Le général Schmitz se rangea à l'avis du prince Napoléon, qui fut adopté à l'unanimité.

Trochu, nommé par l'Empereur gouverneur de Paris, partit immédiatement pour la capitale. Arrivé à minuit, il se rend aux Tuileries et expose à l'Impératrice Eugénie les résolutions arrêtées à Châlons. Aux premiers mots, la Régente l'interrompt. Le retour de l'Empereur à Paris est impossible. « Il n'y rentrerait pas vivant ». Quant à l'armée de Châlons, son devoir est de faire sa jonction avec celle de Metz. Trochu demeurera gouverneur de Paris et sera chargé de sa défense.

Déçu par cet accueil hostile, Trochu insista en vain. Le comte de Palikao confirma les décisions de la Régente, qu'il avait probablement suggérées. Le régime autoritaire remplaçait le régime libéral ; Rouher était redevenu le confident et l'inspirateur de l'Empire sur son déclin.

Mission du prince Napoléon à Florence

Le 19 août, l'Empereur, trop tard convaincu de notre infériorité militaire, envoya son cousin, le prince Napoléon, à Florence, afin de tenter auprès de son beau-père, le roi Victor-Emmanuel, un suprême effort, espérant que l'alliance de l'Italie entraînerait celle de l'Autriche. Le Savoyard était trop avisé pour se joindre à nous au lendemain d'une défaite ; il n'avait pas oublié la recommandation de l'historien Guichardin : « Pregate Dio sempre di trovare dove si vince ». Priez Dieu qu'il vous mette toujours du côté de la victoire.

L'intervention du prince Napoléon était d'avance condamnée à l'insuccès ; bientôt on lui fit comprendre que sa présence à Florence devenait embarrassante pour l'Italie, « hospes gravis », et, le jour même de la bataille de Sedan, il s'éloigna et se réfugia dans son château de Prangins, sur le Léman.

Victor-Emmanuel n'avait pas attendu ce moment pour se dégager ; en apprenant, le 6 août, nos premiers désastres, il s'était écrié : « Pauvre Empereur ! Mais f...! je l'ai échappé belle ! » Ce fut son seul témoignage de sympathie.

Marche de Mac-Mahon

La Régente et le ministère, après s'être opposés à la rentrée de l'Empereur à Paris, exigèrent la marche de Mac-Mahon et de son armée sur Metz.

Mac-Mahon obéit, malgré ses sinistres pressentiments, et commença le 23 août son mouvement pour aller au secours de Bazaine, qui avait, depuis la bataille du 18 août, manifesté clairement son intention très arrêtée de rester sous Metz.

Cette marche anti-stratégique, avec une armée sans cohésion, peu aguerrie et mal disciplinée, ne pouvait aboutir qu'à un désastre.

Sedan

Ce fut Sedan. Dès le commencement de l'action, 1er septembre, Mac-Mahon, grièvement blessé, remettait le commandement au général Ducrot, qui dut le céder presque immédiatement au général de Wimpffen, arrivé la veille et éventuellement désigné par le comte de Palikao. Wimpffen refusa de confirmer les prudentes dispositions adoptées par Ducrot pour la retraite sur Mézières, et alla se heurter de front contre les forces prussiennes massées autour de la place. Après un effort désespéré, aussi héroïque que vain, l'armée était perdue. L'Empereur, dépouillé de toute autorité, sans aucune attribution, resta passif, plus encombrant qu'utile, de plus en plus accablé par la maladie, de plus en plus affaissé sous les coups répétés du destin.

Immobile et muet, il demeura quatre heures à cheval sur le champ de bataille de Sedan, exposé au feu, impassible au spectacle des officiers frappés à ses côtés et des obus éclatant auprès de lui. « La fortune, dit M. Etienne Lamy, lui refusait tout, même la mort, ou plutôt, elle lui donna, sans la mort, l'agonie ».

L'armée française, repoussée de toutes parts, rentra en désordre dans Sedan. De l'aveu de tous les chefs de corps, la résistance était devenue impossible et l'artillerie prussienne, campée sur les hauteurs qui dominent la ville, mitraillait, sans péril et sans merci, les troupes réfugiées dans la place.

Pour mettre un terme à cette boucherie, l'Empereur ressaisit momentanément son autorité, fit hisser le drapeau blanc et se résigna à une capitulation inévitable. On ne peut le blâmer de cet acte d'humanité; l'armée avait fait preuve de vaillance au point d'arra-

cher au roi Guillaume son exclamation légendaire :
« Oh! les braves gens ! » Il était temps d'arrêter un carnage inutile.

Personne n'a mieux apprécié la bataille que l'Empereur lui-même dans deux lettres intimes adressées au lendemain de la capitulation à l'Impératrice, la première datée du quartier général de Sedan, la seconde de Bouillon.

« Ma chère Eugénie,

« Nous avons fait une marche contraire à tous les principes et au sens commun, cela devait amener une catastrophe. Elle est complète. J'aurais préféré la mort à être témoin d'une capitulation si désastreuse et, cependant, dans les circonstances présentes, c'était le seul moyen d'éviter une boucherie de 60,000 personnes.

« Je suis au désespoir, je t'embrasse tendrement.

« NAPOLÉON ».

« Ma chère Eugénie,

« La catastrophe qui est arrivée devait avoir lieu.
« Notre marche était le comble de l'imprudence et, de plus, elle a été très mal dirigée. Figure-toi une armée entourant une ville fortifiée et étant elle-même entourée par des forces supérieures. Au bout de quelques heures, nos troupes ont voulu rentrer en ville. Alors la ville s'est trouvée remplie d'une foule compacte et, sur cette agglomération de têtes humaines, les obus pleuvaient de tous côtés, tuant les personnes qui étaient dans les rues, renversant les toits, incendiant les maisons. Dans cette extrémité, les généraux sont venus me dire que toute résistance était impossible. Plus de corps constitués ! plus de munitions ! plus de vivres ! On a tenté de faire une trouée, mais

elle n'a pas réussi... Je suis resté quatre heures sur le champ de bataille.

« La marche d'aujourd'hui au milieu des troupes prussiennes a été un vrai supplice.

« Adieu. Je t'embrasse tendrement.

« NAPOLÉON ».

Le 1er septembre, à 6 heures 1/2 du soir, l'Empereur avait envoyé son épée au roi Guillaume, par le général Reille, avec le billet suivant :

« Monsieur mon frère, n'ayant pu mourir au milieu de mes troupes, il ne me reste qu'à remettre mon épée entre les mains de Votre Majesté.

« Je suis de Votre Majesté le bon frère

« NAPOLÉON ».

Le roi répondit :

« Monsieur mon frère. En regrettant les circonstances dans lesquelles nous nous rencontrons, j'accepte l'épée de Votre Majesté et je la prie de vouloir bien nommer un de ses officiers, muni de pleins pouvoirs, pour traiter des conditions de la capitulation de l'armée, qui s'est si bravement battue sous vos ordres. De mon côté, je désigne le général de Moltke à cet effet.

« Je suis de Votre Majesté le bon frère.

« GUILLAUME ».

La capitulation

Le 2 septembre, dès le matin, l'Empereur quitta Sedan et se rendit en voiture au village de Donchery. Il rencontra Bismarck en tenue de campagne, qui descendit de cheval pour le saluer respectueusement. Napoléon mit aussi pied à terre et tous deux entrèrent dans le pauvre logis du tisserand Fournaise. L'Empereur demanda à voir le roi. Le chancelier, qui voulait reculer l'entrevue jusqu'après la signature de la capitulation, répondit que cela était impossible. Tous deux s'assirent sur les deux chaises de paille, qui constituaient tout le mobilier du logement, et eurent un entretien d'une heure.

L'Empereur commença par déplorer la guerre, alléguant qu'il y avait été entraîné, contre son gré, par l'opinion publique, et chercha à obtenir pour la capitulation des conditions moins dures que celles proposées au général Wimpffen. Bismarck le renvoya au général de Moltke, mais insinua que, si l'Empereur était disposé à conclure la paix, les conditions de la capitulation seraient bien différentes. Napoléon l'interrompit aussitôt pour déclarer qu'il était prisonnier de guerre et que seul le gouvernement de l'Impératrice Régente avait qualité pour traiter de la paix.

Sur ces entrefaites, le comte de Moltke survint et fut d'accord avec Bismarck pour persister dans toutes ses exigences au sujet des clauses de la capitulation. Wimpffen, en effet, se débattit en vain ; la capitulation fut signée, sans aucune atténuation, à onze heures du matin.

Après le départ de Bismarck et de Moltke, l'Empereur resta seul pendant une heure et demie, dans la demeure du tisserand, invisible au regard des curieux. Pâle, il en sortit pour se promener dans le petit jardin potager, fumant nerveusement cigarettes sur cigarettes. Puis il s'assit devant la maison auprès de ses officiers et fut absolument muet pendant leur conversation animée.

Vers 10 heures, Bismarck revint en grand uniforme, descendit de cheval et s'approcha de l'Empereur. Napoléon monta en voiture, escorté par la garde d'honneur des cuirassiers, et fut dirigé vers la jolie résidence du château de Bellevue. Il entra dans le salon avec le chancelier, qui prit bientôt congé de lui.

La capitulation étant signée, Guillaume le rejoignit à 2 heures et l'aborda avec ces paroles : « Sire, le sort des armes a décidé entre nous, mais il m'est bien pénible de revoir Votre Majesté dans cette situation ». L'entrevue fut courtoise. Napoléon fit l'éloge de l'armée allemande et particulièrement de l'artillerie, blâma l'indiscipline de ses troupes et se plaignit encore d'avoir été forcé à la guerre par l'opinion publique.

Le château de Wilhelmshöhe, près Cassel, indiqué par le prince royal, fut désigné, d'accord avec l'Empereur, pour le lieu de sa captivité. A sa sollicitation, il fut autorisé à se rendre, sur parole, à Aix-la-Chapelle, en traversant la Belgique, à emmener sa suite avec lui et à conserver son train de maison.

Napoléon coucha au château de Bellevue et partit le lendemain 3 septembre pour l'Allemagne, tandis que les innombrables prisonniers français s'entassaient dans la presqu'île d'Iges, justement surnommée « le Camp de la Misère ».

Napoléon, voulant éviter le territoire français, se dirigea sur Bouillon. Aucune escorte militaire n'étant permise, afin de ne pas violer la neutralité, il fut placé, sur son désir, pendant son trajet en Belgique, sous la garde du général baron Chazal, qu'il connaissait intimement, fils du conventionnel Chazal, naturalisé belge en 1844 et ministre de la guerre en 1867.

Relation de la bataille de Sedan

Arrivé à la frontière, à Verviers, il écrivit à la hâte une relation de la bataille de Sedan, dont nous donnons l'analyse :

Après la bataille de St-Privat, Bazaine, bien que maître du terrain, avait dû se replier sur Metz, afin de se ravitailler en vivres et en munitions, et l'armée prussienne renforcée lui barrait la route. Afin de le dégager, Mac-Mahon résolut d'aller à son secours, malgré la témérité d'une pareille tentative, en présence de l'armée du prince royal qui menaçait de le prendre en flanc. Dans cette intention, il se dirigea de Reims sur Rethel et de Rethel sur Stenay. Parvenu au Chêne-le-Populeux, il apprend que les corps de Douay et de Failly se sont déjà heurtés à l'avant-garde du prince royal et ordonne la retraite sur Mézières. Mais, sur un ordre venu de Paris, il reprend sa marche primitive. Il avait déjà passé la Meuse à Mouzon, lorsque les corps de Failly et de Douay, restés seuls sur la rive gauche, sont vivement attaqués à Beaumont et se retirent en désordre.

Mac-Mahon, convaincu de l'impossibilité d'atteindre Metz, donne l'ordre de rétrograder sur Sedan.

Sedan était défendu par des travaux incomplets et dominé par des collines, dont les Prussiens s'emparèrent et où ils installèrent une formidable artillerie.

Le 1er septembre, à 5 heures du matin, l'armée française est attaquée à la fois sur la droite et sur la gauche. La droite était occupée par les corps des généraux Ducrot et Lebrun et la gauche par ceux des généraux Wimpffen et Douay.

Dès le début de l'action, Mac-Mahon est blessé d'un éclat d'obus à la cuisse gauche, en reconnaissant les positions de l'ennemi. L'Empereur le rencontre, lorsqu'il est emporté du champ de bataille. Le général de Wimpffen prend le commandement. Un combat acharné s'engage et dure jusqu'à 2 heures. A ce moment, les Français repoussés se réfugient dans la place dans la plus grande confusion.

L'Empereur, qui s'était porté vers le corps du général Lebrun, resta quatre heures à cheval aux endroits les plus exposés. Rentré à Sedan pour rendre visite au maréchal Mac-Mahon, il ne put en sortir, tellement l'encombrement était grand. Instal à la Sous-Préfecture sous une pluie de feu, il reçoit tous les commandants de corps, qui annoncent que la résistance est devenue impossible.

Dans cette extrémité et en présence de ce massacre, ayant à lutter sans espoir contre une armée de 240.000 hommes et une artillerie, qui couronnait toutes les hauteurs environnantes, l'Empereur hissa le drapeau blanc à 5 heures et le feu cessa.

Le roi de Prusse envoya un aide de camp pour traiter de la reddition de la place et de la capitulation de l'armée.

L'Empereur fit connaître qu'il se rendait au roi de sa personne et laissait au général Wimpffen le soin de discuter les conditions de la capitulation.

Wimpffen, après une entrevue avec le comte de Moltke, soumit les conditions exigées à un conseil de guerre, composé de tous les généraux. A l'unanimité, le conseil reconnut l'impossibilité de la résistance et accepta les clauses de la capitulation. L'Empereur tenta d'en adoucir les rigueurs, mais son intervention fut sans effet.

Wilhelmshöhe

Le 5 septembre 1870, à 10 heures du soir, Napoléon III entrait avec sa suite, par un temps affreux et une pluie torrentielle, dans la gare de Cassel. Il fut accueilli respectueusement par le général de Monts, gouverneur de Cassel, le général Plonski et le premier président de Moeller, tous en grande tenue.

Le comte de Monts, qui devait être son gardien, venait de perdre un fils, mortellement frappé à la bataille de Saint-Privat. Issu d'une vieille famille huguenote, expulsée de France à la révocation de l'Edit de Nantes, né le 24 décembre 1801, il était, en 1870, après une brillante carrière militaire, gouverneur de Cassel.

Il est mort à Dresde en 1886 et a laissé des souvenirs, recueillis au cours de la captivité de Napoléon III (1).

Il n'avait rien d'un Hudson Lowe et se montra invariablement rempli de déférence et d'égards pour son prisonnier.

La suite de l'Empereur se composait des généraux de Castelnau, Edgar Ney, prince de la Moskowa, Reille, Pajol et de Vaubert, du prince Achille Murat, du commandant Hepp, du comte de Lauriston, du comte Davillier, de l'écuyer Raimbeaux, des médecins Conneau et Corvisart et du secrétaire particulier, Franceschini Piétri, sans compter plus de cinquante serviteurs avec autant de chevaux.

L'Empereur était accompagné du général allemand de Boyen et du prince de Lynar.

En descendant du train, Napoléon III passa lente-

---

(1) Napoléon III aus Wilhelmshöhe, nach Auszeichnungen des général Grafen Monts 1909.

ment, la main au képi, devant la compagnie, qui lui rendit les honneurs. Puis on monta en voiture et on se dirigea vers le château.

Wilhelmshöhe est situé à six kilomètres de Cassel, dans le voisinage des montagnes boisées de la Thuringe. Le château, auquel on accède par une large allée de tilleuls, est une vaste construction, massive et lourde, surmontée d'une coupole et d'un portique et entourée d'immenses bâtisses. On a visé à l'ampleur plus qu'à l'élégance; témoin un obélisque supportant une colossale copie de l'Hercule Farnèse, communément appelé « der Gross Christoph », dans la cuisse duquel huit personnes peuvent tenir à l'aise.

Ancien couvent de bénédictins, devenu au XVIe siècle la résidence d'été des landgraves de Hesse, le palais avait été transformé, agrandi et complété en 1829. Il est aujourd'hui un château de plaisance de l'empereur allemand.

Les possessions du landgrave de Hesse furent réunies au royaume de Westphalie, créé par Napoléon Ier, le 8 juillet 1807, en faveur du plus jeune et du plus incapable de ses frères, Jérôme Bonaparte.

Après la chute de l'Empire, ce pays, qui avait été bien gouverné, sous le nom du roi Jérôme, par d'habiles administrateurs français, fut restitué à l'électeur de Hesse, puis annexé, en 1866, au royaume de Prusse.

Vie de Napoléon à Wilhelmshöhe

C'était la seconde fois que Napoléon III voyait Wilhelmshöhe. Il y était déjà venu en 1812, à l'âge de 4 ans, sous le joyeux règne de son oncle, Jérôme Bonaparte, qui résidait souvent dans ce château, voisin de sa capitale.

Napoléon occupa le premier étage du palais. Le

lendemain de son installation, il le visita et, étouffant tout à coup un cri de surprise, demanda à sa suite de le laisser seul. Il venait de reconnaître dans un tableau le portrait de la reine Hortense, resplendissante de jeunesse et de grâce. Il adorait sa mère, avec laquelle il avait tant de traits de ressemblance. Emu jusqu'aux larmes, il resta longtemps en contemplation devant cette chère image. Lorsqu'il rejoignit son entourage, il avait recouvré tout son calme.

Voici quel fut son train de vie habituel. Il se levait entre 7 et 8 heures, ouvrait sa fenêtre et prenait une tasse de thé. Il s'amusait à jeter des miettes de pain aux moineaux, qui accouraient en foule et qu'il appelait ses petits amis.

Il lisait son courrier et parcourait les journaux allemands, belges et anglais, plus particulièrement le « Times ». Il parlait couramment l'anglais, l'allemand et l'italien, mais s'exprimait de préférence en français.

A 11 heures, il déjeunait simplement et causait avec ses officiers, fumait une cigarette et s'entretenait d'ordinaire de questions militaires avec le commandant Hepp, très familiarisé avec la langue allemande. A midi, il rentrait dans son cabinet pour y travailler, faisait une promenade dans le parc et dînait à 5 heures. Il assistait au repas en habit, avec l'étoile de la Légion d'honneur. Ses invités portaient tous l'uniforme ou l'habit. La cuisine, préparée par un chef choisi par la reine Augusta, était excellente.

Après le dîner, il allait au fumoir, prenait le café, jouait rarement aux cartes, mais écoutait plus souvent la lecture de quelque livre nouveau, ou la récitation de vers de Racine, de Corneille ou de Musset. Il n'avait pas de goût pour les romans.

A 9 heures, il serrait les mains de ses compagnons

de captivité, s'enfermait dans son cabinet et se remettait au travail, qu'il prolongeait souvent fort avant dans la nuit, malgré les prescriptions de ses médecins. Sa santé, d'ailleurs, semble s'être raffermie pendant son séjour à Wilhelmshöhe.

Il recevait les personnes qu'il voulait et fixait lui-même ses heures de promenade. Le public s'écartait silencieusement sur son passage. Ses officiers avaient reçu l'ordre de ne pas s'éloigner de plus de six kilomètres, distance de Cassel, mais lui-même n'alla jamais à Cassel, dont la population lui était peu sympathique. Il se contentait d'une garde fort simple et laissait les habitants pénétrer et circuler dans le parc.

La reine Augusta, pleine d'attentions pour l'impérial captif et ses compagnons, leur envoya toutes sortes de jeux pour les distraire. Les officiers préféraient le billard. De temps à autre, ils allaient au théâtre et même à la chasse.

Un bureau postal et télégraphique était mis à leur disposition. Le poste d'honneur comprenait 40 hommes, et 12,000 thalers (45,000 fr.), étaient alloués mensuellement pour la dépense. Les adoucissements apportés à la captivité de l'Empereur excitèrent les murmures du peuple, étonné de pareils égards accordés à celui qui lui avait été dénoncé comme l'auteur de la terrible guerre, dont les rigueurs devenaient chaque jour plus pénibles.

Impressions du général de Monts

Le 6 septembre, le général de Monts, gouverneur de Cassel, fut reçu par l'Empereur. Il le trouva affaissé, l'œil éteint, mais grave, réservé, calme, mesuré et digne. Son masque demeurait impassible et sa parole inerte. Ni irritation, ni plainte, ni blâme contre personne. Supérieurement maître de ses impressions, il n'aimait pas à se répandre en paroles et ne laissait rien voir des sentiments qui l'agitaient. La bonté, la bienveillance et la générosité étaient des traits de son caractère et lui attiraient les sympathies. Il manifestait son admiration pour la beauté et les qualités de l'Impératrice, ce qui n'avait pas empêché des écarts de conduite, parfois scandaleux. Mais le général de Monts ajoute avec une bonhomie indulgente que, s'il eût été vertueux, il n'aurait pas été le neveu de Napoléon Ier, ni le fils de la reine Hortense.

Le gouverneur de Cassel constata avec une véritable stupéfaction que l'Empereur lui apparaissait comme le type de la faiblesse. Il ne s'expliquait pas cette débilité, rapprochée de nombreux actes de sa vie, qui laissaient supposer une volonté ferme et virile.

Napoléon fut dominé, surtout à la fin de son règne, par l'Impératrice, qui chercha une distraction à ses soucis conjugaux dans une participation plus active aux affaires publiques et exerça une grande influence politique sur l'Empereur.

Napoléon avait observé l'organisation défectueuse de l'armée française, mais il n'eut ni la volonté, ni la force d'y remédier. Par crainte de l'impopularité, il renonça à la lutte. Il s'effrayait de l'opinion publique et redoutait les responsabilités. Après les premières défaites, il avait résigné, sans résistance, le commandement en chef entre les mains du maréchal Bazaine et suivi passivement, comme une épave, les évolutions de l'armée de Mac-Mahon.

On ne peut nier sa bravoure personnelle : l'a prouvée à Sedan. Si, dans cette terrible journée il n'eut pas recours au suicide, c'est parce qu'il était croyant et c'est aussi parce qu'il n'avait pas définitivement renoncé à l'espoir d'une restauration impériale. Il avait encore foi dans son étoile !

Le général de Monts donne également son appréciation sur les compagnons de l'Empereur — le général de Castelnau, homme de tact et de sens — le prince de la Moskowa, amateur de chevaux et de vénerie — le général Reille, d'allure martiale, au verbe bref et précis — le général Pajol, à l'air farouche, d'un jugement franc et net — le général Vaubert, descendant de Madame de Genlis, d'une modestie et d'une affabilité rares — le prince Murat, mondain aux manières élégantes — le commandant Hepp, aussi intelligent qu'instruit — le comte Davillier, vif et affairé — l'écuyer Raimbeaux, maladif — le docteur Conneau, ironique et mordant — le docteur Corvisart, plus réservé et plus savant, et enfin Franceschini Piétri, secrétaire discret et entièrement dévoué.

Inquiétudes de l'Empereur au sujet de l'Impératrice

En arrivant à Wilhelmshöhe, Napoléon était très inquiet sur le sort de l'Impératrice. Il avait prévu le contre-coup qu'aurait à Paris la capitulation de Sedan et les dangers qui menaçaient le pouvoir de la Régente et peut-être sa vie.

Dans ces tristes journées, le caractère de l'Impératrice ne se démentit pas. Lorsque le prince de La Tour d'Auvergne, ministre des affaires étrangères, lui apporta la première nouvelle de la bataille de Sedan et de la captivité de l'Empereur, elle s'écria : « Vous mentez ! il est mort ». Elle lutta avec héroïsme jusqu'au bout et ce n'est qu'après avoir été abandonnée de tous qu'elle se laissa entraîner, hors des Tuileries envahies, par Madame Lebreton, le prince de Metternich et le chevalier Nigra. Tandis que le portrait de l'Empereur servait de cible aux émeutiers et que le buste de l'Impératrice, œuvre de Carpeaux, était mis en pièces par la populace, elle sortait du Louvre par la porte du musée assyrien et, prenant un fiacre, comme, 22 ans auparavant, le roi Louis-Philippe, se faisait transporter chez le docteur Evans, dentiste américain. Elle réussit à quitter Paris, le 5 septembre, avec le docteur Evans, sans avoir été reconnue, arriva le 6 à Deauville, et s'embarqua secrètement le même jour à minuit par une mer démontée sur le yacht, *La Gazelle*, du général anglais sir John Burgoyne. Après une terrible traversée, elle aborda à Rye et retrouva le 8 septembre, à Hastings le prince impérial, amené de Belgique par le comte Clary et son précepteur, M. Filon. L'Impératrice se fixa à Chislehurst, Camden-House, dans une villa, louée par les soins du docteur Evans. Le prisonnier de Wilhelmshöhe fut soulagé, lorsqu'il apprit, après plusieurs jours d'angoisses, que sa femme et son fils étaient en sûreté.

Visites à Wilhelmshöhe

Napoléon reçut de nombreuses visites, entre autres celles du comte Clary, du général de Béville et de la duchesse de Hamilton, sœur de la princesse de Hohenzollern. Il vit également le général Fleury, son ancien ambassadeur à Saint-Pétersbourg, le général de Galiffet, la princesse Achille Murat et l'ancien préfet de police Piétri, à qui il confia plusieurs missions.

Le prince Napoléon avait demandé à se présenter à Wilhelmshöhe, mais l'Empereur l'en dissuada.

Son serviteur de confiance, chargé de la cassette privée, Charles Thélin, fit de fréquentes apparitions au château. Il ne tarissait pas sur la générosité de l'Empereur.

Le général Castelnau estimait la fortune de Napoléon III à 200,000 francs de rente. Le comte Arese, vieil ami de l'Empereur, qui avait conspiré avec lui en Italie, dans les ventes des Carbonari, offrit de lui venir en aide. Napoléon refusa. « Sans avoir, dit-il, les millions que la presse veut bien me donner, nous avons, l'Impératrice et moi, tout ce qu'il faut pour vivre convenablement pendant un an. Après cette époque, si l'on confisque tout ce que j'ai laissé en France, nous aurons pour vivre le revenu de mes terres en Italie et le produit des bijoux de l'Impératrice. Avec cela nous pouvons vivre à notre aise, comme de bons bourgeois de la rue Saint-Denis ».

Le comte Arese se chargea de la gestion des propriétés de l'Empereur dans la Romagne et dans les Marches et de la vente des ruines du palais des Césars et s'en acquitta avec la plus exquise délicatesse.

Dans sa correspondance avec Arese, Napoléon lui écrivait, au commencement du mois de septembre : « Vous savez tout l'intérêt que je porte à l'Italie et au roi. Je voudrais qu'il n'allât à Rome qu'à la mort du Pape, ce qui ne peut être long, vu son âge ». Toujours les mêmes préoccupations italiennes, toujours la même indécision, toujours le même jeu de bascule entre l'Italie et le Saint-Siège.

Intrigues de Bismarck en vue de la paix

Autant Bismarck avait souhaité la guerre, autant il désirait la paix, mais il voulait en dicter les conditions et, dès le lendemain de Sedan, il était déterminé à exiger l'Alsace et la Lorraine allemande, avec une forte indemnité de guerre, dont le chiffre resterait à débattre.

Mais à qui s'adresser pour conclure la paix et surtout qui consentirait à souscrire à ses dures conditions ?

La révolution du 4 Septembre compliqua le problème et Bismarck eut le choix entre le gouvernement impérial, dont l'armée du Rhin et son chef, Bazaine, n'avaient pas accepté la déchéance, et le gouvernement de la Défense nationale, dont l'autorité était reconnue à Paris et dans le reste de la France.

Le prince Clovis de Hohenlohe croit que Bismarck eut la pensée de replacer Napoléon III sur le trône, tandis que le général de Moltke aurait été d'un avis opposé.

Au fond, il semble bien que Bismarck, à cette époque, n'avait pas plus de préférence pour l'Empire que pour la République. Son seul but était d'imposer la paix aux conditions, arrêtées dans son esprit, et il lui était indifférent de s'entendre avec le gouvernement impérial ou avec celui de la Défense nationale.

Comme il l'a déclaré lui-même, dans un de ces accès de brutale franchise, qui ne sont pas rares dans sa vie, il consultait uniquement son intérêt, prêt à traiter avec le diable, si le diable acquiesçait à ses demandes.

Il ne démordra pas de ses exigences et la France luttera encore plus de quatre mois avant de se résigner à les subir.

A Sedan, l'Empereur prisonnier avait refusé d'entrer en négociations et renvoyé Bismarck à la Régente, mais la Régente était détrônée deux jours après.

La chute de l'Empire dérangea les projets du chancelier. Persévérant dans son idée de paix, il chercha à entrer en pourparlers à la fois avec les deux Gouvernements, de manière à les opposer l'un à l'autre et à se réserver d'adopter le parti le plus avantageux.

Il poursuivait, en outre, un autre résultat, celui d'énerver la défense de l'armée du Rhin et d'amener sa capitulation et la reddition de la place de Metz, sans nouveaux sacrifices.

S'il échoua dans son dessein d'obtenir, soit de l'Empire, soit de la Défense nationale, la conclusion d'une paix, jugée honteuse, il atteignit pleinement son second but, grâce à la complicité de Bazaine.

Un Juif baptisé et intrigant, Helwitz, se disant envoyé de Bismarck, eut avec l'Empereur plusieurs entrevues à Wilhelmshöhe et lui confia que le chancelier était disposé à conclure la paix et à le replacer sur le trône, avec l'aide de Bazaine et de son armée, moyennant la cession de l'Alsace et de la Lorraine.

L'Empereur ne voulut pas y consentir, persuadé qu'il ne pourrait se maintenir au pouvoir après l'abandon de deux provinces, et la négociation n'eut pas de suite.

A cette occasion, Napoléon s'entretint librement avec le général de Monts sur le compte de Bismarck et lui dit que la grande force du chancelier était de n'être que ministre. S'il avait échoué en 1866, il en serait quitte pour chasser actuellement les lièvres en Poméranie.

« Une responsabilité, couverte par la Majesté royale, un grand talent diplomatique, un bonheur presque sans pareil dans l'histoire ; avec cela, on peut tout oser ».

Battu du côté de l'Empereur, Bismarck, qui n'était jamais à court d'expédients, se retourna du côté de l'Impératrice.

Aventures de Régnier

Un aventurier mystérieux, Victor Régnier, né au Mée, près Melun, en 1823, associé à un commerçant établi en Angleterre, s'improvisant négociateur, s'était rendu à Hastings et avait présenté et fait signer, par surprise, au Prince impérial, pendant qu'il jouait dans le parc, des photographies du pays, 11 septembre. Régnier avait annoncé au Prince qu'il verrait prochainement son père à Wilhelmshöhe et lui montrerait, comme souvenir, ces photographies, au dos desquelles le prince avait écrit : « Mon cher papa, je vous envoie ces vues d'Hastings. J'espère qu'elles vous plairont ».

L'Impératrice, informée de ce qui s'était passé, manifesta son mécontentement et blâma le Prince et son précepteur de leur complaisance envers un inconnu, qui lui était suspect. Elle refusa énergiquement de le recevoir, malgré ses demandes réitérées. Toutefois, il parvint à se procurer, à prix d'argent, par la domesticité, une photographie, sur laquelle l'Impératrice avait tracé quelques lignes banales.

Ces photographies devaient lui servir de passeport auprès de l'Empereur et de Bismarck.

Régnier était entré en relations à Londres avec le comte de Bernstorf, ambassadeur prussien, à qui il avait fait part de son intention de devenir l'intermédiaire entre l'Empereur Napoléon et le roi Guillaume pour arriver à une prompte conclusion de la paix, objet des vœux du chancelier.

Régnier était-il un agent, on a même dit un espion, à la solde de la Prusse, comme sa conduite ultérieure le fit supposer, ou, plus probablement, était-il simplement un esprit déséquilibré, un intrigant hanté par l'ambition de jouer un rôle politique, propre à le mettre en relief ? Il agit, sans doute, d'abord spontanément, poussé par la folie des grandeurs, puis Bismarck résolut de l'utiliser, sauf à le rejeter, quand il n'aurait plus besoin de ses services.

Ce qui rend vraisemblable cette dernière hypothèse, c'est que Régnier ne semble avoir retiré aucun profit matériel de ses intrigues et que, plus tard, après sa condamnation à mort, par contumace, par un Conseil de guerre, on le retrouve en 1876, à Constantinople, complotant avec la Turquie contre la Russie, et, en 1884, à Rome, rêvant de réconcilier l'Italie et le St-Siège. Cet aventurier, poursuivi par la chimère de faire figure sur la scène du monde, mourut ignoré à Ramsgate en 1886, directeur d'une blanchisserie.

Grâce à la protection de l'ambassadeur prussien Bernstorf, Régnier arriva sans difficultés à Ferrières auprès de Bismarck, qu'il mit au courant de ses projets.

Il trouva le chancelier en conférence avec Jules Favre. Bismarck lui accorde immédiatement une audience et se sert de sa présence, qu'il révèle au ministre français, pour insinuer qu'il est prêt à traiter avec l'Empereur, s'il ne se met pas d'accord avec la République.

Cette menace n'ayant pas amené Jules Favre à souscrire à ses exigences, Bismarck communique le 21 septembre à Napoléon III, à Wilhelmshöhe, les conditions de paix, rejetées par le représentant de la Défense nationale, et lui demande s'il consentirait à les accepter. Mais Napoléon continue à protester contre tout démembrement du territoire.

Bismarck, ayant échoué à la fois auprès de Jules Favre et auprès de l'Empereur, détourne Régnier de se rendre à Wilhelmshöhe et l'engage à aller à

Metz, où il espère avoir plus de succès auprès de Bazaine.

Régnier, docile aux conseils du chancelier, pénètre aisément dans Metz, grâce à la protection de l'état-major du prince Frédéric-Charles, obtient, sans tarder, une audience de Bazaine, lui montre ses précieuses photographies, que le maréchal considère comme une lettre d'introduction suffisante, et lui propose, au nom de l'Impératrice, de faire servir son armée, après la conclusion de la paix, à la restauration du régime impérial.

Bazaine, oubliant que le devoir d'un soldat est de se battre et non de négocier, était déjà entré en relations avec le prince Frédéric-Charles. Il commit l'imprudence de se confier à Régnier, qui flattait ses secrètes ambitions, lui avoua qu'il n'avait des vivres que jusqu'au 20 octobre et se montra partisan d'un arrangement, qui terminerait la guerre et permettrait de mettre l'armée du Rhin à la disposition de l'Impératrice pour le rétablissement de l'Empire.

Comme il fallait s'entendre avec la Régente, Régnier offrit au maréchal d'envoyer à Chislehurst un officier général, pour lequel il se faisait fort d'obtenir un passe-port de l'état-major prussien.

Il proposa le maréchal Canrobert, qui refusa de s'éloigner de son corps d'armée, puis, à son défaut, le général Bourbaki, frère de Madame Lebreton, qui consentit, sur l'assurance donnée par Bazaine que la garde, qu'il commandait, ne serait pas engagée avant son retour.

Bourbaki et Régnier sortirent ensemble de Metz sans incidents et se séparèrent, le premier pour se rendre en Angleterre à l'appel de l'Impératrice, le second pour informer Bismarck du résultat de sa mission.

Régnier, revenu à Ferrières vers le 28 septembre, apprit à Bismarck que Bazaine était prêt à traiter, mais espérait des conditions modérées. Le chancelier trouva ce renseignement trop vague et fit demander au maréchal s'il autorisait Régnier à négocier la reddition de l'armée de Metz et de la place. Bazaine répondit par l'entremise de Stiehle, chef d'état-major du prince Frédéric-Charles, qu'il accepterait une capitulation, avec les honneurs de la guerre, mais sans y comprendre la place, et proposa, pour plus amples explications, d'envoyer le général Boyer en conférer avec le prince Frédéric-Charles.

Le chancelier, dont le génie compliqué se plaisait aux intrigues tortueuses et aux menées souterraines, se montra satisfait; il avait atteint son but, qui était d'entretenir Bazaine dans l'illusion de jouer un rôle avec l'aide de son armée et de l'amener à attendre les évènements dans une complète inaction. Assuré, par l'indication de Régnier, que le maréchal n'avait de vivres que pour quelques semaines, il allait continuer de lui faire perdre en négociations dilatoires un temps précieux, qui aurait pu être employé à livrer de nouveaux combats, et il avait, en même temps, réussi à priver Metz d'un de ses plus hardis défenseurs. Encore quelques jours et toute résistance deviendrait impossible.

N'ayant plus rien à tirer de Régnier, qui avait donné sa mesure, Bismarck se débarrassa, sans scrupule, de ce subalterne encombrant et se contenta de le congédier, en le traitant de « farceur ».

Pendant ce temps, Bourbaki arrivait à Chislehurst et était reçu par sa sœur, Madame Lebreton, très étonnée de le voir. Elle l'introduisit auprès de l'Impératrice, qui fut stupéfaite et crut que Metz avait **capitulé.**

Après quelques mots d'explications, Bourbaki comprit qu'il avait été joué. L'Impératrice, mise au courant de la situation désespérée de l'armée de Metz, refusa noblement de traiter avec la Prusse, au prix de deux provinces, et d'entraver les efforts de la Défense nationale.

Bourbaki était inconsolable et se croyait atteint dans son honneur de soldat. L'Empereur, ayant appris à Wilhelmshöhe le piège dans lequel était tombé ce brave officier, d'une franchise telle qu'il ne soupçonnait pas le mensonge chez les autres, télégraphia au roi Guillaume de lui permettre de rentrer à Metz et d'y reprendre son poste à la tête de la garde. On parut d'abord y consentir et le comte de Bernstorf délivra à Bourbaki un sauf-conduit. Mais, arrivé à la frontière de Luxembourg, il reçut du prince Frédéric-Charles l'interdiction de franchir les lignes prussiennes.

Indigné de ce manque de foi, le général offrit loyalement son épée au gouvernement de la Défense nationale, qui le nomma au commandement de l'armée du Nord, puis de l'armée de l'Est. Il était réservé à d'autres aventures plus tragiques.

Rejeté par Bismarck, comme un instrument désormais inutile, Régnier, tenace dans son idée de jouer un rôle en évidence, se décide, au lendemain de la reddition de Metz, à aller trouver l'Empereur à Wilhelmshöhe.

Napoléon III adressa une dépêche au chancelier pour savoir si Régnier possédait sa confiance. Bismarck répondit que Régnier, qui laissait entendre qu'il avait une mission de l'Impératrice, n'en avait reçu aucune de lui. Il fut prié de quitter le quartier général, dès que son imposture fut reconnue.

L'Empereur, prévenu d'autre part par l'Impératrice, soupçonna Régnier d'être un espion de Bismarck et refusa de le recevoir. Il rôda, en vain, autour du château, toujours muni de ses photographies. L'ordre lui fut intimé de quitter immédiatement Cassel. Il s'était flatté d'être accueilli par Bismarck à Versailles. Il se trompait.

Si Régnier fut éconduit à la fois par l'Empereur et par l'Impératrice et définitivement abandonné par Bismarck, il semble avoir été soutenu et encouragé par le parti bonapartiste de Londres et, entre autres, par Jérôme David.

A partir de la fin d'octobre, il disparaît de la scène, après avoir joué un rôle qui, par certains côtés, est resté enveloppé de mystère.

Capitulation de l'armée du Rhin et reddition de la place de Metz

Les jours de l'armée de Metz étaient comptés. Le coupable Bazaine commençait à se rendre compte qu'il avait été la dupe de Bismarck. Mais, pris dans l'engrenage de ses intrigues, il était trop tard pour se dégager. Il persista à vouloir encore négocier.

Ce soldat de fortune, plus apte aux aventures qu'au commandement, avait peut-être conscience de sa médiocrité militaire; il ne se sentait rassuré qu'à l'abri et sous la protection des remparts de Metz et espérait que la politique tortueuse, dans laquelle il s'était engagé, lui permettrait de dissimuler son incapacité.

Après un conseil de guerre, tenu le 10 octobre, au Ban Saint-Martin, où le maréchal restait enfermé, invisible à l'armée, une plus longue résistance fut reconnue impossible, en raison de l'épuisement des vivres, et une offensive condamnée à un sanglant échec, en l'absence de cavalerie et d'artillerie, les chevaux ayant servi à l'alimentation des troupes. Dans cette extrémité, Bazaine proposa de déléguer à Versailles un officier général, pour traiter avec Bismarck. Le général Napoléon Boyer fut désigné. Il arriva à Versailles le 14 octobre et offrit la capitulation de l'armée, avec les honneurs de la guerre, et son internement dans un département du Midi, sous réserve de ne plus combattre jusqu'à la fin de la campagne. Bismarck, avant d'ouvrir des négociations, exigeait que l'armée du Rhin fît acte d'adhésion à l'Empire, que l'Impératrice adressât une proclamation au peuple français pour revendiquer ses droits de Régente et qu'un délégué signât, en son nom, les préliminaires de paix aux conditions qu'il avait fixées.

Le général Boyer rapporta cette réponse à Bazaine, qui le renvoya en Angleterre pour prendre les ordres de l'Impératrice Régente.

Arrivé le 23 octobre à Chislehurst, le général Boyer soumit à l'Impératrice les propositions de Bismarck pour la conclusion de la paix et le rétablissement de l'Empire avec l'aide de Bazaine et de son armée.

Malgré l'opinion contraire de ses conseillers, Rouher et le duc de Persigny, l'Impératrice Eugénie repoussa, sans hésiter, les propositions du chancelier, refusa d'aller à Metz avec son fils et protesta contre toute cession de territoire. Elle se borna à écrire, d'abord à Bismarck, ensuite au roi Guillaume, afin d'obtenir un armistice pour l'armée de Metz ou une atténuation des conditions d'une capitulation devenue inévitable, comme elle avait sollicité, après le 4 septembre, l'Empereur de Russie et l'Empereur d'Autriche d'intervenir en faveur de la France, sans rien stipuler pour sa dynastie, dont les intérêts devaient être subordonnés à ceux de la patrie.

L'attitude de l'Impératrice fut des plus dignes. Si,

insuffisamment renseignée, elle avait été complice des partisans de la guerre, elle racheta cette faute par sa conduite, aussi noble que désintéressée, pendant la lutte.

Informée par le prince de Metternich des appréhensions qu'avaient causées à la Défense nationale les négociations secrètes des généraux Bourbaki et Boyer, elle le rassura en déclarant qu'elle appréciait les efforts désespérés du gouvernement, qu'elle ne ferait rien pour les contrarier et que son intervention n'aurait d'autre but que d'adoucir, si elle le pouvait, la rigueur des conditions de la capitulation de Metz. Le devoir lui commandait de s'effacer jusqu'à la conclusion de la paix.

Plus tard, le 7 novembre, l'Impératrice, apprenant la rupture des négociations de M. Thiers et de Bismarck, écrivait à la comtesse Waleska : « J'avoue que je le regrette vivement, quoique, pour nous, la réunion d'une Assemblée ne puisse être que la ruine de nos espérances, car elle voterait certainement, dans les circonstances actuelles, la déchéance. Mais le désir de voir le pays faire la paix, qui lui est indispensable, même au point de vue de l'avenir, domine tout chez moi ».

Elle déclara, à diverses reprises, que, pour rien au monde, elle ne ferait passer un intérêt dynastique avant l'intérêt de la France.

Bismarck ne fut ni surpris, ni mécontent de n'avoir pas obtenu ce qu'il demandait. Il en profita pour démasquer ses batteries et signifier à Bazaine que, les conditions qu'il exigeait n'étant pas remplies, l'armée du Rhin et la place de Metz n'avaient plus qu'à se rendre à la merci du vainqueur.

Bazaine, dont les louches manœuvres avaient échoué devant la loyauté et le patriotisme de l'Impératrice, s'était laissé acculer à la dernière extrémité. Il envoya le général Changarnier au prince Frédéric-Charles pour tenter d'obtenir des conditions moins dures. Le commandant en chef de l'armée assiégeante se montra inflexible. La ville fut livrée et tous les soldats de la garnison, ainsi que ceux de l'armée, furent prisonniers de guerre.

C'est à ce désastre, sans précédents, qu'avaient abouti les tristes menées de Bazaine, qui s'était révélé aussi incapable que criminel.

170,000 hommes, 3 maréchaux de France, 50 drapeaux, tous les canons et notre première place forte tombèrent entre les mains de l'ennemi, comme prix de sa victoire, 27 octobre 1870.

Bazaine sortit de Metz incognito le 29 octobre, refusant les honneurs militaires pour ses braves soldats, livrant ses drapeaux et emportant dans les fourgons, qui suivaient sa voiture, les restes de l'or, affecté au service secret de la place. Son dernier mot d'ordre fut « Dumouriez ».

Cet ambitieux, qui avait rêvé au Mexique la fortune de Bernadotte en Suède ; cet envieux, qui avait laissé, par jalousie, écraser Frossard à Forbach et Canrobert à Saint-Privat ; ce commandant en chef, qui avait poussé l'oubli de ses devoirs jusqu'à la limite de la trahison, recueillait le fruit de ses mensonges et de sa duplicité.

L'Impératrice à Wilhelmshöhe

Le 30 octobre, au matin, arriva subitement à Wilhelmshöhe l'Impératrice Eugénie, accompagnée de la comtesse Clary et d'une dame d'honneur. Elle était accablée de fatigue, étant venue de Chislehurst sans le moindre arrêt. Pâle, vieillie, presque chancelante, elle se dirigea rapidement vers le cabinet de l'Empereur, où se trouvait le général de Monts. Napoléon III se leva, sans laisser paraître aucune émotion sur son visage impénétrable, et alla au devant d'elle, comme s'ils s'étaient quittés la veille. Ce ne fut que lorsqu'ils furent seuls qu'il éclata en sanglots et se jeta dans ses bras.

Si l'on en croit le général de Monts, l'Impératrice parla à l'Empereur avec vivacité, sur un ton d'autorité et de commandement, affectant à son égard une sorte de supériorité, en femme habituée à faire prédominer sa volonté sur celle de son mari.

Cette visite, faite à l'insu du chancelier, qui n'en fut informé que tardivement, avait-elle un but politique ? Après la capitulation de Metz, y avait-il quelque espoir de restauration impériale avec l'aide de l'armée prisonnière en Allemagne ? L'Impératrice venait-elle communiquer à l'Empereur ses impressions et recevoir les siennes ? On en est réduit aux conjectures. Napoléon III, de plus en plus indécis, était sans doute disposé à traiter avec la Prusse pour le rétablissement de l'Empire avec le secours de l'armée de Metz, mais il ne voulait et ne pouvait consentir aucune cession territoriale. Or, il n'y avait plus d'illusion à se faire, il était certain qu'après des succès inouïs, la Prusse ne se départirait pas de ses exigences. Il devenait donc nécessaire de se résigner à une politique d'effacement. Telle dût être la conclusion de l'entrevue de Wilhelmshöhe.

Le général de Monts télégraphia au roi Guillaume la présence de l'Impératrice et réclama des instructions. Le roi répondit de laisser pleine liberté aux deux Majestés.

Le séjour de l'Impératrice fut, d'ailleurs, de très courte durée. Arrivée le 30 octobre dans la matinée, elle repartit le 1ᵉʳ novembre, à 5 heures du soir, par Hanovre, directement pour l'Angleterre.

Elle laissa à Wilhelmshöhe la meilleure impression.

Les maréchaux à Cassel

Après la capitulation de Metz, l'Empereur demanda au roi Guillaume d'interner à Cassel les maréchaux Mac-Mahon, Canrobert, Bazaine et Le Bœuf. Le roi y consentit, sauf pour Mac-Mahon, obligé de soigner à Wiesbaden la blessure reçue à Sedan.

Le 2 novembre, jour des Morts, le lendemain du départ de l'Impératrice, les trois maréchaux étaient reçus à Wilhelmshöhe. Le Bœuf et Bazaine entrèrent ensemble. L'Empereur alla gravement à la rencontre de Bazaine et lui tendit la main. Le Bœuf, écrasé sous le poids de ses responsabilités, se tenait volontairement à l'écart. L'Empereur serra affectueusement ses deux mains dans les siennes.

Le maréchal, touché de cet accueil, chancela et fut sur le point de défaillir. Il avait pleine conscience de ses fautes, qu'il ne chercha jamais à atténuer, et passa le reste de sa vie dans la retraite et le repentir.

A peine les deux maréchaux étaient-ils partis que Canrobert entra. Napoléon se jeta à son cou et l'embrassa tendrement à plusieurs reprises.

L'Empereur dit au journaliste allemand Mels-Cohn, avec qui il s'entretenait fréquemment, que Bazaine serait cruellement puni d'avoir été appelé « le glorieux Bazaine », « car nous sommes dans un monde et dans un temps où il faut réussir » et s'attacha à justifier le maréchal Le Bœuf.

Si Le Bœuf avait paru au général de Monts grand, vigoureux et digne, Bazaine lui fit l'effet d'un vieux soldat, épaissi, sans aucune énergie, au caractère vacillant et à la volonté incertaine.

Bazaine s'était installé à Cassel, avec sa femme et ses enfants, dans une villa située dans un faubourg, et sortait peu, en butte aux insultes des prisonniers français. Dans une conversation avec le général de Monts, il se montra injuste envers le comte de Palikao et le général Trochu et ajouta que le gouvernement de Gambetta était une honte.

Napoléon III, qu'il jugeait romanesque et peu pratique, voulait, disait-il, la paix, mais dut céder à l'entraînement de l'opinion publique. Bazaine ne croyait pas au rétablissement de l'ordre en France et se déclarait serviteur fidèle et dévoué de l'Empereur. Le général de Monts suppose que son plan était de renverser la République et de restaurer l'Empire.

Parlant de ses tristes aventures au Mexique, Bazaine eut l'audace de blâmer l'ambition de Maximilien, qu'il avait abandonné et peut-être trahi.

Au Mexique, ses intrigues et sa médiocrité avaient été sévèrement appréciées par ses compagnons d'armes, entre autres par le général Félix Douay, qui écrivait le 16 février 1866 : « Son Excellence se carre dans ses vastes projets, qui sont le sublime de l'absurde ».

Le général Jarras, chef d'état-major de l'armée du Rhin, a rendu sur son compte un jugement, qui semble définitif : « Ni par l'étendue de son savoir, ni par son génie militaire, ni par l'élévation de son caractère, il n'était en mesure de tirer ses troupes de la situation fâcheuse où il les avait réduites ; car il ne possédait aucunement l'énergie du commandant en chef, incapable qu'il était de donner un ordre net et précis, tâtonnant sans cesse, attendant les évènements ou le caprice du hasard, espérant se dégager avec des expédients équivoques, cherchant à imposer par une bonhomie trompeuse et faisant retomber ses fautes sur ses subordonnés ».

Les maréchaux ne se plaisaient pas à Cassel et songeaient à solliciter leur déplacement, malgré le désir qu'avait exprimé l'Empereur de les conserver près de lui.

Travaux de l'Empereur

Dès le 29 octobre, Napoléon, écrivant à Sir John Burgoyne, stratégiste renommé, qui s'était distingué dans la campagne de Crimée, avouait que la cause de nos désastres était d'avoir été devancés par la Prusse dans nos préparatifs et d' « avoir été surpris en flagrant de délit de formation ». De là, la nécessité de nous tenir sur la défensive et, toute marche en arrière étant devenue impossible par suite de considérations politiques, d'avoir eu recours au mouvement le plus imprudent et le moins stratégique, qui avait abouti à la catastrophe de Sedan.

Napoléon médita longuement à Wilhelmshöhe sur les causes de nos défaites ; ces études tardives se traduisirent par plusieurs brochures, qui méritent d'être analysées.

Les justifications, publiées par divers généraux, avaient ému l'Empereur ; celle du général Wimpffen lui fut particulièrement pénible. Wimpffen, interné à Stuttgart, s'y était fait peu d'amis. Sa défense débordait d'éloges pour sa propre personnalité. L'Empereur lui envoya le commandant Hepp, afin de lui demander quelques renseignements sur la bataille de Sedan.

Après la relation sommaire rédigée à Verviers, l'Empereur s'occupait, en effet, d'un travail approfondi sur cette terrible journée. Cette œuvre parut, sans nom d'auteur, sous le titre de :

Les Causes de la Capitulation de Sedan

Napoléon débute en rappelant sa tristesse et ses appréhensions dès la déclaration de guerre. Il avait conscience de notre infériorité et, pour la racheter, il voulait devancer l'ennemi, franchir rapidement le Rhin, séparer le Nord de l'Allemagne du Sud et frapper un coup éclatant, qui déterminerait l'alliance incertaine de l'Autriche et de l'Italie. Pour atteindre ce but, il fallait immédiatement concentrer 150.000 hommes à Metz, 100.000 à Strasbourg et 50.000 à Châlons ; soit en tout 300.000 hommes.

A la tête des armées de Metz et de Strasbourg, Napoléon passait le Rhin à Maxau entre la forteresse de Rastadt et celle de Gemersheim et marchait sur les Prussiens, tandis que les 50.000 hommes de réserve de Châlons, sous le commandement de Canrobert, se dirigeaient sur Metz et que la flotte, croisant dans la Baltique, retenait dans le Nord de la Prusse une partie des forces allemandes.

Malheureusement, par suite des vices de notre organisation militaire, ce plan ne put être exécuté. Les Prussiens nous gagnèrent de vitesse. Au début des hostilités, l'armée de Metz ne compta que 100.000 hommes, au lieu de 150.000 ; celle de Strasbourg 40.000, au lieu de 100.000 ; et le corps de Canrobert ne fut pas prêt. Après les premiers revers, l'Empereur sentit que l'opinion publique le rendait responsable de la défaite et accusait Le Bœuf de l'insuffisance de nos armements. Il céda docilement le commandement en chef au maréchal Bazaine, désigné par la voix publique, et supprima les fonctions de major général.

En même temps qu'il était déchu du commandement, le cabinet Palikao le privait de toute action gouvernementale et convoquait le Parlement, sans même le consulter. Depuis cette époque, la Régente et les ministres n'osèrent plus prononcer le nom de l'Empereur, qui fut dépouillé de toute autorité civile et militaire.

Sans crédit et sans influence, accablé par la maladie et l'affliction, il erre, comme une ombre, à la suite de ses soldats, objet de pitié pour les uns et de mépris pour les autres.

L'Empereur raconte la conférence de Châlons, l'hésitation de Mac-Mahon à risquer sa propre ruine pour tenter, sans espoir de succès, de secourir Bazaine, l'opposition du gouvernement de la Régence à la retraite de l'armée sous les murs de Paris, la soumission du maréchal Mac-Mahon et le sacrifice inutile de son armée. Il rappelle la marche téméraire sur Sedan, la lutte héroïque, la défaite, la nécessité de la capitulation, sa présence pendant quatre heures sur le champ de bataille sous une pluie de projectiles, sa lettre au roi de Prusse et ses entrevues du 2 septembre avec Bismarck à Donchery et avec Guillaume au château de Bellevue.

En résumé, il attribue les succès de la Prusse à la supériorité du nombre, à la rigueur de la discipline et à l'empire qu'exerce dans toute l'Allemagne le principe d'autorité. Il accuse l'opposition et la presse et regrette, en ces termes, ses concessions libérales : « Tant que le pouvoir en France a été fort et respecté, la constitution de l'armée a présenté une solidité remarquable ; mais, lorsque les violences de la tribune et de la presse sont venues affaiblir l'autorité et introduire partout l'esprit de critique et d'indiscipline, l'armée s'en est ressentie ».

Organisation militaire de l'Allemagne du Nord

L'Empereur reprit, pendant l'hiver, l'étude des questions militaires et particulièrement de l'artillerie, dont il s'était toujours beaucoup occupé. Il avait été frappé de la haute valeur de l'artillerie allemande. Il obtint qu'un officier, le capitaine Spangenberg, installât une batterie dans la cour de la caserne, voisine du château de Wilhelmshöhe, et la fit fonctionner sous ses yeux.

L'Empereur écrivit une brochure sur « l'organisation militaire de l'Allemagne du Nord ».

Il établit la supériorité de l'Allemagne sur la France au double point de vue de la mobilisation des troupes et de l'instruction des officiers. Il critique la vie militaire en Algérie, qui n'a produit que des sabreurs, au lieu de soldats disciplinés.

Revenant sur le plan de campagne de 1870, il explique que Mac-Mahon, partant de Strasbourg, devait s'avancer dans l'Allemagne du Sud et donner la main aux troupes de Metz, pour tomber ensemble sur l'armée allemande du Nord. Les premiers revers inattendus n'ont pas permis d'exécuter le plan concerté. Pour prendre l'initiative, il faut être prêt et celui qui prend l'initiative renverse aisément les combinaisons de l'adversaire.

Les relations de la France et de l'Allemagne sous Napoléon III

Afin de répondre aux accusations audacieuses, lancées par Bismarck, d'avoir intrigué contre la Prusse, Napoléon III écrivit à Wilhemshöhe une troisième brochure, qui fut signée par un sénateur, M. le marquis de Gricourt, et publiée à Bruxelles.

L'Empereur entreprend de défendre sa politique. Le pays a été calme à l'intérieur et prospère au dehors tant que son pouvoir a été fort et respecté. Les embarras et les malheurs ont commencé avec l'évolution libérale et parlementaire.

Il était sincère lorsqu'il disait à Bordeaux : « L'Empire, c'est la paix ». Mais il devint nécessaire de défendre la politique traditionnelle de la France en Orient et il fût entraîné à la guerre de Crimée.

Après la prise de Sébastopol, il inclina vers la paix. Les conditions du traité de Paris, grâce à sa modération, ne furent ni blessantes, ni humiliantes pour la Russie.

Il est resté fidèle à l'alliance anglaise, sans avoir été payé de retour. Il avait droit à la reconnaissance de la Prusse en raison de son empressement à l'admettre au Congrès de Paris, dont les autres puissances voulaient l'exclure. La Prusse, plus que l'Autriche, devait étonner le monde par son ingratitude.

Pour empêcher l'Autriche de dominer en Italie, il a soutenu le Piémont dans la campagne de 1859. L'intervention menaçante de la Prusse l'arrêta sur le Mincio et mit obstacle à l'exécution complète de son programme. Pour résoudre les difficultés créées en Italie, à la suite de la guerre de 1859, il convia, en 1864, l'Europe à un Congrès ; mais sa proposition fut rejetée avec dédain.

Lors de l'affaire des duchés de l'Elbe, l'Angleterre le sollicitait d'intervenir en faveur du Danemark. L'Empereur refusa, parce que la France aurait supporté seule tout le poids d'une guerre, entreprise contrairement au principe des nationalités, qu'il avait proclamé et dont il faisait sa règle de conduite. Son attitude fut la même sur l'Elbe et sur l'Adige.

En 1866, il proposa une conférence pour apaiser la querelle entre la Prusse et l'Autriche. L'Autriche la déclina. Il écrivit le 11 juin 1866 sa lettre à M. Drouyn de Lhuys pour repousser, au nom de la France, toute idée d'agrandissement, tant que l'équilibre européen ne serait pas rompu. Il n'admettait une extension de nos frontières que si la carte de l'Europe était modifiée au profit exclusif d'une grande puissance et sous la réserve du libre consentement des populations intéressées.

Il reconnaissait les défectuosités de la configuration géographique de la Prusse, la légitimité de ses vœux en faveur de son unité et la nécessité d'assurer l'indépendance de l'Italie. Si la conférence s'était réunie, il aurait réclamé une union plus intime des états secondaires de l'Allemagne, plus d'homogénéité et de force pour la Prusse, la cession de la Vénétie à l'Italie et le maintien de la grande situation de l'Autriche en Allemagne. Il se croyait assuré que, « quel que fût le résultat de la guerre, aucune des questions qui toucheraient la France ne serait résolue sans son assentiment. »

Avant la lutte de 1866, il avait promis au roi de Prusse sa neutralité absolue ; c'est cet engagement qui a permis au roi d'entrer en campagne, exempt de préoccupations du côté de la France.

Il a tenu parole à la Prusse, malgré les excitations de ses conseillers les plus pacifiques, qui réclamaient une démonstration armée sur la frontière du Rhin. A l'ouverture de la session législative, il put se féliciter d'avoir facilité la reconstitution des grandes nations en Europe et répéter les paroles de son oncle à Sainte-Hélène : « Les transformations, qui ont eu lieu en Italie et en Allemagne, préparent la réalisation de ce vaste programme de l'Union des Etats de l'Europe en une seule confédération. »

Afin de prouver la sincérité de ses intentions, il fit adresser par son ministre, M. le marquis de la Valette, aux agents diplomatiques français, la circulaire du 16 septembre 1866, presque entièrement rédigée de sa main.

La guerre de 1866 avait donné à la Prusse la domination sur la rive droite du Mein et à l'Italie Venise, enlevée à l'Autriche, désormais exclue de l'Allemagne et de l'Italie. Les traités de 1815 étaient déchirés et la coalition des trois cours du Nord, la Sainte-Alliance, abolie. La Prusse assurait l'indépendance de l'Allemagne, « la France ne devait pas en prendre ombrage. » L'Italie, malgré des rancunes injustes et passagères, se rapprocherait toujours de la nation, qui a versé son sang pour sa délivrance. L'Autriche, dégagée de ses préoccupations italiennes et germaniques, restait une grande puissance, qu'aucun intérêt ne séparait de la France.

L'Empereur croyait la Prusse satisfaite, l'Italie reconnaissante et l'Autriche consolée. Il voyait dans les grandes agglomérations les destinées providentielles du monde et, « s'élevant au-dessus des préjugés étroits et mesquins d'un autre âge », il n'estimait pas que la grandeur d'un pays dépendait de l'affaiblissement de ses voisins.

Il se glorifiait de son rôle de médiateur et de modérateur. Il aurait méconnu sa haute responsabilité si, violant la neutralité promise et proclamée, il s'était jeté dans les hasards d'une grande guerre, qui aurait réveillé les haines de races.

Le 18 novembre, il renouvelait les assurances exprimées dans la circulaire La Valette et acceptait franchement les changements survenus et les transformations accomplies, conformément au vœu des populations.

Ses intentions avaient été méconnues ; à la suite de M. Thiers, on persistait à considérer Sadowa comme un second Waterloo.

L'Empereur avoue que l'échec de ses prétentions sur le Luxembourg lui causa une profonde déception et porta un coup sensible à son prestige. « M. Thiers triomphait ; il devenait difficile de démontrer que ses sinistres prédictions étaient injustes et mal fondées ». Napoléon, humilié de n'avoir pu obtenir de la Prusse la légère compensation qu'il sollicitait, résolut de former un gouvernement constitutionnel et de rendre la nation maîtresse de ses destinées.

L'année 1870 s'annonçait sous des auspices favorables, bien que l'opposition accusât le gouvernement de s'incliner devant la Prusse. Alors éclate, comme un coup de foudre dans un ciel sans nuages, la candidature Hohenzollern et toutes les haines se réveillent. Après le désistement du prince Léopold, la paix pouvait être maintenue. Mais la presse et l'opinion publique réclamaient la guerre et rejetaient toute conciliation.

Napoléon reconnaît qu'il était en sa puissance de s'opposer à la guerre en sacrifiant sa popularité et il ajoute : « Toutefois le devoir de l'Empereur était d'être plus sage que la nation et d'empêcher la guerre, même au prix de sa couronne ».

Il se résigna à la lutte sans ardeur, « comme un homme qui se bat en duel parce que l'honneur l'exige ». Il se laissa entraîner par l'élan national. « Sa confiance illimitée dans la force de l'armée et les rêves de gloire militaire et d'agrandissement territorial étouffèrent dans son âme la faible raison d'Etat ».

Malgré ces aveux, il se défend d'avoir accepté la guerre de son plein gré et dans un intérêt dynastique et conclut : « La vérité est que le pays a voulu la lutte et que l'Empereur n'a pas résisté à l'entraînement général ».

Napoléon démontre aisément qu'il a été dupe de la Prusse, qui répondit à sa générosité par une ingratitude notoire, mais il a le tort de persister dans une politique sentimentale et chimérique, tandis que Bismarck ne cessa de pratiquer une politique réaliste et positive. Il a pris soin lui-même de la définir en ces termes, dès 1850 :

« La base unique et saine pour un grand Etat — et par là il se distingue essentiellement d'un petit Etat — c'est l'égoïsme politique et non pas le goût romantique, et il n'est pas digne d'un grand Etat de se battre pour une cause, qui n'est point inhérente à son propre intérêt ».

Ces sages paroles sont la condamnation de la politique romanesque de Napoléon III et expliquent la victoire de la Prusse sur la France.

Agitation et intrigues des Bonapartistes

L'Empereur, toujours flottant et incertain, n'avait pas renoncé, avec la même sincérité que l'Impératrice, à se servir des incidents, qui pouvaient surgir de la continuation de la guerre, pour remonter sur le trône. Il espérait que, si l'armée prisonnière de Metz lui était rendue, il parviendrait à rétablir l'ordre en France, mais il ne se résignait pas à l'abandon de deux provinces.

Un journal bonapartiste, « Le Drapeau », avait été fondé à Bruxelles et était rédigé sous la direction de Conti, ancien secrétaire de l'Empereur. Les autorités militaires de Cologne en ayant interdit la lecture aux prisonniers français, Napoléon protesta contre cette interdiction, qui fut levée. Il insistait pour que la garde impériale, qui lui était dévouée, fut internée à Cassel, avec les maréchaux, mais le roi Guillaume n'y consentit pas.

Les chefs du vieux parti bonapartiste Rouher, Henri Chevreau, le duc de Persigny, le baron Jérôme David, Clément Duvernois, l'ancien préfet de police Pietri, s'agitaient à Londres et travaillaient au rétablissement de l'Empire et à la conclusion de la paix. Mais Bismarck avait décidément renoncé à ce projet; plus on allait, moins il avait de confiance dans la possibilité d'une restauration impériale et plus il était convaincu que le gouvernement de la Défense nationale, épuisé et à bout de ressources, ne tarderait pas à souscrire à ses exigences.

On annonça la venue à Versailles du prince Napoléon; Bismarck ne s'en inquiéta pas. Il disait ironiquement qu'il avait quatre combinaisons au choix, à Paris, à Tours, à Hastings et à Wilhelmshöhe, et répétait qu'il signerait la paix avec le diable, si le diable acceptait ses conditions.

Au mois de novembre 1870, des notabilités bonapartistes se réunirent à l'hôtel de Flandre, à Bruxelles : le duc d'Albufera, le général de Montebello, le général Fleury et l'ancien préfet Levert, auxquels se joignit le général Changarnier. Adversaire passionné de Napoléon III, depuis le 2 décembre, le vieil Africain parlait, à ce moment, comme un de ses partisans. Il avait appuyé, dans le conseil de guerre du ban Saint-Martin, l'envoi du général Boyer à Chislehurst. L'Impératrice, bien qu'elle eût décliné les offres de Bazaine, s'était montrée touchée des sentiments manifestés par Changarnier, et l'en avait remercié.

L'Empereur engagea même le général à écrire un mot en faveur de Bazaine, mais l' « Indépendance belge » refusa d'insérer la lettre. Napoléon eut l'idée de rallier Changarnier au parti bonapartiste et lui offrit, dit-on, le maréchalat. Mais, tout en cédant à un mouvement chevaleresque, inspiré par la beauté et l'énergie de l'Impératrice, il n'avait cessé d'être royaliste et, quoique bienveillant envers l'Empire, il demeura dévoué à la monarchie.

L'Impératrice restait en dehors de ces intrigues et écrivait avec abnégation à Madame Vandal : « Que Dieu donne une victoire à l'armée de la Loire et je serai consolée de toutes mes douleurs ! »

Le général Ducrot lui a rendu ce témoignage que son patriotisme élevé avait bien compris la loi du devoir et de l'honneur.

Le parti impérialiste continua ses menées, sans trop s'occuper de Napoléon, toujours indécis, toujours ballotté entre la crainte et l'espérance, tantôt confiant, tantôt désespéré, prêt à accueillir toutes les combinaisons, sauf à ne s'arrêter à aucune.

La guerre touchait à sa fin. Bismarck, malgré quelques avances aux bonapartistes, ne semble avoir eu d'autre but que d'éveiller les défiances des républicains. Il était, en tous cas, bien résolu à ne faire aucune concession, ni aux uns, ni aux autres.

La correspondance devenait active entre Wilhelmshöhe, Versailles et l'Angleterre. On signalait les allées et venues du général Fleury, de l'ancien préfet de police Pietri, du comte Clary, de la comtesse Mercy-Argenteau et d'autres nobles dames françaises.

Napoléon III, que sa mère, la reine Hortense, appelait un « doux entêté », joignait l'obstination dans le but poursuivi à l'irrésolution dans les moyens employés pour l'atteindre. Plus souvent résigné qu'entreprenant, il cherchait pourtant encore un intermédiaire pour négocier avec Versailles. Il songea à l'ancien préfet Levert, homme aimable, mais pessimiste, qui refusa; au marquis de Gricourt, bientôt abandonné; au comte Clary, que Bismarck trouva insuffisant, et enfin à l'incapable Clément Duvernois, qui échoua complètement.

Bismarck, tout en tenant en haleine le parti bonapartiste, s'apprêtait à traiter avec le gouvernement de la Défense nationale.

Le duc de Persigny, toujours exalté et brouillon, était outré de voir l'Impératrice sourde à ses conseils et annonçait qu'il allait traiter lui-même avec Bismarck. Il s'attira, le 7 janvier 1871, une lettre sévère de l'Empereur qui, blessé de son attitude vis-à-vis de l'Impératrice, lui signifia de n'avoir à s'occuper ni de ses intérêts, ni de ceux de son fils.

Le prince Napoléon vint au mois de janvier à Bruxelles et offrit spontanément à Changarnier, non plus le maréchalat, mais la régence. Changarnier, refroidi pour l'Empire, déclina nettement la mission de se mettre à la tête de 130,000 soldats prisonniers pour ramener en France le prince impérial.

Fin du séjour de l'Empereur à Wilhelmshöhe

Napoléon avait occupé les loisirs forcés de sa captivité aux travaux, dont nous avons donné l'analyse.

Le mois de décembre amena un froid rigoureux. L'Empereur fut forcé de changer d'appartement. Il continua ses promenades, tantôt à pied, tantôt à cheval, et se livra parfois au patinage; les visiteurs étaient nombreux.

Le 1er janvier 1871, la messe fut célébrée solennellement au château par le curé Vehner, de Cassel, qui officiait à Wilhelmshöhe tous les dimanches. L'Empereur avait reçu de Liverpool une magnifique grappe de raisins, qu'il offrit gracieusement au général de Monts, en même temps que ses vœux de nouvelle année.

Le général Frossard vint le voir. Le général de Monts fut enchanté de lui. Frossard dit que Bazaine avait été trompé par le général Boyer, qui lui fit un rapport exagéré et faux sur l'état de la France. Il déplorait la conduite du maréchal au sujet des drapeaux livrés à l'ennemi.

Dans ses fréquents entretiens avec le journaliste Mels-Cohn, (1) Napoléon donnait ses appréciations sur les hommes et les choses. Il faisait cas de M. Jules Grévy; si la liberté avait pu être implantée en France sous l'Empire, il aurait souhaité introduire M. Grévy dans ses conseils.

Il disait de Victor-Emmanuel qu'il était l'homme des contrastes — aristocrate invétéré ne se trouvant à l'aise qu'au milieu du peuple, qui l'inquiète — fanatique de paresse et courant des mois entiers dans la montagne — défenseur du droit divin et renversant les trônes — fervent catholique, faisant la guerre au Pape — et enfin l'homme qui méprise le plus son temps et se conforme le mieux à ses exigences.

A propos de la liberté de la presse, il reconnaissait « qu'aucun gouvernement ne résistera à l'action corrodante de la presse ». Il faisait l'éloge d'Emile de Girardin, discuteur admirable, dont il songeait à faire un sénateur dans les derniers jours de l'Empire.

Il condamnait la libération des serfs, « que la Russie paiera cher un jour » et qui donnera une génération de mécontents et de conspirateurs.

Sa pensée se reportait souvent sur l'Allemagne de

---

(1) Souvenirs de la captivité de Napoléon III, par Mels-Cohn 1880.

sa jeunesse, mélange de rêverie et de science, qu'il avait tant aimée, si différente de l'Allemagne d'aujourd'hui. Il aurait voulu l'alliance intime de la France et de la Prusse, tandis que Bismarck a semé la haine. L'idée napoléonienne a succombé devant celle du chancelier.

Il apprit avec émotion la tentative de suicide du général Bourbaki et ne fut informé que plus tard de sa guérison.

Conclusion de la Paix

La capitulation de Paris approchait. Lorsque l'Empereur connut les conditions de la paix, il avoua au général de Monts que, s'il les avait acceptées, il aurait été détrôné huit jours après. Il était condamné à rester spectateur de la tragédie, dont son peuple était la victime. L'Impératrice, d'accord avec lui, supplia en vain le roi Guillaume de ne pas laisser entrer les troupes allemandes dans Paris.

Après l'armistice, Napoléon fut repris d'espoir et d'illusions et adressa une proclamation à la nation française. Trahi par la fortune, il avait gardé le profond silence, qui est le deuil du malheur. Mais il demandait compte aujourd'hui à ceux qui avaient usurpé le pouvoir du sang versé et des ruines amoncelées. La France ne pouvait être abandonnée à un gouvernement sans mandat ; le peuple devait être consulté pour choisir le régime capable de réparer les maux de la patrie. C'est à la nation qu'il fallait s'adresser, tout ce qui était fait sans sa participation directe étant illégitime.

Il n'y eut pas de plébiscite ; mais la nation, consultée le 8 février 1871, répondit en n'envoyant à l'Assemblée Nationale que 6 ou 7 bonapartistes.

Bismarck se servit encore du spectre de l'Empire

pour essayer d'effrayer, d'abord Jules Favre, puis M. Thiers, afin de les amener plus facilement à composition; mais il s'était convaincu que Napoléon ne pourrait se maintenir en France qu'avec le concours de l'armée, dans laquelle ses partisans devenaient de jour en jour plus rares.

Au dernier moment, Bismarck fut réellement assailli par le groupe impérialiste, dont le membre le plus ardent était Clément Duvernois. Malgré l'insuccès de leurs manœuvres, les bonapartistes reprirent confiance lorsque Gambetta lança son fameux décret sur les inéligibilités, qui fit bondir Bismarck. Mais le gouvernement de Paris brisa la résistance de Gambetta, rapporta le décret et anéantit les derniers espoirs de restauration de l'Empire. L'Assemblée nationale allait charger M. Thiers de négocier une paix nécessaire.

Au mois de janvier, le cardinal de Bonnechose, archevêque de Rouen, dans une conversation avec le général Manteuffel, avait proposé de réunir les anciennes Chambres pour conclure la paix. Manteuffel alla en conférer à Versailles avec Bismarck, qui répondit qu'il était trop tard, les électeurs étant déjà convoqués pour l'élection d'une Assemblée nationale.

Le 4 février 1871, Napoléon chargeait la comtesse de Mercy-Argenteau de porter à Guillaume, proclamé Empereur dans le palais de Louis XIV, un message de paix. Née Caraman-Chimay, la comtesse de Mercy-Argenteau était la petite-fille de Madame Tallien. Son mari, le comte de Mercy-Argenteau, sujet autrichien, fut naturalisé français en 1869. Intelligente, instruite, supérieurement douée, elle avait remporté aux Tuileries un succès de beauté et d'esprit. Elle se rendit à Versailles à travers les lignes allemandes, vit Bismarck et obtint une audience de Guillaume lui-même. Elle lui remit une lettre de Napoléon III, qui le sollicitait de ne traiter qu'avec le gouvernement légitime, c'est-à-dire l'Empire, et implorait des conditions de paix moins dures. Mais l'intention de Guillaume n'était pas d'adoucir ses exigences ; la lettre de Napoléon fut écartée et il dut renoncer définitivement à espérer que la Prusse favoriserait le rétablissement de l'Empire en lui rendant son armée.

Les élections découragèrent l'Empereur. Son ancien secrétaire, Conti, élu député de la Corse, abandonnait à l'écuyer Raimbeaux la rédaction du « Drapeau ». Une pétition, « dite de l'armée française », rédigée par Pietri, Mels et Raimbeaux, avait été signée par les officiers prisonniers à Cassel. Elle n'eut aucun écho.

A peine réunie, l'Assemblée nationale vota, le 1er mars, à la presque unanimité, « la déchéance de Napoléon III et de sa dynastie, déjà prononcée par le suffrage universel, et le déclara responsable de la ruine, de l'invasion et du démembrement de la France ». L'Empereur adressa au président Grévy une solennelle protestation. Il dénonçait ce vote comme injuste et illégal et rappelait, encore une fois, qu'il avait cédé à l'élan irrésistible de l'opinion publique en faveur de la guerre.

L'Assemblée avait excédé son droit et outrepassé ses pouvoirs et il ne s'inclinerait que devant la libre expression de la volonté nationale. Cette protestation, répandue à profusion à Paris et dans les départements, ne produisit aucune impression.

Le 2 mars, on apprit le vote des préliminaires de la paix par l'Assemblée de Bordeaux. Les cloches, les canons, les drapeaux manifestèrent dans Cassel l'allégresse publique. On répétait le mot de l'Empereur Guillaume : « Dieu a fait pour nous de grandes choses ».

La tristesse régnait à Wilhelmshöhe, parmi les Français prisonniers, devant ces témoignages éclatants de leur défaite. A Cassel, le ressentiment persistait contre Bazaine, qui confiait au général de Monts qu'il songeait à se retirer en Suisse, n'osant rentrer en France « pour s'y faire écharper ».

L'Empereur avait été profondément affligé de la signature de la paix et de ses rigoureuses conditions. Il écrivit à la comtesse de Mercy-Argenteau pour exhaler ses plaintes et reprocher à Bismarck sa conduite ambiguë. Il comprenait enfin que l'Empereur Guillaume ne se souciait pas de relever le régime impérial et que Bismarck, ayant obtenu la paix, qu'il souhaitait, était désormais parfaitement indifférent à son sort.

Libération de Napoléon III

Le chancelier tardait même à le mettre en liberté, afin de ne pas susciter d'embarras au gouvernement de M. Thiers.

L'Empereur Guillaume arriva à Francfort le 15 mars et y fut reçu, au milieu des ovations, en vainqueur.

Francfort avait entièrement perdu le souvenir du terrible traitement infligé en 1866 par le général Manteuffel.

Le général de Monts fut mandé auprès de Guillaume, qui lui donna audience au Römer, et lui confia qu'il aurait désiré délivrer Napoléon immédiatement après la signature des préliminaires de paix, mais Bismarck s'y était opposé. Monts lui apprit que le chancelier venait d'appeler à Berlin le général de Castelnau. Guillaume, surpris, lui fit télégraphier par le conseiller secret Abeken, petit homme à la chevelure ébouriffée, étrange et prétentieux, mêlé à tous les événements de la guerre, « que Sa Majesté désirerait savoir, *demain avant 8 heures*, le résultat de la mission attribuée au général de Castelnau à Berlin et de son entrevue avec Votre Excellence ». Bismarck répondit qu'il s'agissait du départ de Napoléon III, qui ne pouvait être différé plus longtemps.

Le prisonnier de Wilhelmshöhe reçut la nouvelle de sa libération, sans témoigner aucune émotion, et fixa son départ au dimanche, 19 mars. Il entendit la messe au château à 9 heures et monta en voiture à 3 heures, avec les généraux de Monts et Castelnau et le prince Murat. La garde lui rendit les honneurs. Le public resta calme et silencieux. A Giesen, il apprit l'insurrection du 18 mars et en fut vivement impressionné. Il se croisait, à toutes les gares, avec les troupes allemandes, qui rentraient triomphantes dans leurs foyers. A Cologne, il essuya des sifflets et des cris injurieux.

A Herbesthal, une femme en pleurs se précipita dans son compartiment et se jeta à son cou. C'était la princesse Mathilde, qu'il accueillit avec son impassibilité habituelle.

Le général de Monts, qui avait obtenu l'autorisation de l'accompagner, dans le but de le protéger, prit congé de lui à la frontière. Napoléon le chargea de présenter ses hommages à l'Empereur et à l'Impératrice et le remercia affectueusement et avec reconnaissance de ses attentions pendant sa captivité. Le voyage continua, sans incidents, par Verviers, Ostende et Douvres, où l'attendaient l'Impératrice et le Prince impérial.

Fin de rêve

Napoléon III, si souvent comblé par les faveurs de la fortune, avait encore foi dans l'avenir et, retiré à Chislehurst, auprès de l'Impératrice et du Prince impérial, travaillait à la reconstitution du parti bonapartiste, en vue d'une restauration de l'Empire. Sans paraître pressé de rentrer en France, il préparait son retour. Il était revenu, sous l'influence persistante de l'Impératrice, à la politique conservatrice des débuts de son règne et s'entourait des chefs du vieux parti bonapartiste, à la tête desquels était Rouher, élu député de la Corse, dans une élection partielle. Il annonçait que sa conduite dans les affaires religieuses donnerait toute satisfaction aux catholiques et le prince Napoléon, qui intriguait en Italie et en Allemagne, ayant déclaré que l'Empereur était disposé à abandonner la cause du Pape, fut hautement désavoué. Napoléon écrivait à sa fidèle correspondante, la comtesse de Mercy-Argenteau, que « c'est une triste chose de voir tout ce qui se passe ».

L'attitude du parti bonapartiste commençait à inquiéter la majorité de l'Assemblée nationale. Le duc d'Audiffret-Pasquier, se faisant l'interprète de ses sentiments, lança, au mois de septembre 1872, à M. Rouher, la foudroyante apostrophe, qui se terminait par ces paroles vengeresses : « Je vous dis, moi, que, quel que soit le sang-froid de tous vos gens au cœur léger, quels que soient les ombrages de Chislehurst, il y a une heure où vous avez dû entendre une voix qui criait : *Vare legiones redde!* Rendez-nous nos légions! Rendez-nous la gloire de nos pères! Rendez-nous nos provinces! »

L'Empereur se montra très affecté de la philippique

du duc et trouva insuffisante la réplique de Rouher. Il crut, à cette occasion, devoir adresser à chacun des généraux, qui avaient pris part à la bataille de Sedan, une lettre, dans laquelle il constatait l'inutilité de la prolongation d'une lutte héroïque, revendiquait la responsabilité d'avoir fait cesser le massacre, rendait hommage au dévouement des chefs et des soldats et ne reconnaissait d'autre juge que la nation régulièrement consultée. Ce fut sa dernière manifestation. Au mois de décembre 1872, il était très fatigué et, le 9 janvier 1873, il mourait à Chislehurst, après avoir subi une douloureuse opération. Napoléon III terminait, à 65 ans, sur la terre étrangère, une carrière agitée par toutes les vicissitudes de la fortune et dont les principales étapes avaient été l'exil, la prison et le trône.

Jusqu'au dernier moment, il avait travaillé à sa restauration. Après sa mort, les espérances du parti bonapartiste se reportèrent sur son fils unique, Eugène-Louis Napoléon. Lorsqu'il atteignit sa majorité politique, le 16 mars 1874, une grande démonstration fut organisée à Chislehurst et le prince prononça un discours, rédigé par M. Rouher, dans lequel les droits de l'Empire étaient subordonnés au plébiscite.

Le comité de l'Appel au Peuple fut fondé et se livra à une active propagande. La mort de M. Thiers, le 3 septembre 1877, raviva les espérances du parti impérialiste.

A 23 ans, le Prince Impérial, las de son inaction et de son impuissance ; ne voulant pas s'étioler dans l'oisiveté, comme le duc de Reichstadt ; désireux d'entendre le bruit des balles et de secouer l'opinion ; honteux de rester sous le coup du rôle ridicule qu'on lui avait attribué à Sarrebrück, demanda à partager les travaux et les dangers de ses compagnons d'armes de Woolwich et partit pour le Zululand.

A peine arrivé à son poste, il alla droit à l'ennemi et tomba dans une embuscade le 22 juin 1879, frappé de dix-sept coups de zagaie.

Avant son départ pour l'Afrique, il avait composé cette touchante prière, retrouvée dans ses papiers et citée par le cardinal Manning dans son oraison funèbre : « Si vous ne voulez répandre sur cette terre qu'une somme de joie, prenez, ô mon Dieu, la part qui me revient ! Répartissez-la parmi les plus dignes et que les plus dignes soient mes amis ! Si vous voulez faire aux hommes des représailles, frappez-moi ! »

Ce jeune et malheureux prince, digne objet de tant d'espérances, périssait, loin de sa patrie et des siens, sous les coups de sauvages inconscients, fauché dans sa fleur par l'impitoyable destinée, ne laissant après lui qu'une mère désolée, qui devait épuiser toutes les amertumes de la vie, après en avoir connu toutes les joies.

Il disparut, victime innocente et expiatoire des fautes de sa race.

Delicta majorum immeritus lues.

FIN

Appendice

J'ai publié dans le journal Le Vosgien *les six articles suivants que je crois utile de reproduire à la fin de ces études, parce qu'ils se rattachent, de près ou de loin, aux sujets traités dans ce volume.*

Solferino

14 juillet 1909.

Il y a dix ans, passant du Tyrol en Italie, nous traversions le lac de Garde. Moins connu et moins coquet que ses heureux rivaux, les lacs Majeur et de Côme, devenus classiques, il est d'un aspect plus sévère et plus pittoresque. Embarqués, dès le matin, dans le port autrichien de Riva, nous arrivions à midi à l'extrémité méridionale du lac, dans le port italien de Desenzano. Nous trouvant dans le voisinage de Solferino et pouvant disposer de quelques heures avant le départ du train pour Verone, nous louons une voiture, afin de visiter les lieux, témoins de l'engagement qui mit fin à la campagne de 1859.

A peine avons-nous fait part de nos intentions à notre cocher, très complaisant du reste, qu'il nous détourne vivement de notre projet, nous affirmant que Solferino n'offre d'autre curiosité que la vieille tour, que nous apercevons de la voiture. Elle domine toute la plaine et a été nommée, pour cette raison, « la Spia d'Italia », l'Espionne de l'Italie.

Notre guide patriote, si indifférent au souvenir de Solferino, nous vante, au contraire, l'intérêt d'une promenade à San-Martino. Nous nous laissons convaincre et n'avons pas lieu de nous en repentir. Nous visitons successivement le somptueux ossuaire de San-Martino, auprès duquel pâlissent ceux de Magenta et de Solferino, et la splendide tour moderne, monument érigé à la gloire de l'Italie.

Nous entrons dans une vaste salle circulaire, ornée de fresques représentant les principaux événements du règne de Victor-Emmanuel, avec, au centre, la statue du roi galant homme. Nous montons sans fatigue, par un plan incliné, aux étages supérieurs, au milieu de peintures, consacrées aux guerres de l'Indépendance, depuis l'invasion de la Lombardie par Charles-Albert en 1848 jusqu'à l'occupation de Rome par le général Cadorna en 1870, et parvenons au faîte de la tour, formant terrasse, d'où le regard s'étend, à perte de vue, sur l'immense plaine et sur le lac de Garde.

Il faut savoir que Solferino ne compte pas pour les Italiens ; ils ne connaissent que San-Martino. Le 24 juin 1859, l'armée autrichienne se heurta contre les forces alliées franco-sardes et la lutte s'étendit sur un front de 20 kilomètres, autour de la Torre Spia. Les troupes piémontaises, commandées par le roi Victor-Emmanuel, formaient l'aile gauche et occupaient San-Martino. Elles avaient une revanche à prendre, n'ayant pas paru à Magenta. Elles engagèrent un combat séparé contre un corps autrichien, commandé par Benedek. Malgré leur bravoure, elles plièrent, comme elles devaient plier, sept ans plus tard, à quelques lieues de là, à Custozza, devant l'attaque de l'archiduc Albert, et l'Italie aurait compté une défaite de plus si Benedek n'avait reçu l'ordre de rallier l'armée autrichienne, mise en déroute à Solferino par les Français.

Les Italiens excellent à créer des légendes, presque toujours mensongères, et à triompher de leurs revers. Ils enseignent aux enfants la victoire remportée par leurs pères, à San-Martino, victoire attestée par le monument élevé en commémoration de leurs exploits, et, peu à peu, on néglige l'action principale et décisive des Français, à Solferino, en attendant qu'on l'oublie tout à fait. L'Italie se sera affranchie sans le secours de personne. *Italia fara da se.*

Après un demi-siècle, lorsque vivent encore les témoins de la campagne de 1859, il était trop tôt pour méconnaître le concours des Français et on ne pouvait se dispenser de les inviter aux fêtes du Cinquantenaire de l'Indépendance. Elles ont été célébrées avec la discrétion que commandaient, d'une part, la crainte de blesser l'Autriche et, d'autre part, le souvenir des conséquences qu'ont eues pour la France ces victoires, plus désastreuses que des défaites.

C'est, en effet, de cette guerre impolitique que date le commencement de la décadence de la France. En affranchissant l'Italie, nous avons préparé son unité, mère de l'unité allemande, et l'une ne nous a pas été moins fatale que l'autre. Au milieu des Te Deum, des réjouissances et des illuminations, quelques esprits perspicaces, comme M. Thiers, entrevoyaient déjà, à travers Solferino, Sadowa et Sedan.

La guerre d'Italie fut l'œuvre personnelle de Napoléon III. Plus Beauharnais que Bonaparte, il avait hérité de sa mère, la reine Hortense, et de son aïeule, l'impératrice Joséphine, leurs tenaces rancunes féminines contre Marie-Louise et l'Autriche. Ces sentiments s'étaient développés, favorisés par le carbonarisme. Louis-Bonaparte avait prêté serment de haine aux oppresseurs de l'Italie et s'était insurgé, avec son frère aîné, contre le gouvernement pontifical de Grégoire XVI. Les bombes d'Orsini rappelèrent brutalement au conspirateur couronné les engagements de sa jeunesse et la guerre de 1859 s'en suivit.

Les intérêts de la France n'avaient pas été consultés et ce dangereux et chimérique rêveur prépara inconsciemment la grandeur de l'Italie et celle de la Prusse, sans penser que ces deux nouvelles puissances pourraient un jour s'unir contre nous.

Les conséquences de cette politique néfaste éclatent au grand jour.

Ce n'est pas la France, la nation sœur, c'est l'Autriche détestée qui est aujourd'hui l'alliée de l'Italie.

Ce n'est pas le petit-fils de Victor-Emmanuel, c'est une députation, ayant à sa tête le syndic de Rome, qui vient apporter à Paris les félicitations de l'Italie.

Ce maire de Rome-capitale est Nathan, israélite et grand-maître de la Franc-Maçonnerie. Son nom seul évoque les changements, dont la guerre de 1859 a permis et provoqué la réalisation.

Sur les ruines du pouvoir temporel, la maison de Savoie s'est installée à Rome, mais elle est elle-même menacée par la Révolution, personnifiée dans Nathan, maître du Capitole.

Et c'est pour le triomphe de ce Juif, de cet international, de ce franc-maçon, que les Français ont versé leur sang dans les plaines de la Lombardie et ont risqué l'existence même de leur patrie !

Le Cinquantenaire de l'Annexion de la Savoie

8 mai 1910

Le vote de la réunion de la Savoie et du comté de Nice à la France eut lieu les 22 et 23 avril 1860. Les fêtes du cinquantenaire auraient, par conséquent, dû être fixées à cette date. Pour de mesquines raisons d'intérêt républicain, elles ont été retardées jusqu'au 4 septembre, triste anniversaire, qui rappelle, en même temps que la chute de l'Empire, la défaite de la France. Mais c'est le 4 septembre 1870 que la République a été proclamée, en présence de l'ennemi envahisseur, et, périsse la France pourvu que la République soit sauvée !

Si l'acquisition de la Savoie et du comté de Nice fut un événement, acclamé par l'unanimité des Français, nous ne saurions en dire autant de la politique qui, malgré cet heureux résultat, a été féconde en désastres ultérieurs.

Si l'on veut se rendre compte de la guerre de 1859, qui bouleversa l'action extérieure de la France, il faut se reporter à l'entrevue de Plombières de 1858 entre le comte Camille de Cavour et Napoléon III.

Ancien carbonaro, ancien insurgé contre le pape Grégoire XVI, l'Empereur fut toute sa vie un conspirateur. Après avoir, pendant sa jeunesse, conspiré contre les gouvernements des autres, une fois sur le trône, il conspira contre le sien. Il poursuivit toujours un double but, l'un officiellement et publiquement avec l'aide de ses ministres, l'autre secrètement avec l'aide de ses amis intimes, la plupart Italiens, Arese, Nigra, Pepoli, Vimercati. Son orientation fut italienne, plutôt que française, et il préféra la politique des nationalités à une politique nationale. Sous Louis XV, il y eut le secret du Roi; sous Napoléon III, le secret de l'Empereur; mais, tandis que Louis XV poursuivait, par des voies mystérieuses, un but avantageux pour la France, Napoléon III conspirait en faveur de l'Italie. Si nous en croyons le général Cialdini, il était plus italien que français.

Cavour, comme homme d'Etat, égala, s'il ne surpassa pas, Bismarck. Outre qu'il fut son précurseur, il fit d'aussi grandes choses avec de plus faibles ressources, et il montra, dans l'accomplissement d'une tâche, hérissée de difficultés, une élégance souriante toute latine, qui contraste avec la rudesse et la violence teutonnes de son émule.

Il avait conçu, dès l'avènement de Napoléon III, le vaste et audacieux dessein d'établir en Italie l'empire de la Maison de Savoie sur les ruines de la domination autrichienne. Il adopta le régime libéral, qui lui concilia les sympathies de l'Angleterre, et mit le Piémont en antagonisme avec l'Autriche et les autres Etats italiens. Lors de la guerre de Crimée, il décida le roi Victor Emmanuel à conclure une alliance avec les deux puissances occidentales, la France et l'Angleterre, tandis que l'Autriche, malgré ses tendances hostiles à la Russie, hésita à se déclarer jusqu'à la fin du conflit. Un corps sarde de 10,000 hommes fut envoyé en Crimée sous les ordres du général de la Marmora et se distingua au combat de la Tchernaïa.

Cette coopération ouvrit à Cavour l'accès du Congrès de Paris où, au nom du Piémont, il se posa en défenseur de l'indépendance italienne et dénonça avec violence les griefs de l'Italie contre l'oppression autrichienne.

Mais Cavour était trop intelligent pour s'hypnotiser dans la vieille et inepte formule: « Italia fara da se »; il avait compris que le Piémont, sans armée et sans argent, ne pouvait lutter contre l'Autriche, sans l'aide militaire et financière de la France. Sa principale préoccupation fut donc d'entraîner Napoléon III dans la guerre contre l'Autriche et il ne se montra pas toujours très scrupuleux sur le choix des moyens.

Les circonstances le servirent. Dès le commencement de 1858, le parti révolutionnaire italien rappelait, d'une manière tragique, au carbonaro couronné les engagements de sa jeunesse. Le 14 janvier, Orsini, délégué par les Ventes, ensanglantait le pavé de l'Opéra, en lançant ses bombes meurtrières, qui firent tant de victimes innocentes. C'était un terrible avertissement, qui fut compris par l'Empereur. Il autorisait, en effet, le défenseur d'Orsini, Jules Favre, à lire devant la Cour d'assises une lettre de l'assassin, contenant cette supplication, pleine de menaces: « J'adjure Votre Majesté de rendre à l'Italie l'indépendance. Tant que l'Italie ne sera pas indépendante, le repos de l'Europe et celui de Votre Majesté ne seront qu'une chimère. Que Votre Majesté ne repousse pas le vœu suprême d'un patriote sur les marches de l'échafaud ; qu'elle délivre ma patrie et les bénédictions de 25 millions de citoyens la suivront dans la postérité » (14 février 1858).

Cette adjuration suprême fut entendue et, plus tard, Jules Favre reconnaissait lui-même que « la défense d'Orsini se rattachait à un crime qui, on ne saurait trop le constater, n'a pas été sans influence sur les destinées de l'Italie ».

Le terrain ainsi préparé par le parti révolutionnaire, le moment était venu pour Cavour d'entrer en scène.

Il se rencontra avec l'Empereur à Plombières au

mois de juillet 1858. Il a rendu compte lui-même au roi Victor-Emmanuel de cette entrevue historique dans une longue lettre, datée, quelques jours après, de Baden, le 21 juillet 1858. Cette lettre projette une telle lumière sur les événements ultérieurs qu'il est utile d'en donner une analyse détaillée.

Cavour avait trouvé Napoléon III décidé à appuyer le Piémont dans une guerre contre l'Autriche, sous la double réserve que la guerre ne serait pas révolutionnaire et pourrait être justifié devant l'opinion publique de la France et de l'Europe.

Cette justification n'était pas aisée à trouver. A défaut de griefs sérieux, les deux interlocuteurs, on serait tenté de dire les deux complices, finirent par découvrir ou imaginer un ingénieux détour. Les habitants de Massa et de Carrare étaient mécontents de leur souverain, le duc de Modène, inféodé à l'Autriche. Il serait facile de les provoquer à formuler des plaintes et à réclamer du roi Victor-Emmanuel sa protection et même leur annexion au Piémont. Le roi refuserait d'accueillir leurs pétitions, mais prendrait fait et cause pour ces populations opprimées et adresserait des remontrances au duc de Modène. Fort de son droit et de l'appui de l'Autriche, le duc répondrait vraisemblablement avec hauteur, peut-être avec impertinence. Victor-Emmanuel en profiterait pour occuper Massa et Carrare. L'Autriche, d'abord, la France, ensuite, ne manqueraient pas d'intervenir et la guerre serait allumée.

Quelle serait l'attitude à observer à l'égard du Pape et du roi de Naples ? Cavour se montrait disposé à conserver au Pape la possession de Rome ; quant aux Romagnes et autres provinces des Etats de l'Eglise, si elles s'insurgeaient pour secouer le joug pontifical, il n'y aurait pas lieu de s'y opposer.

De même pour le roi de Naples, ses sujets seraient laissés libres, s'ils trouvaient l'occasion favorable de s'affranchir de sa domination paternelle.

L'Empereur, qui ne demandait qu'à être convaincu, se contenta de ces explications de Cavour, qu'il jugea satisfaisantes.

Enfin, quel serait l'objet de la guerre ? Napoléon III admettait qu'il fallait chasser complètement les Autrichiens de l'Italie jusqu'à l'Izonso. La vallée du Pô, la Romagne et les Légations constitueraient, sous le sceptre de la maison de Savoie, le royaume de la Haute-Italie. Le pape garderait Rome. Le reste de ses Etats formerait avec la Toscane, le royaume de l'Italie centrale. On ne toucherait pas au royaume des Deux-Siciles. Les quatre Etats italiens seraient réunis en une Confédération, dont la présidence serait offerte au Pape, pour le consoler de la perte de ses provinces. En réalité, Victor-Emmanuel deviendrait le véritable maître de la Péninsule. Quant au choix des souverains, un Murat pourrait remonter sur le trône, occupé par son père, et la duchesse de Parme s'installerait, à titre provisoire, au palais Pitti, à Florence.

L'Empereur réclama alors, à titre de compensation pour la France, la Savoie et le comté de Nice. Cavour, fidèle au principe des nationalités, répondit que Victor-Emmanuel se résignerait au sacrifice de la Savoie, berceau de sa famille, malgré l'attachement traditionnel de cette province à sa dynastie, mais, en vertu du même principe, le comté de Nice, absolument italien, devait rester à l'Italie. Napoléon, caressant sa moustache, conclut en disant que ces questions étaient pour lui tout à fait secondaires.

L'Empereur espérait que la guerre serait circonscrite à l'Italie, aidée de la France, contre l'Autriche seule. Il comptait sur la neutralité de l'Angleterre, sur l'antipathie du Prince de Prusse contre les Autrichiens et sur la promesse du tsar Alexandre de ne pas contrarier ses projets en Italie.

Toutefois, l'Autriche, qui avait résisté désespérément à Napoléon Ier, ne serait pas aisée à abattre. Quelques victoires dans les vallées du Pô et du Tagliamento ne suffiraient pas pour en avoir raison; peut-être faudrait-il aller jusqu'à Vienne pour signer la paix. Dans ce cas, trois cent mille hommes seraient nécessaires, dont cent mille pour bloquer les forteresses du quadrilatère et deux cent mille pour marcher sur Vienne. La France fournirait deux cent mille hommes et le matériel de guerre, le Piémont et les autres provinces de l'Italie cent mille. Une armée serait commandée par Napoléon III, l'autre par Victor-Emmanuel.

L'Empereur aborda le sujet délicat du mariage du prince Napoléon et de la princesse Clotilde et s'étonna que Victor-Emmanuel n'ait pas répondu aux ouvertures faites à ce sujet par Bixio. Cavour observa que le roi ignorait les intentions de l'Empereur et pouvait supposer que ce projet d'union n'avait pas son agrément. Victor-Emmanuel n'avait pas d'objections invincibles ; toutefois, il voulait laisser une entière liberté à sa fille, qui était encore bien jeune, puisqu'elle n'avait que quinze ans.

L'Empereur ne dissimula pas qu'il désirait vivement obtenir pour son cousin la main de la princesse Clotilde. Bien qu'il se soit parfois emporté contre le prince Napoléon, il l'aime tendrement et rend justice à ses qualités. Il vaut mieux que sa réputation. Il est frondeur, mais il a beaucoup d'esprit, assez de jugement et un excellent cœur.

Cavour partage l'appréciation optimiste de l'Empereur et se répand en louanges sur les mérites du prince Napoléon. Il a présidé avec succès l'organisation de l'Exposition. Sa constance envers ses amis et ses maîtresses est une preuve de ses bons sentiments. Il a quitté Paris au milieu des plaisirs du carnaval pour faire à Cannes une dernière visite à Rachel, bien qu'il fût séparé d'elle depuis quatre ans.

L'Empereur ne fait pas du mariage de la princesse Clotilde une condition « sine qua non » de l'alliance, mais il y tient beaucoup. Il n'oublie pas un service et ne pardonne pas une offense. Or, un refus serait une injure sanglante. Le prince Napoléon, « plus Corse encore que son cousin », en concevrait un dépit et une haine mortels, et il faut se souvenir qu'il exerce sur l'Empereur une influence très réelle.

Le succès de la guerre et les conséquences glorieuses, qui doivent en résulter pour le roi, dépendent uniquement de l'alliance et l'alliance de l'amitié de Napoléon. Accepter l'alliance et refuser le mariage serait une énorme faute politique.

Cavour comprend les hésitations de Victor-Emmanuel et ses préoccupations paternelles; toutefois le mariage avec le prince Napoléon ne serait pas « inconvenant ». S'il n'est pas roi, il est « le premier prince du sang du premier empire du monde » et n'est séparé du trône que par un enfant de deux ans. Son père lui a légué le nom le plus fameux des temps modernes; sa mère, princesse de Wurtemberg, était alliée aux plus illustres maisons souveraines de l'Europe.

Il s'est laissé entraîner, dans sa jeunesse, à des opinions fort exagérées et s'est attiré beaucoup d'ennemis. Mais il s'est modéré. Tout en restant fidèle à ses principes libéraux, il a renoncé à les appliquer d'une manière déraisonnable et dangereuse. Il a bravé la colère de son cousin pour conserver ses anciens amis, frappés de disgrâce, la générosité de son cœur ne lui permettant pas de renier les vaincus. Sa conduite en Crimée a été regrettable, mais il avait montré à l'Alma du courage et du sang-froid. Il réparera sur les champs de bataille de l'Italie le tort qu'il s'est fait sous les remparts de Sébastopol.

Sa vie privée n'est pas à l'abri des critiques ; ses mœurs sont légères, mais elles n'ont pas donné lieu à des reproches graves. Il a été bon fils et reste dévoué à l'Empereur, malgré leurs querelles plus bruyantes que sérieuses, plus apparentes que réelles.

Victor Emmanuel a le devoir d'hésiter à compromettre l'avenir de sa fille bien aimée, mais serait-il plus tranquille et plus rassuré en la mariant avec un autre prince ? Les princesses sont exposées, par leur naissance, à une triste existence, même lorsque leurs mariages sont d'accord avec les convenances et les usages. On en trouverait des exemples dans la maison même de Savoie.

L'union avec le prince Napoléon n'est point dépourvue de chances de bonheur. La différence de religion s'oppose au mariage de la princesse Clotilde avec des princes, régnant sur des pays jouissant d'institutions libérales. La lutte avec l'Autriche interdit tout rapprochement avec les maisons de Lorraine et de Bourbon. Ces exclusions réduisent le choix au Portugal et à quelques principautés catholiques allemandes.

Comme père, Victor Emmanuel peut consentir à un mariage, que l'intérêt suprême de l'Etat, l'avenir de sa famille, du Piémont et de l'Italie entière lui conseillent de contracter.

Telle fut, décrite par le plus habile des deux interlocuteurs, la portée de l'entrevue de Plombières. Le programme, développé avec tant d'art dans cette lettre par le grand homme d'Etat, fut suivi à peu près de point en point. Tout avait été décidé entre Cavour et l'Empereur. Victor Emmanuel, pas plus que son ministre, ne se faisait d'illusions sur la générosité du caractère, la valeur militaire, les qualités morales et les vertus domestiques du prince Napoléon et sur les chances de bonheur conjugal qu'il pouvait offrir. Comme tant d'autres filles de roi, la princesse Clotilde fut sacrifiée à la raison d'Etat et à l'ambition paternelle et devint le gage de l'alliance franco-sarde.

Le mariage fut célébré à Turin au mois de janvier 1859, la guerre à l'Autriche était déclarée au mois d'avril.

Le but de la guerre ne fut pas complètement atteint. Napoléon III eut la sagesse de s'arrêter avant de s'engager dans le quadrilatère et signa la paix à Villafranca. La Lombardie était délivrée, mais l'Empereur d'Autriche conservait la Vénétie.

Le désappointement fut grand en Italie. Cavour donna avec éclat sa démission. En présence du mécontentement public, Napoléon III n'osa insister sur la cession de la Savoie et du Comté de Nice et cette annexion, qui devait être le prix de notre intervention, sembla indéfiniment ajournée.

Mais, sans tenir aucun compte des stipulations des préliminaires de Villafranca et du traité de Zurich, Victor Emmanuel, aidé de Cavour, rentré au ministère, s'agrandissait aux dépens de ses voisins et réunissait au Piémont et à la Lombardie les duchés de Modène, de Parme et de Plaisance, le grand duché de Toscane et la Romagne, en attendant de mettre la main sur le royaume des Deux-

Siciles. Cette extension imprévue de territoire et de puissance obligeait la France à prendre ses précautions. Avant de retirer ses troupes de la Lombardie, l'Empereur, revenant aux conventions de l'entrevue de Plombières, exigea que Victor Emmanuel, en compensation de ses nouvelles acquisitions, fît l'abandon de la Savoie et du comté de Nice, que la géographie et la communauté d'origine et de langue rattachaient à la France, dont ces provinces forment les frontières naturelles.

Après quelques hésitations et quelques objections au sujet de Nice, Victor Emmanuel consentit à la cession et, le 24 mars 1860, le traité était signé à Turin par le comte de Cavour et M. Farini pour le Piémont, et par le baron de Talleyrand et M. Vincent Benedetti pour la France.

La Chambre des députés de Turin ratifia le traité par 229 voix contre 33 et 23 abstentions et le Sénat par 92 voix contre 10.

Les 22 et 23 avril 1860, la Savoie se prononçait en faveur de l'annexion par 133.533 voix contre 235 sur 135.449 électeurs inscrits et le Comté de Nice par 24.448 voix contre 160 sur 29.142 électeurs.

Ainsi était consommée, par le libre et presque unanime suffrage des populations, la réunion à la France de la Savoie et du Comté de Nice.

Le comte Daru et M. Emile Ollivier

13 Mai 1908.

M. Emile Ollivier a publié, dans le dernier numéro de la *Revue des Deux Mondes*, la suite de ses intéressants récits et, on pourrait dire, de ses éloquents mémoires sur l'Empire libéral. Il aborde, dans cette étude, les rapports de la France et de la Prusse, au début de la fatale année 1870, et constate, non sans amertume, le profond dissentiment qui le séparait de M. le comte Napoléon Daru, ministre des affaires étrangères du cabinet du 2 janvier, touchant l'attitude de la France vis-à-vis de la Prusse.

Je me souviens que, dans ma jeunesse, j'eus l'honneur et l'agrément d'assister, témoin silencieux, mais attentif, à plusieurs conversations de M. le comte Daru. C'était à Luchon en 1866, et, un soir, M. Daru nous apporta la nouvelle de la bataille de Sadowa, qu'il considérait avec nous comme une défaite de la France.

Filleul de l'Empereur, qui lui avait donné son prénom, M. Daru avait rompu, malgré les antécédents de sa famille et des relations personnelles, avec le prince Louis Bonaparte, au coup d'Etat du 2 décembre 1851. Il ne revit que dix-huit ans plus tard, le 2 janvier 1870, le Président de la République, devenu Napoléon III. M. Daru, monarchiste dans l'âme, appartenait au parti conservateur et, pour la politique extérieure, était, comme son collègue, M. Buffet, de l'école de M. Thiers, partisan du maintien de l'équilibre européen et hostile à l'unité italienne, comme à l'unité allemande.

M. Emile Ollivier, qui se rencontrait avec M. Daru dans le cabinet du 2 janvier, avait des origines bien différentes. Fils du démagogue Démosthènes Ollivier, proscrit au coup d'Etat, il fut envoyé à Marseille par Ledru Rollin en 1848, en qualité de commissaire général des départements des Bouches-du-Rhône et du Var. Elu à Paris en 1857, comme député républicain, il figura, en compagnie de Jules Favre, Ernest Picard, Alfred Darimon et Hénon, parmi les *cinq* et ne tarda pas à se faire remarquer dans l'opposition par l'étendue de ses connaissances, la clarté de sa parole et la solidité de son éloquence.

Peu à peu conquis par la grâce séduisante de M. de Morny, il avait assoupli son intransigeance et s'était rapproché de l'Empereur, dont il partageait les théories sociales et les rêveries humanitaires. L'Empire libéral fut son œuvre. Il voulut, très sincèrement et non sans courage, réaliser la chimère de concilier deux principes inconciliables, l'Empire et la liberté. *Res olim dissociabiles miscuerit, principatum et libertatem.* (Tacite).

L'Empereur, ayant adopté son programme, le chargea de l'appliquer. Le parti républicain, dont M. Ollivier était une des gloires, cria à la trahison. Abandonné de ses électeurs parisiens, il trouva, en 1869, un abri dans le Var, où il fut nommé député, grâce à la protection, à peine dissimulée, du chef de l'Etat.

Si M. Ollivier éprouva quelque peine à convertir Napoléon III à son libéralisme, il se mit plus aisément d'accord avec lui sur la politique extérieure. Partisan décidé de l'unité italienne, dont l'Empereur fut, pour le malheur de la France, l'auteur responsable, il avait applaudi à la victoire de Sadowa qui, du même coup, humiliait l'Autriche, la vieille ennemie, et permettait à l'Italie, malgré ses défaites sur terre et sur mer, de compléter son unité par l'acquisition de la Vénétie.

On comprend facilement les divergences qui

devaient surgir entre M. Daru et M. Ollivier, réunis par la fantaisie impériale dans un même cabinet, mais n'ayant aucune idée commune, nés et élevés dans des milieux, non seulement différents, mais contraires.

Ces deux ministres, dont l'un croyait représenter le progrès, tandis qu'à ses yeux l'autre incarnait la réaction, devaient fatalement se heurter. Le désaccord commença sur les affaires intérieures, que M. Ollivier, plébiscitaire, ne comprenait pas de la même manière qu'un vieux parlementaire, comme M. Daru, et le conflit éclata au sujet de la ligne de conduite à observer vis à-vis de la Prusse.

M. Daru se résignait difficilement à l'effacement de la France depuis Sadowa. Quoique résolu à ne pas soulever des contestations inopportunes sur des points accessoires, il entendait maintenir le traité de Prague et ne pas tolérer que la Prusse franchît la barrière du Mein.

M. Ollivier, partisan, comme l'Empereur, du prétendu principe des nationalités, qui avait déjà valu à la France l'unité de l'Italie, ne reculait pas devant la perspective de l'unité allemande, sans s'apercevoir qu'en favorisant l'agrandissement de ces deux puissances, voisines de nos frontières, il exposait notre pays aux plus grands périls qu'il ait courus dans son histoire.

C'était méconnaître la politique séculaire de nos rois, tout en semblant la continuer. Lorsque François Ier, Henri II, Henri IV, Louis XIII et Louis XIV luttaient contre la maison d'Autriche, ils avaient pour but d'agrandir la France, en abaissant ses redoutables rivaux, unis contre elle, l'Empire et l'Espagne. Mais les temps avaient changé. Ce n'était plus l'Autriche, affaiblie par de longues guerres, qui était menaçante, mais la Prusse, jeune et ambitieuse. Louis XV, doué d'un jugement si sûr, l'avait compris et, bravant les préjugés et les remontrances de ses conseillers, attardés à l'ancien système, avait opéré une véritable révolution diplomatique en se rapprochant de Marie-Thérèse et en concluant avec l'Autriche une alliance contre la Prusse. La grande impératrice semble avoir eu le pressentiment de l'avenir, lorsqu'elle répondait à l'ambassadeur d'Angleterre, Robinson, qui cherchait à la détourner de l'alliance française : « Voulez-vous que je fasse moi-même la prépondérance de la Sardaigne en Italie et de la Prusse en Allemagne ? » La France avait autant d'intérêt que l'Autriche à s'opposer à ces deux calamités, que, dans son aveuglement, elle devait plus tard favoriser.

M. Daru était l'homme de la politique de Marie-Thérèse et de Louis XV ; il déplorait l'appui donné par l'Empereur à l'Italie et, inquiet de cette puissance, élevée par nos mains à nos portes, il voulait au moins empêcher l'unité allemande, qui pouvait un jour s'allier contre nous à l'unité italienne.

Les instructions, que, en qualité de ministre, il envoyait à nos représentants à l'étranger, les déclarations qu'il n'hésitait pas à faire à l'ambassadeur prussien, M. de Werther, s'inspiraient de cette idée maîtresse que le traité de Prague devait être respecté, que la Prusse devait se contenter de la confédération du Nord et que la France ne tolèrerait pas, sans tirer l'épée, l'annexion des Etats du Sud, ni la transformation du Président de la Confédération du Nord de l'Allemagne en Empereur d'Allemagne.

En présence de cette attitude nette et tranchée, que fit M. Ollivier ? Ministre de la Justice, il crut devoir contrecarrer le ministre des affaires étrangères et chargea de ce soin un journaliste de la « Gazette de Cologne », qui ne laissa pas ignorer la source de ses informations. Dans cette communication, aussi inattendue qu'incorrecte, à la presse allemande, M. Ollivier attaquait ouvertement son collègue et, hypnotisé par le fatal principe des nationalités, conseillait à la Prusse de patienter et d'attendre des circonstances favorables pour achever l'œuvre de l'unité allemande, protestant du désintéressement et même des sympathies de la France.

Ces conseils ne devaient pas être perdus pour M. de Bismarck qui avait l'oreille au guet et qui, un moment déconcerté par la politique aussi nette qu'énergique de M. Daru, fut rassuré par les déclarations pacifiques de M. Ollivier et encouragé dans ses desseins par les divisions du cabinet du 2 janvier.

Mais que faisait pendant ce temps le souverain de la France ? Quel triste et pitoyable rôle jouait-il ? Il assistait impassible aux vives discussions de ses deux ministres, sans avoir ni le courage, ni la volonté de se prononcer pour l'un, ou pour l'autre. Ballotté entre eux, il se laissait aller à la dérive, incapable de prendre une décision, attendant le salut de son étoile pâlie. Ce prince, qui avait débuté par la dictature, finissait dans l'impuissance.

Ce tableau de l'anarchie ministérielle est la condamnation de l'Empire et, malgré le talent littéraire et l'habile éloquence de M. Ollivier, seul survivant de ces luttes, nous ne saurions aujourd'hui blâmer le comte Daru.

Si la guerre avec la Prusse était inévitable (et presque tout le monde en convenait), ne valait-il pas mieux l'engager, comme le voulait M. Daru ? En s'appuyant sur le terrain solide du traité de Prague et en défendant l'indépendance des Etats du Sud, n'aurions-nous pas eu infailliblement le concours de ces mêmes Etats et de leur protectrice, l'Autriche, encore plus intéressée que la France au maintien des stipulations de Prague ?

Par une véritable ironie du sort, le pacifique Ollivier, qui blâmait la témérité du comte Daru et ne voulait pas risquer un conflit pour empêcher l'unité allemande, devait, quelques mois plus tard, pour un motif bien moins grave, afin d'éviter la résurrection d'un fantôme, l'Empire de Charles-Quint, déclarer lui-même la guerre à la Prusse et aboutir à la création, par le fer et par le feu, d'un Empire autrement réel et redoutable, l'Empire allemand.

La Belgique

14 Janvier 1910.

Si jamais contrée sembla destinée, par sa configuration géographique, ses origines et sa langue, à devenir terre française, c'est assurément la Belgique. L'histoire nous apprend qu'à maintes reprises, ce morceau, en quelque sorte détaché de la France, et nécessaire pour garantir sa frontière du Nord, fut sur le point de lui faire retour, mais, par un trompeur mirage, cet agrandissement naturel, but constant de nos efforts, s'est dérobé devant nous chaque fois que nous avons cru l'atteindre.

Partie intégrante de la Gaule, la Belgique fut successivement comprise dans l'Austrasie, le royaume de Lothaire, la Basse-Lorraine et les Flandres. Au moyen âge, elle fut morcellée en un grand nombre de principautés féodales. Lors de l'affranchissement des communes, surgirent de tous côtés des cités industrieuses et prospères, Gand, Bruges, Ypres, Tournai, Liège, Anvers, véritables républiques, enrichies par leur commerce avec l'Angleterre et souvent protégées par elle dans leurs luttes incessantes contre leurs seigneurs, laïques ou ecclésiastiques, pour le maintien de leurs franchises municipales.

Marguerite, fille du dernier comte de Flandre, Louis de Male, apporta en dot cet opulent héritage à Philippe-le-Hardi, fils du roi Jean II et fondateur de la maison ducale de Bourgogne. Jean-sans-Peur et Philippe-le-Bon agrandirent leurs Etats de Flandre par des mariages, des guerres et des traités d'alliance. Ils englobèrent à peu près, sous le nom de Pays-Bas, tous les territoires, représentés par les royaumes actuels de Belgique et de Hollande.

Le dernier duc de Bourgogne, Charles-le-Téméraire, vassal du roi de France, mais vassal aussi puissant que son suzerain, ne laissa qu'une fille, Marie de Bourgogne. Louis XI revendiqua, en vertu de la loi salique, une partie de l'héritage, qui fit retour à la couronne. Il se serait volontiers emparé du reste, mais il ne put empêcher la fille du Téméraire d'épouser, de préférence au Dauphin, l'archiduc Maximilien et de transférer à la maison d'Autriche la possession des Pays-Bas.

Charles VIII et Louis XII perdirent de vue les Pays-Bas, abandonnant la politique si nationale de Louis XI pour se jeter dans les aventures d'Italie, à la poursuite de conquêtes, aussi brillantes qu'éphémères, comme celles du royaume de Naples et du duché de Milan.

Pendant que la France, détournée de sa voie, gaspillait ses forces dans les funestes guerres d'Italie, le petit-fils de Marie de Bourgogne, Charles-Quint, réunissait sous son sceptre l'Autriche, les Pays-Bas, l'Espagne et l'Allemagne, isolant et encerclant la France et la menaçant de plus de dangers que ne lui en avait fait courir son aïeul, Charles-le-Téméraire.

Dans ce péril extrême, François Ier et Henri II eurent assez à faire de soutenir la lutte pour l'existence de leur pays. Ce grave conflit apaisé, l'occasion parut favorable d'étendre la domination française sur une partie des Pays-Bas et de s'avancer vers les bouches du Rhin, frontière naturelle de la France. A la suite d'une insurrection formidable, que ne purent dompter ni la ténacité de Philippe II, ni l'épée du duc d'Albe, sept provinces adhérèrent à la Réforme, se détachèrent de l'Espagne et proclamèrent leur indépendance. Ce fut l'origine de la Hollande.

Les autres provinces, restées catholiques, étaient disposées à se soumettre à la France, leur voisine, plutôt qu'à continuer à dépendre de l'Espagne, éloignée d'elles et souvent impuissante à les défendre. Les guerres de religion empêchèrent les derniers Valois de poursuivre cette patriotique entreprise, dont ils eurent l'idée, mais les catholiques avaient besoin de ménager l'Espagne et les huguenots l'Angleterre.

Lorsque Henri IV, par sa conversion, eût affermi son trône et réconcilié entre eux ses sujets, il se préparait à envahir les Pays-Bas, dont la conquête faisait partie de son « grand dessein ». Le poignard de Ravaillac anéantit brusquement ses projets et plongea la France dans l'anarchie d'une régence.

Richelieu, Mazarin et Louis XIV, fidèles à la pensée de Henri IV et préoccupés de mettre la capitale à l'abri d'une invasion, réussirent à entamer les Pays-Bas par la réunion de l'Artois et d'une partie de la Flandre. Louis XIV touchait au but, lorsqu'il en fut éloigné par l'acceptation du trône d'Espagne pour le duc d'Anjou.

La guerre malheureuse de la succession d'Espagne ne permit même pas au petit-fils du grand roi de conserver les Pays-Bas, que les traités d'Utrecht et de Rastadt attribuèrent à la maison d'Autriche, mieux placée pour les défendre contre la France. Les Pays-Bas espagnols devinrent les Pays-Bas autrichiens.

Louis XV continua la politique traditionnelle de ses prédécesseurs et faillit, à deux reprises, se rendre maître de cette contrée, qui s'échappait de nos mains dès que nous comptions la saisir.

On pouvait espérer qu'elle serait le prix des victoires de Maurice de Saxe, si la France, moins généreuse, s'était montrée plus soucieuse de ses intérêts à la paix d'Aix-la-Chapelle. Une seconde fois, la guerre de Sept ans, si bien conçue et si mal conduite, aurait pu, sans les défaillances de la France et de l'Autriche, amener la rétrocession des Pays-Bas, rançon promise de la Silésie, si elle avait pu être reconquise par Marie-Thérèse.

Tandis que les efforts répétés de nos rois restaient vains, il était réservé à la Révolution de compléter leur œuvre. De 1792 à 1795, la Belgique fut envahie et occupée et, après dix ans de lutte, l'Autriche dut la céder à la France. En 1801, elle fut déclarée possession française et divisée en neuf départements. Le rêve de plusieurs siècles était enfin réalisé.

Cet état de choses dura, sans protestation, jusqu'en 1814 et aurait sans doute duré toujours, si Napoléon Ier, aveuglé par des succès inouïs et ivre d'ambition et d'orgueil, n'avait lancé un défi à la fortune, en adoptant une politique insensée, qui devait fatalement aboutir à une catastrophe. Malheureusement il ne tomba pas seul et entraîna la France dans sa chute.

La coalition victorieuse, résolue à soustraire la Belgique à l'attraction française, imagina de la placer, malgré elle, sous la dépendance de la Hollande. Cette combinaison, inspirée uniquement par un sentiment de défiance envers la France, unissait deux peuples inconciliables, séparés par l'origine, les mœurs, les intérêts, la religion et la langue. C'était une insulte au droit, comme au bon sens, de vouloir accoupler la Hollande germanique, protestante et commerçante avec la Belgique française, catholique et industrielle. Cette union, contraire au génie des deux populations, ne pouvait être maintenue que par la force.

L'incompatibilité d'humeur était si évidente et le

divorce tellement prévu que, dans les derniers temps de la Restauration, le tsar Nicolas Ier se montrait favorable à l'extension de la France par l'acquisition de la Belgique. La chute de Charles X et l'avènement de Louis-Philippe modifièrent entièrement les dispositions de la Russie et la sympathie fit place à l'antipathie.

En 1830, la Belgique s'insurgea et secoua le joug de la Hollande. La Conférence de Londres, malgré son attachement aux traités de Vienne, fut forcée de reconnaître son indépendance. La France semblait désignée pour recueillir les fruits de cette révolution et consommer l'annexion du pays, affranchi, par ses armes, de la domination hollandaise. C'était le vœu des patriotes belges ; il ne fut pas exaucé. La jalousie irréductible de l'ennemi héréditaire, l'Angleterre, fit échouer la réalisation des communes espérances de la Belgique et de la France. Lord Derby a résumé le principe directeur de la politique de son pays dans ce mot d'ordre : « Ne touchez pas à la Belgique ».

Louis-Philippe, rivé à l'alliance britannique et désireux d'effacer aux yeux de l'Europe les origines révolutionnaires de sa royauté, était trop prudent et trop timide pour passer outre à la défense de l'Angleterre. Non seulement il renonça à toute idée d'annexion, mais il refusa la couronne, offerte à son second fils, le duc de Nemours, par le Congrès de Bruxelles. Sur les indications du cabinet de Londres, Léopold de Saxe-Cobourg, veuf de la fille de Georges IV, fut élu roi des Belges et épousa la princesse Louise, fille aînée de Louis-Philippe.

L'indépendance de la Belgique a été incontestablement un événement heureux pour la France et la proclamation de sa neutralité est une garantie contre l'invasion de notre frontière du Nord. M. le duc de

Broglie a donc eu raison de considérer que ce fut « le dernier bienfait de la monarchie » ; toutefois, le but n'était pas complètement atteint, puisque la Belgique nous échappait.

Le nouvel Etat avait été créé par la Conférence de Londres pour les besoins de la politique et non par la nature et par l'histoire ; son existence, de l'aveu de Metternich, était le produit de circonstances fortuites. Pays de plaine, ses frontières étaient ouvertes de tous côtés et la protection de l'Europe lui était indispensable pour subsister.

Les diverses portions du territoire belge ont appartenu à des maîtres différents ; la plupart des villes importantes ont été en possession de franchises municipales et ont lutté pour les conserver ; mais la nationalité belge n'existait pas. Elle n'a pris naissance qu'en 1831 et cet Etat artificiel, simple expression politique, sans limites naturelles, sans passé historique, a eu pourtant l'heureuse fortune de trouver une dynastie de rencontre, qui lui a procuré son unité morale et lui a constitué sa nationalité, tellement est grande, précieuse et efficace l'influence monarchique. Que serait aujourd'hui la Belgique si, en 1831, elle avait proclamé la République ?

La France paraissait résignée à l'abandon de la Belgique quand, en 1866, Napoléon III eut la velléité de compenser par cette acquisition l'agrandissement de la Prusse, maîtresse de l'Allemagne. Surpris par le coup de foudre de Sadowa, l'Empereur réclama d'abord la rive gauche du Rhin. Lorsque son ambassadeur, le comte Benedetti, formula cette proposition, il fut rudement éconduit par Bismarck. Une armée eut été nécessaire pour appuyer la réclamation, mais Napoléon, qui n'avait rien prévu et s'était laissé endormir et berner par Bismarck, comme autrefois par Cavour, n'avait pas d'armée prête. Il espéra que la Prusse serait plus accommodante s'il ne s'agissait point d'une terre allemande et Benedetti fut à nouveau dépêché au chancelier pour substituer la Belgique aux provinces rhénanes, moyennant la reconnaissance de la suprématie prussienne au-delà du Mein.

Bismarck prêta une oreille plus attentive à cette ouverture et laissa s'enferrer l'ambassadeur. Il obtint même de ce naïf et trop confiant diplomate la remise de la minute du projet d'annexion de la Belgique. Il ne fut plus autrement question de cette affaire, mais le rusé Teuton garda précieusement l'autographe de Benedetti et s'en servit pour désabuser les Etats allemands du Sud de la protection de la France et pour ameuter contre nous la Belgique et l'Angleterre. Le rêveur couronné des Tuileries berçait son imagination maladive de la chimère de la conquête de la Belgique, quand il était à la veille de perdre l'Alsace et la Lorraine.

A la suite de cette maladroite campagne diplomatique, Léopold II, menacé du côté de la France, se tourna vers la Prusse, comme son père s'était tourné vers la Grande Bretagne. Les tendances du premier roi des Belges avaient été anglaises ; celles du second furent allemandes.

Enfin vint, avec les désastres de la guerre de 1870, l'anéantissement de toutes nos espérances.

Cependant, la Belgique avait le bonheur d'être gouvernée, durant trois quarts de siècle, par deux rois sages, prudents, avisés, entièrement dévoués aux intérêts de l'Etat. Léopold Ier, par son habileté et sa prévoyance, a assuré l'existence de son petit royaume. Son fils, Léopold II, a continué l'œuvre paternelle ; il a mis la neutralité belge sous la sauvegarde de fortifications solides et d'une bonne armée. Il remplit ponctuellement jusqu'à la fin son métier de roi. Il était agonisant lorsqu'il réclama et obtint du Parlement le vote de la loi sur la réforme militaire, qu'il signa sur son lit de mort.

Doué d'une activité rare, il a fondé, sans le secours de son peuple, l'Etat libre du Congo et, malgré la résistance prolongée du Parlement, il a doté la Belgique de cette magnifique colonie, qui sera un précieux débouché pour ses produits industriels et deviendra un jour pour elle une source de richesses et de puissance.

Il n'a pas été un grand roi, comme on l'a complaisamment répété, car il n'y a pas de vraie grandeur sans l'élévation morale, la générosité du cœur et la dignité de la vie, mais il a été, sans contredit, un roi éminemment utile à son pays.

Sous deux longs règnes, la Belgique a été libre, paisible, heureuse et prospère, tandis que la France, désemparée, livrée aux agitations, au désordre et à l'anarchie, lui offrait le triste spectacle que donnait au Spartiate l'Ilote ivre.

Empereur d'Allemagne ou Empereur allemand

21 février 1909

. Dans le langage courant, Guillaume II est appelé indifféremment *Empereur d'Allemagne* ou *Empereur allemand*. Les deux termes ne sont pourtant pas synonymes et il est intéressant d'en préciser la différence.

Il ne pouvait être question, en 1871, de rétablir la dignité impériale, telle qu'elle existait autrefois. Pendant toute la durée du Moyen-Age, l'Empire fut, au moins théoriquement, une monarchie chrétienne universelle et Rome, siège des Césars, était désignée, par un décret providentiel, pour être la capitale prédestinée de cette monarchie.

L'Empire était inséparable de l'Eglise catholique, tous deux institués, de droit divin, pour gouverner le monde. A la tête de l'Empire, le César romain, chef temporel de la chrétienté ; à la tête de l'Eglise, le Pontife romain, chef spirituel de la chrétienté. L'Empereur devait défendre l'Eglise contre tous ses ennemis ; le Pontife était investi du privilège de consacrer l'oint du Seigneur.

Mais, si Rome était le siège visible de cette double puissance, l'autorité du César et du Pontife était universelle, elle ne connaissait pas de frontières et s'étendait sur le monde entier, soumis à « ces deux moitiés de Dieu, le Pape et l'Empereur ».

Cette conception, aussi magnifique qu'impraticable, avait sa racine dans la vieille tradition de l'Empire romain, qui restait vivante et se perpétuait dans les âmes à travers les âges. Les deux vicaires de Dieu, l'un temporel, l'autre spirituel, tous deux étroitement unis, mais chacun indépendant dans sa sphère, dominaient l'humanité, sans distinction de races et de nationalités, et chacune de ces sublimes fonctions, le trône d'Auguste et la chaire de Pierre, était élective et accessible à tout homme baptisé.

Cette théorie grandiose ne fut jamais complètement réalisée, même au temps du Pape Léon III et de l'Empereur Charlemagne, puisque, en 800, l'Empire d'Orient continuait à faire valoir ses droits à l'héritage des Césars. Puis les deux maîtres du monde, qui devaient rester toujours unis, ne tardèrent pas à se diviser et l'idée initiale du Saint-Empire romain s'altéra au milieu de ces incessantes querelles.

Mais, quoiqu'obscurcie, elle demeura dans le souvenir et l'imagination des peuples et les empereurs, couronnés à Francfort, persistèrent à se considérer comme les successeurs des empereurs romains.

Avec François II disparurent, en 1806, dix-huit cents ans après Auguste, mille ans après Charlemagne, les derniers vestiges d'une fiction, qui, depuis longtemps, n'existait plus que de nom.

François II fut le dernier empereur romain, et, depuis son abdication forcée, le nom d'empereur a perdu complètement son sens originel.

Cette dignité est devenue purement honorifique à partir du moment où, pour ne pas paraître déchoir, François II s'est affublé du titre, aussi étrange qu'inexplicable, d'empereur d'Autriche.

Parmi les souverains contemporains, seul, le tsar de Russie pourrait, à la rigueur, réclamer le nom d'Empereur, héritier des Césars, en qualité de successeur des empereurs d'Orient, surtout s'il appuyait ses prétentions sur la possession de la nouvelle Rome, Byzance, la capitale de Constantin.

Nous avons connu des empereurs des Français, des empereurs des Indes, même un empereur du Brésil, un empereur du Mexique, un empereur de Haïti, mais ces titres n'ont rien de commun avec le Saint-Empire romain, à jamais disparu.

Toutefois les empereurs ayant toujours été, en fait, sinon en droit, sauf de rares exceptions, de race germanique, il semblait que l'Allemagne fût mieux qualifiée que tout autre pays pour se constituer en Empire et continuer, avec les différences profondes apportées par la suite des siècles, la tradition du Moyen-Age.

Ce fut sans doute la pensée des hommes d'Etat qui conçurent la transformation de la Confédération germanique en Empire allemand. Lorsque les succès sans précédents de la campagne de France cimentèrent l'unité allemande, sous l'égide de la Prusse, Bismarck estima que le titre modeste de Président de la Confédération n'était plus en harmonie avec la nouvelle puissance de son maître et songea à ressusciter en sa faveur la dignité impériale, consacrée par la victoire.

Déjà une tentative de ce genre avait eu lieu en 1849, mais le frère de Guillaume Ier, Frédéric-Guillaume IV, tenait essentiellement au titre de roi de Prusse et dédaigna la pourpre impériale, offerte par le Parlement de Francfort.

En 1871, la situation n'était plus la même. L'Autriche rejetée définitivement hors de la Confédération par le traité de Prague, les petits Etats germaniques restaient seuls en face de la Prusse toute puissante et n'avaient aucun moyen de lui résister. En leur imposant l'Empire, héréditaire dans la famille des Hohenzollern, Bismarck comptait bien parachever, en la consolidant, l'unité allemande et resserrer plus étroitement les liens qui les rattachaient à la Prusse. Cependant, avec un grand sens politique, il désirait ménager l'amour-propre des princes et de leurs sujets et obtenir, non par la force, mais par la diplomatie, la réalisation de son grand dessein.

Il voulut profiter des derniers temps du séjour de Guillaume à Versailles pour décider les princes allemands à lui offrir la couronne impériale, dans le palais de Louis XIV, à la tête de son armée victorieuse.

Les confidences des principaux acteurs de ce véritable coup d'Etat nous ont révélé combien fut pénible l'enfantement de l'empire allemand.

Guillaume partageait les idées absolutistes de son frère et craignait d'affaiblir son pouvoir royal en lui superposant le titre d'Empereur. Le prince héritier était plus sensible que son père à la pourpre impériale, qui rehausserait l'éclat de sa maison, mais il entendait que cet honneur comportât une extension d'autorité et que les princes allemands devinssent non seulement les subordonnés, mais les vasseaux de l'Empereur. Pour mieux marquer ses intentions, il revendiquait le titre d'*Empereur d'Allemagne* et allait jusqu'à faire des vœux secrets pour que les souverains de Saxe, de Wurtemberg et de Bavière échangeassent leur titre royal contre celui de ducs, qu'ils portaient autrefois, et qui serait plus en rapport avec leur sujétion.

Bismarck, qui négociait laborieusement avec les cours allemandes, savait combien de telles prétentions blesseraient leurs sentiments d'indépendance. D'aussi exorbitantes concessions ne pouvaient être imposées que par la force, au risque de s'aliéner les princes et les populations et de fournir un nouvel aliment aux passions particularistes, déjà très excitées. Le roi de Saxe, engagé dans la Confédération de l'Allemagne du Nord, était acquis ; le grand duc de Bade, gendre de Guillaume, lui était tout dévoué ; mais le roi de Wurtemberg hésitait, n'osant se prononcer, et le roi de Bavière, Louis II, fier de sa naissance, d'un caractère agité et inquiet, ne pouvait se résoudre à humilier la maison de Wittelsbach devant celle des Hohenzollern. Il émettait même la prétention de faire alterner l'Empire entre les deux dynasties.

Bismarck déploya une adresse et une patience prodigieuses pour apaiser ces susceptibilités. Il fit comprendre aux princes que, désormais, l'unité allemande était fondée et que leurs Etats ne pouvaient se soustraire à l'obligation d'entrer dans la Confédération du Nord, élargie et complétée. Dans ces conditions, il insinua que le titre d'*Empereur allemand*, qu'il suggérait, se substituant à celui de Président de la Confédération, excluait toute idée de domination et de menace contre l'autonomie des Etats allemands non prussiens. Le Wurtemberg d'abord, la Bavière ensuite, se rendirent aux arguments du chancelier et le roi Louis II, en qualité de souverain de l'Etat le plus important, se résigna à prendre l'initiative d'écrire au roi de Prusse pour lui offrir, au nom des princes allemands, avec les restrictions acceptées par Bismarck, la couronne impériale.

Rassuré de ce côté et pressé de conclure, le chancelier fit convoquer à Berlin, par les soins du ministre Delbruck, qui le seconda fidèlement pendant cette crise, le Reichstag de la Confédération du Nord. Le Reichstag adopta l'établissement de l'empire et le titre d'*Empereur allemand*.

Restait à convaincre le roi et le prince héritier. La veille du jour fixé pour la proclamation de l'Empire,

Bismarck eut avec eux à Versailles un dernier entretien. Devant les considérations invoqués par le chancelier, le prince royal céda, mais le vieux roi demeurait intraitable. Le titre d'*empereur allemand* lui apparaissait comme un amoindrissement de son autorité et il menaçait, tantôt de refuser la couronne, tantôt d'abdiquer.

Bismarck ne put arriver à le faire fléchir et on se sépara sans avoir rien décidé.

Le lendemain, 18 janvier 1871, en présence de la famille royale, des princes, du chancelier, des ministres, des délégués du Reichstag et des chefs de l'armée, la cérémonie de la proclamation de l'Empire eut lieu dans la galerie des glaces du Palais de Versailles, devant le médaillon voilé de Louis XIV, au bruit des canons qui bombardaient Paris. Les rois de Saxe, de Wurtemberg et de Bavière, ne figuraient pas dans le cortège, ils n'avaient pas cru devoir sanctionner par leur présence un couronnement, qu'ils acceptaient, sans l'avoir désiré, et s'étaient bornés à envoyer des membres de leurs familles.

En leur absence, c'était au grand duc Frédéric de Bade à lancer le premier vivat en l'honneur du nouvel Empereur. Jusqu'au dernier moment, Guillaume espéra que son gendre, qui connaissait ses intentions, renverserait l'échafaudage, si péniblement édifié par le chancelier, et ferait retentir le cri de : *Vive l'Empereur d'Allemagne.* Le grand duc l'avait promis, mais Bismarck l'avertit que ce serait manquer aux engagements pris envers la Bavière, les autres Etats et le Reichstag et compromettre l'œuvre de l'unité allemande. L'embarras du grand duc était extrême ; il s'en tira, en ne criant ni *Vive l'Empereur d'Allemagne,* ni vive l'*Empereur alle-*

mand ! mais simplement « vive l'Empereur Guillaume ! »

Le nouvel empereur accueillit avec sa bonne grâce habituelle les hurrahs de ses soldats et les félicitations des assistants, mais il témoigna son ressentiment en affectant de ne pas adresser un mot de remerciement à celui qui avait été le principal ouvrier de sa grandeur, au chancelier à qui il devait sa couronne impériale.

Malgré la mauvaise humeur de Guillaume, la dénomination d'*Empereur allemand* fut maintenue et est encore aujourd'hui le titre officiel de son successeur.

L'Empereur allemand et ses Chanceliers

13 Janvier 1911.

Depuis son avènement jusqu'à ce jour, l'Empereur allemand en est à son cinquième chancelier. Les prédécesseurs du chancelier actuel, M. de Bethmann-Hollweg, ont été le prince de Bismarck, le général comte de Caprivi, le prince Clovis de Hohenlohe et le prince de Bülow.

Lorsqu'en 1888, Guillaume II succéda à son grand-père, après le règne de cent jours de son père, Frédéric III, il trouva le poste de chancelier occupé, par droit de conquête, par le prince de Bismarck. Le fondateur de l'Empire allemand semblait inamovible et intangible. Si parfois il offrait sa démission, il ne redoutait pas d'être pris au mot ; il avait rendu de tels services que Guillaume Ier, malgré qu'il supportât avec impatience son autorité despotique et le lui fît sentir, ne pouvait se séparer d'un ministre, infatigable ouvrier de la grandeur de la Prusse et de celle de sa maison.

Guillaume Ier et Bismarck avaient renouvelé au XIXe siècle l'union étroite, souvent troublée, mais indissoluble, de Louis XIII et de Richelieu.

Vis-à-vis d'un jeune souverain, son élève et son admirateur, l'autorité de Bismarck paraissait devoir encore grandir ; le chancelier le crut et ne garda peut-être pas assez de ménagements. Le nouvel Empereur, ayant conscience de sa force et de sa mission, voulait marcher sans lisières et n'entendait pas subir le joug d'un maire du Palais.

La première fois que le chancelier, qui ne souffrait plus la contradiction, usa, pour imposer sa volonté, de l'arme habituelle de sa démission, qui lui avait toujours réussi avec l'aïeul, le petit-fils, non seulement ne la refusa pas, mais il exigea que l'effet suivît la menace.

Bismarck, étonné et pris au piège, qu'il avait tendu, quitta, avec rage, le pouvoir qu'il exerçait depuis tant d'années, 18 mars 1890, se posa en victime de l'ingratitude royale, ne sut pas se résigner avec dignité à la disgrâce, provoquée par son imprudence, et compromit sa gloire par ses fureurs impuissantes et ses récriminations presque séditieuses.

L'adversité est la pierre de touche des caractères ; Bismarck à Friedrichsruhe, comme Napoléon Ier à Sainte-Hélène, s'est révélé inférieur à sa fortune et à son génie.

La lourde succession du prince de Bismarck échut au général comte de Caprivi, descendant de la célèbre famille des Montecuculli. Il n'en fut pas écrasé. Guillaume II avait eu la main heureuse. Le nouveau chancelier s'acquitta de ses hautes fonctions avec un tact parfait et une modestie rare.

Ce soldat se mit, avec autant d'aisance que de rapidité, au courant de la politique, et par sa franchise, sa souplesse, sa modération et son esprit de conciliation, sans boutades et sans brutalités, acquit une considération indiscutable, aussi bien au dehors qu'à l'intérieur de l'Empire. Lorsqu'après quatre ans de gouvernement, il se trouva en désaccord, d'abord avec le comte d'Eulenbourg, président du ministère prussien, puis avec l'Empereur, il se retira sans bruit, avec une noblesse et un désintéressement que pouvait lui envier son illustre prédécesseur.

Au général comte de Caprivi succéda le prince de Hohenlohe-Schillingsfürst, âgé de 75 ans, et populaire en Allemagne, sous l'appellation familière de

« l'oncle Clovis ». Possesseur d'un grand nom, comblé d'honneurs, catholique et Bavarois, frère du cardinal de Hohenlohe, premier ministre en Bavière, ambassadeur d'Allemagne à Paris, statthalter d'Alsace-Lorraine, rallié à la Prusse dès la première heure, le chancelier s'appliqua surtout à ne pas heurter l'Empereur, à qui ses médiocres talents ne portaient pas ombrage.

Il se borna à se montrer fidèle, exact et consciencieux et réussit à gouverner en paix, jusqu'au moment où ses forces l'abandonnèrent et l'obligèrent à prendre sa retraite, en 1900, à l'âge de 81 ans. C'est le seul chancelier, qui se soit séparé de Guillaume II en apparence de bonne intelligence et encore ses Mémoires posthumes, récemment publiés, ont provoqué des orages et amené la disgrâce de ses fils.

Ce chancelier débonnaire fut remplacé le 18 octobre 1900 par le comte Bernard de Bülow, ancien ambassadeur à Rome, ministre des affaires étrangères depuis 1897.

Homme d'Etat réaliste, comme Bismarck, pratiquant, comme lui, une politique d'intérêt et d'utilité, le comte de Bülow se distinguait par la facilité et l'élégance de sa parole, la séduction de ses manières et l'enjouement de son caractère sympathique ; il ne tarda pas à acquérir une grande situation, presque comparable à celle de Bismarck. Pas plus que son illustre modèle, il n'était inféodé à aucun parti ; il gouvernait par voie de compromis, prenant au Reichstag la majorité partout où il la trouvait, tantôt avec les conservateurs et les catholiques, tantôt avec les nationaux-libéraux. Cet éclectisme lui permit de vivre, sans trop de heurts, avec le Parlement, en employant plus volontiers la persuasion que la menace.

A l'extérieur, le comte de Bülow reprit la politique de Bismarck, délaissée par le général de Caprivi et le prince de Hohenlohe, sans toutefois pousser les choses à l'extrême. Son attitude comminatoire vis-à-vis de la France dans le conflit du Maroc amena la chute du ministre Delcassé et la réunion de la conférence d'Algésiras; ce double succès valut au chancelier le titre de prince, 1905.

Les relations de l'Empereur et du prince de Bülow étaient empreintes, de la part du souverain de la plus affectueuse cordialité, et de la part du ministre de la plus entière déférence. La position du chancelier semblait inattaquable, quand, en 1908, un incident de presse vint tout changer.

L'Empereur Guillaume est doué d'une éloquence originale, pittoresque et abondante, dont il a quelquefois le tort d'abuser. Il obéit trop facilement à son premier mouvement et son caractère impressionnable l'entraîne à des intempérances de langage, que la réflexion lui fait plus tard regretter.

Le 27 octobre 1908, un journal anglais, le « Daily News », publiait un interview de l'Empereur avec un journaliste anglais. Guillaume affirmait ses sympathies personnelles pour l'Angleterre, mais reconnaissait qu'elles n'étaient pas partagées par la majorité du peuple allemand. A l'appui de son penchant britannique, il rappelait qu'il avait adressé à sa grand-mère, la reine Victoria, un plan de campagne pour amener la soumission des Boërs et qu'il avait refusé de se joindre à la Russie et à la France pour sommer l'Angleterre de mettre fin à la guerre du Sud de l'Afrique.

Ces révélations inattendues déterminèrent en Allemagne un profond mécontentement. Pour la première fois le souverain fut mis en cause. L'agitation était à son comble dans ces journées critiques, connues sous le nom de « Novembertage ».

Le prince de Bülow avoua que l'article du « Daily News » lui avait été communiqué par l'Empereur et déclara qu'il avait été publié par suite de sa négligence. Il en prit généreusement la responsabilité et présenta à Guillaume II sa démission, qui fut refusée.

Interpellé au Reichstag par un député libéral, M. Bassermann, le chancelier, tout en s'efforçant d'atténuer la portée des révélations impériales, annonça que le souverain ne recommencerait plus; sinon, il donnerait irrévocablement sa démission.

On se demanda comment le monarque accueillerait ce blâme discret, mais net, de son ministre.

Une longue entrevue eut lieu entre l'Empereur et le chancelier le 17 novembre 1908, à Potsdam. Le prince de Bülow ne dissimula pas la fâcheuse impression produite sur le Reichstag et expliqua sa propre attitude. Guillaume, sans paraître troublé par des critiques, qu'il jugeait exagérées et injustes, approuva les déclarations du ministre, lui confirma sa confiance, s'inclina devant l'avertissement et se soumit à ne plus renouveler des manifestations de pouvoir personnel, qui pouvaient être contraires à l'intérêt du pays.

Malgré la correction apparente de sa conduite, il n'est pas téméraire de supposer qu'un souverain aussi autoritaire que Guillaume II fut sensible à la diminution de son prestige, ressentit l'amertume de son humiliation publique devant le chancelier et le Parlement, et médita sa revanche.

Le 24 juin 1909, le prince de Bülow, qui gouvernait en s'appuyant à la fois sur les conservateurs et sur les libéraux, fut mis, au Reichstag, en minorité de 8 voix, à l'occasion du refus du nouvel impôt sur les successions, par une coalition des conservateurs, du centre catholique et des Polonais. Le chancelier, qui n'est responsable que devant l'Empereur, alla le trouver à Kiel, et lui offrit sa démission.

Guillaume, pour la première fois de sa vie, éprouva des scrupules constitutionnels et accepta, après quelques hésitations, la retraite du prince de Bülow. Il est permis de croire que le souvenir de l'entrevue de Potsdam ne fut pas étranger à la décision impériale.

Mais il ne suffisait pas, pour supprimer toute trace de son humiliation, de se venger du chancelier, il fallait encore avoir raison du Reichstag et du parlementarisme.

Le prince de Bülow fut remplacé par le ministre de l'intérieur, M. de Bethmann-Hollweg, excellent fonctionnaire, honnête, modéré et disert, qui, sans avoir la haute valeur de son prédécesseur, possède le mérite d'être entièrement dévoué à son maître, qu'il n'a pas la prétention d'effacer.

Avec son nouveau chancelier, l'Empereur pouvait tout oser. Il en eut bientôt l'occasion. Le 26 août 1910, dans le château historique de Kœnigsberg où, depuis Frédéric Ier, sont sacrés tous les rois de Prusse, Guillaume II, exalté par ces souvenirs, glorifia ses illustres ancêtres et s'expliqua avec franchise et autorité sur la façon dont il comprenait ses devoirs de souverain : « Me considérant comme l'instrument du Seigneur, sans aucun égard pour les vues et les opinions du jour, je vais mon chemin, dédié tout entier au bien et à l'évolution pacifique de notre pays. J'ai besoin pour cela du concours de chacun et c'est à m'apporter ce concours que je vous convie.... C'est ici que mon grand-père, par son propre droit, a placé la couronne royale sur sa tête, en proclamant bien haut qu'elle lui était donnée par la grâce de Dieu seulement et non par la volonté des Parlements, des assemblées du peuple ou le vœu de la nation. Il a proclamé qu'il se considérait comme un instrument élu par le Ciel et que c'était en cette qualité et comme tel qu'il accomplirait son devoir de roi ».

L'Empereur avait recouvré la parole ; il s'en servait pour s'exprimer en maître et affirmer fièrement le droit divin.

Ce discours souleva des tempêtes dans la presse. Les conservateurs et les catholiques applaudirent, les libéraux et les socialistes se déchaînèrent. Qu'allait faire le chancelier ? Qu'allait faire le Reichstag ? L'attente était anxieuse.

Quand le Reichstag se réunit au mois de novembre 1910, le chancelier fut violemment interpellé par un député socialiste, M. Ledebour, qui opposa nettement les droits du peuple à ceux du monarque. M. de Bethmann-Hollweg ne suivit pas l'exemple du prince de Bülow ; il défendit l'Empereur hautement et sans réticences :

« En employant, dit-il, la formule du droit divin, formule consacrée par la tradition, et en invoquant, en opposition aux opinions du jour, sa conscience comme règle de ses actes, l'Empereur agit en pleine conscience de l'ampleur de son droit, comme de ses devoirs... La Constitution prussienne ne connaît pas la conception de la souveraineté du peuple. C'est pourquoi les rois de Prusse sont, vis-à-vis de leur peuple, rois de leur propre droit et si, de nos jours, on est tenté, du côté démocratique, de considérer plus vivement qu'auparavant le roi de Prusse, comme un dignitaire nommé par le peuple, il ne faut pas s'étonner que le roi affirme la conscience qu'il a de n'être soumis à aucune souveraineté du peuple ».

Le chancelier faisait sienne la doctrine de son maître. Ses déclarations furent applaudies ; M. de Hertling, au nom du centre catholique, M. Bassermann, l'interpellateur de 1908, au nom du parti national-libéral, M. Dirksen, au nom du parti de l'empire, M. de Heydebrand, le mordant critique de 1908, au nom des conservateurs, approuvèrent l'Empereur avec autant de fougue qu'ils l'avaient censuré deux ans auparavant. Le triomphe parlementaire de 1908 était devenu un effondrement en 1910.

L'Empereur avait reconquis le droit, contesté par le prince de Bülow et le Reichstag, de parler en personne au nom de l'Empire et d'émettre son avis sur la politique nationale, sans consulter ses ministres. Les remontrances d'autrefois étaient effacées.

Deux doctrines opposées s'étaient trouvées en présence ; d'une part, le droit divin, et d'autre part, le droit parlementaire. Le droit parlementaire avait prévalu en 1908. Le prince de Bülow, soutenu par le Reichstag, avait apporté des restrictions à l'intempérance oratoire de l'Empereur et, en 1909, s'était retiré devant un vote hostile du Reichstag. En 1910, Guillaume, prenant sa revanche à la fois sur son ancien chancelier et sur le Parlement, proclamait son droit divin et regagnait tout le terrain perdu.

En 1848, le roi Frédéric-Guillaume IV avait dédaigneusement refusé la couronne impériale, « issue des barricades », et offerte par le Parlement de

Francfort ; en 1871, Bismarck n'avait voulu fonder l'Empire qu'avec le seul concours des princes ; Guillaume Ier était proclamé, depuis le 18 janvier, à Versailles, quand la Chambre de Munich discutait encore le traité avec la Prusse, qui ne fut ratifié que le 21 janvier.

En résumé, le roi de Prusse ne se reconnaît responsable que devant Dieu et l'empereur allemand que devant les princes.

FIN

TABLE DES MATIÈRES

Les causes de la guerre de 1870-1871

	Pages
Louis-Napoléon-Bonaparte	4
Vers l'Empire, Napoléon III	6
Guerre de Crimée. Congrès de Paris	7
Guerre d'Italie	8
Expédition du Mexique	10
La Prusse	11
L'Entrevue de Biarritz	13
Projet d'alliance de la Prusse et de l'Italie	16
Le traité de Berlin du 8 avril 1866	18
Charles de Hohenzollern, prince de Roumanie	19
Proposition de l'Autriche	22
Proposition du Congrès	24
Déclaration de guerre	25
Campagne de Sadowa	31
Conséquences de la bataille de Sadowa	33
Les Compensations	36
Demande des provinces rhénanes	41
Demande de la Belgique	44
Traités secrets avec les Etats du Sud	46
Le traité de Prague	47
La circulaire La Valette	49
Affaire du Luxembourg	50
Conférence de Londres	53
Exposition de Paris	55
Bataille de Mentana	56
Tension des rapports de la France et de la Prusse	57
Projet de réorganisation militaire. Le maréchal Niel	59

	Pages
Recherche d'alliances	63
Préparatifs de la Prusse	68
Révolution d'Espagne	73
Les élections de 1869	75
Ministère du 2 janvier 1870	77
Le Plébiscite	83
Mission du général Lebrun à Vienne	85
La candidature Hohenzollern	87
La déclaration du 6 juillet 1870	101
Retrait de la candidature Hohenzollern	108
La demande de garanties	130
Le 13 juillet 1870	142
A Ems	142
A Paris	149
A Berlin	154
Le 14 juillet 1870	165
Le 15 juillet 1870. La déclaration de guerre	175

Le Prisonnier de Wilhelmshöhe

Après la déclaration de guerre	195
Premières défaites	199
Conférence de Châlons	201
Mission du prince Napoléon à Florence	202
Marche de Mac-Mahon	203
Sedan	204
La capitulation	206
Relation de la bataille de Sedan	209
Wilhelmshöhe	211
Vie de Napoléon à Wilhelmshöhe	212
Impression du général de Monts	214
Inquiétudes de l'Empereur au sujet de l'Impératrice	216
Visites à Wilhemlshöhe	217
Intrigues de Bismarck en vue de la paix	218

	Pages
Aventures de Régnier......................	221
Capitulation de l'armée du Rhin et reddition de la place de Metz........................	226
L'Impératrice à Wilhelmshöhe...............	229
Les maréchaux à Cassel.....................	231
Travaux de l'Empereur	233
Les causes de la capitulation de Sedan........	234
Organisation militaire de l'Allemagne du Nord	236
Les relations de la France et de l'Allemagne sous Napoléon III........................	236
Agitation et intrigues des bonapartistes........	241
Fin du séjour de l'Empereur à Wilhelmshöhe..	244
Conclusion de la paix......................	246
Libération de Napoléon III...................	249
Fin de rêve	251

Appendice

Solferino......................................	255
Le Cinquantenaire de l'annexion de la Savoie..	259
Le comte Daru et M. Emile Ollivier	269
La Belgique................................	275
Empereur d'Allemagne et Empeur allemand	283
L'Empereur allemand et ses chanceliers	290

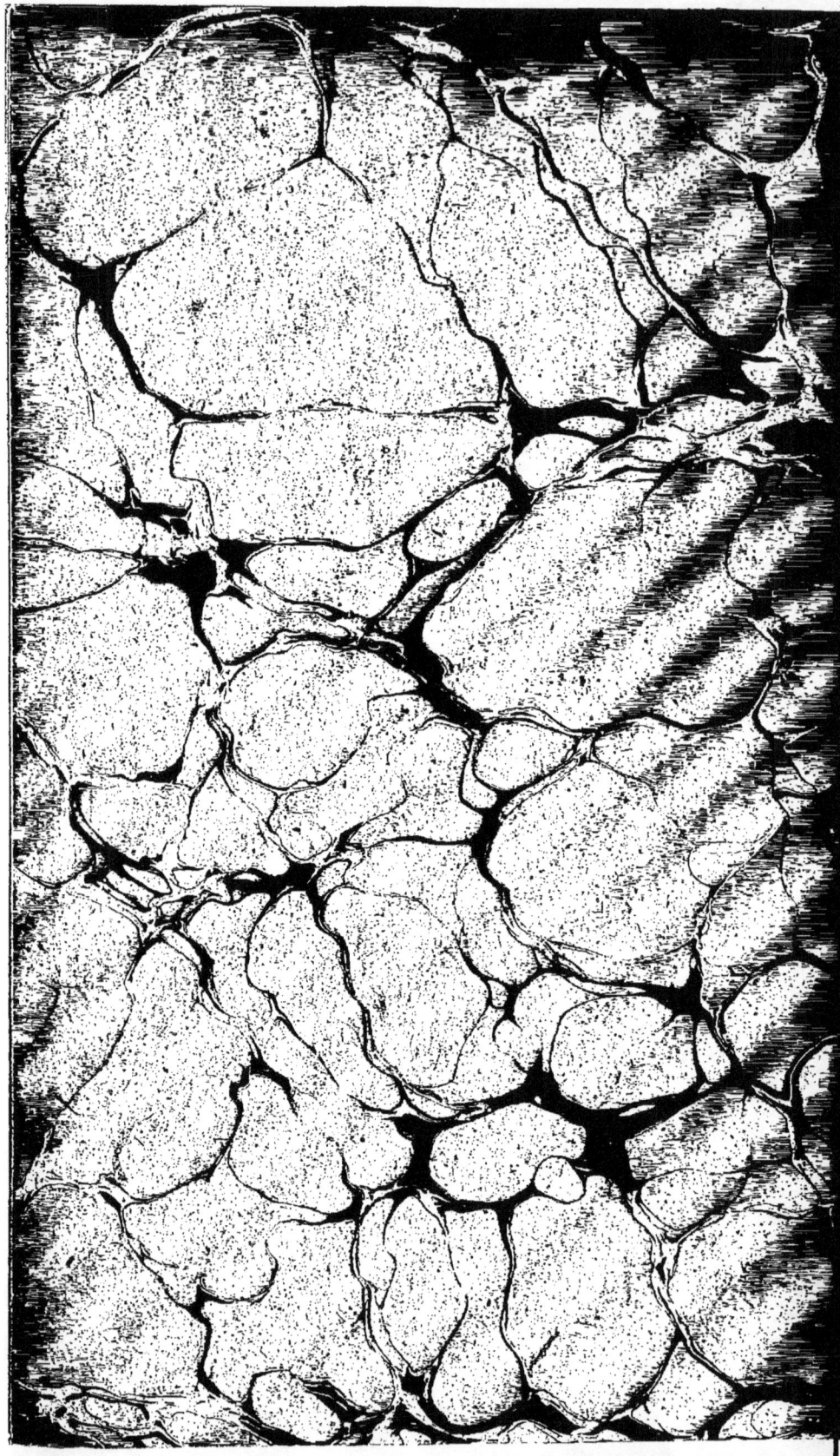

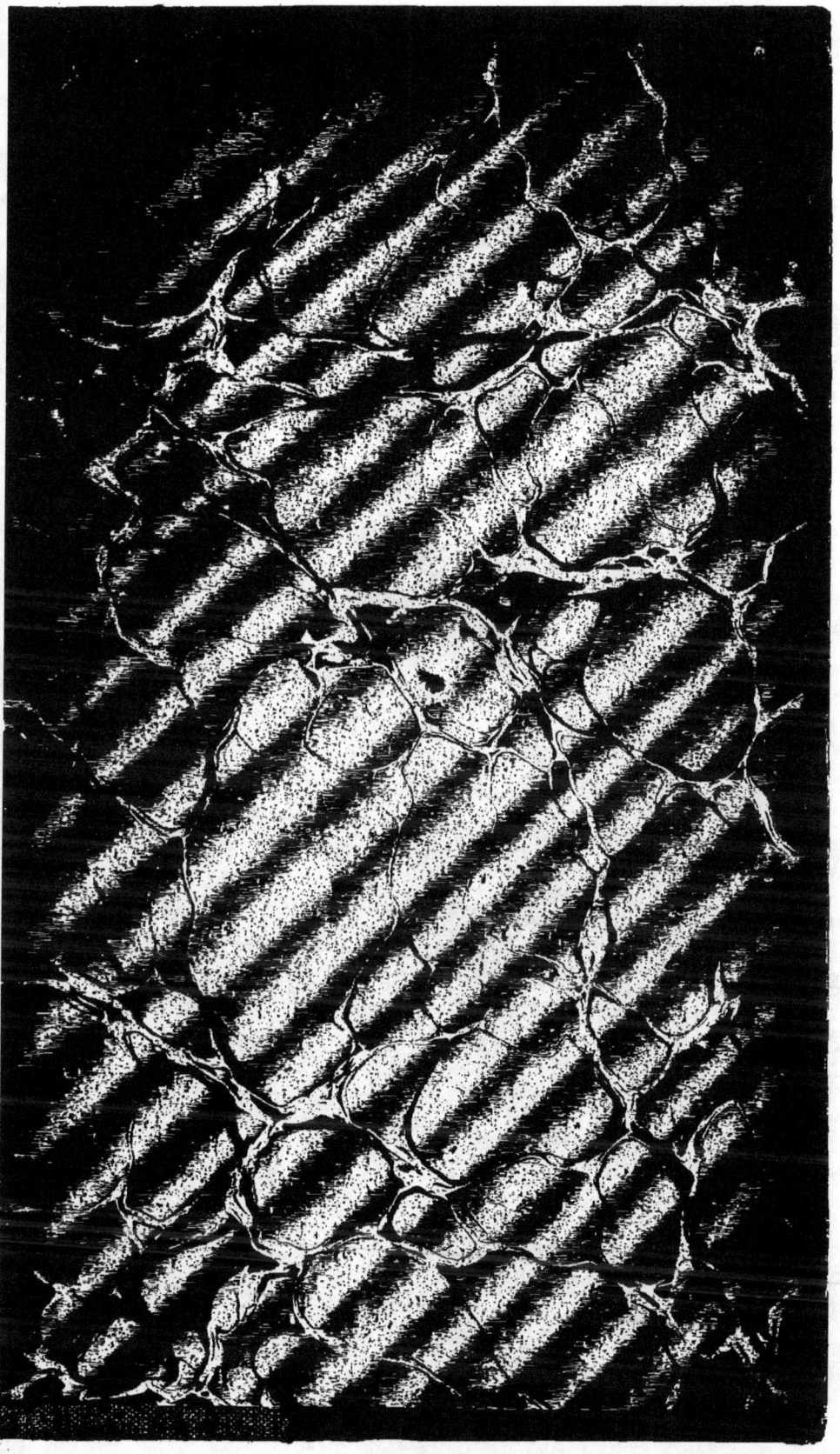

www.ingramcontent.com/pod-product-compliance
Lightning Source LLC
Chambersburg PA
CBHW071337150426
43191CB00007B/770